黄长平 著

生态型学校发展
SHENGTAI XING XUEXIAO FAZHAN

四川教育出版社

图书在版编目（CIP）数据

生态型学校发展 / 黄长平著. —成都：四川教育出版社，2015.11
ISBN 978-7-5408-6441-5

Ⅰ. ①生… Ⅱ. ①黄… Ⅲ. ①中小学－学校管理－研究 Ⅳ. ①G637

中国版本图书馆 CIP 数据核字（2015）第 273586 号

生态型学校发展

黄长平　著

责任编辑	谢志良
装帧设计	武　韵
责任校对	喻小红
责任印制	杨　军　陈　庆
出版发行	四川教育出版社
地　　址	成都市槐树街 2 号
邮政编码	610031
网　　址	www.chuanjiaoshe.com
印　　刷	四川华龙印务有限公司
制　　作	四川胜翔数码印务设计有限公司
版　　次	2015 年 12 月第 1 版
印　　次	2015 年 12 月第 1 次印刷
成品规格	170mm×240mm
印　　张	15.75
书　　号	ISBN 978-7-5408-6441-5
定　　价	33.00 元

如发现印装质量问题，请与本社联系调换。电话：(028) 86259359
营销电话：(028) 86259605　邮购电话：(028) 86259694
编辑部电话：(028) 86259381

序

生态文明的兴起是人类社会的一次自觉变革，它必将对社会的生产、生活乃至价值观念产生深刻的影响，造就人们有别于工业文明社会的新的思维方式和行为方式。当前，我国对生态文明的建设相当重视，将之提到了与经济建设、政治建设、文化建设和社会建设同等重要的地位。在此背景下，教育也需要积极顺应、变革和发展，教育生态学应运而生。

教育生态的研究，就是在生态学的视野下，将生态学和教育学原理相结合，探讨包括学校、社会、家庭在内的各种生态因子与教育教学及其管理的关系，把握教育生态式发展的规律，从而实现教育平衡协调、可持续发展的探究活动。这一领域已引起许多学者的注意，也有相当多的学者取得了较大的成绩，但多是集中在理论探究和宏观层面的。黄长平作为一线教师和学校管理者，在深入研习有关理论并同学校工作实际相结合的基础上，撰写了《生态型学校发展》，体现出较强的探究精神和治学勇气。

全书以学校教育发展为经，以生态原理运用为纬，从学校德育发展、教学发展、科研发展、教师发展以及学校整体发展几个方面展开，探讨学校发展的生态特点、机制及运用，对学校的生态型发展提出了一系列方法和策略。从总体来看，该书有两个较为突出的特点：一是以"学校"这一教育发展的主要阵地、关键力量为中心，展开学校生态型发展的研究与探讨，视角独特，定位恰当，贴近实际，是对以往教育生态学研究中较少关注学校层面状况的有益补充，较好地体现了理论与实践的结合，具有积极的现实意义；二是将生态发展的相关特点和原理同中小学学校发展的教育规律相结合，对学校生态型发展进行了全面细致的探究,从系统分析到策略运用,整体构建生态型学校发展,具有较强的层次性、系统性和操作性,获得了一些有创新价值的发现。对书中的一些观点和方法,在具体的学校发展实践及教育研究中,还可以进一步细化、深入,比如第七章将学校个体、校际、区域发展同生态系统的生态体、种群、群落发展现象及规律结合,提出了一系列较好的策略,其具体的模式和途径在今后的学校发展实践中还可以继续深化、运用,以更好地促进和优化学校发展。

教育生态学是涉及多个学科的具有综合性和复杂性的科学,其研究也刚刚开始,还有很多理论和实践的问题需要不断地探究。希望作者以该书的出版为起点,努力学习、勤于思索、不断进取,在教育生态学研究及学校发展与管理中做出更有深度的探索。

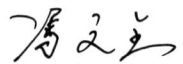

(西华师范大学教育学院院长,四川省教育发展研究中心主任,教授,西南大学博士生导师)

2015 年 10 月

目 录

第一章 绪 论 ……………………………………………………… (001)
　一、生态的时代 ……………………………………………… (001)
　二、生态理论在教育研究中的运用 ………………………… (004)
　三、学校生态型发展的必要性 ……………………………… (010)

第二章 生态型学校发展的主要概念和原理 ………………… (024)
　一、生态学的基本概念与原理 ……………………………… (024)
　二、生态型学校发展 ………………………………………… (028)
　三、相关概念的辨析 ………………………………………… (028)

第三章 生态型德育发展 ……………………………………… (034)
　一、系统分析 ………………………………………………… (034)
　二、德育内容的生态性 ……………………………………… (035)
　三、德育机制的生态性 ……………………………………… (037)
　四、生态型德育的主要策略 ………………………………… (040)

第四章 生态型教学发展 ……………………………………… (058)
　一、系统分析 ………………………………………………… (058)
　二、生态型课程 ……………………………………………… (060)
　三、生态型课堂 ……………………………………………… (074)

第五章　生态型科研发展 ……………………………………（102）
　　一、系统分析 ……………………………………………（102）
　　二、生态型科研的主要内容和策略 ……………………（103）
　　三、生态型科研能力指标 ………………………………（112）

第六章　生态型教师发展 ……………………………………（116）
　　一、系统分析 ……………………………………………（116）
　　二、教师发展与教师专业发展 …………………………（118）
　　三、生态型教师发展的主要内容和策略 ………………（125）

第七章　构建生态型学校整体发展 …………………………（165）
　　一、生态型学校发展系统 ………………………………（165）
　　二、生态型学校个体发展 ………………………………（174）
　　三、生态型学校之间发展 ………………………………（186）
　　四、生态型区域学校发展 ………………………………（200）

主要参考文献 …………………………………………………（243）

第一章

绪 论

一、生态的时代

（一）生态文明的兴起

近现代以来，工业革命的迅猛发展，科学与技术的突飞猛进，为人类发展创造了新的天地，丰富了物品，积累了财富，提高了效率。人类在与自然的相处中，似乎力量强大得无所不能，然而越来越多的事实表明，这种片面的发展也带来了不可忽视的负面效应，各种生态问题层出不穷：大气污染、水资源枯竭、水土流失、灾害频仍……大自然仿佛在对人们过激的开发利用进行报复。对此，恩格斯早就在《自然辩证法》中做过经典阐述——"我们不要过分陶醉于我们人类对自然界的胜利，对于每一次这样的胜利，自然界都报复了我们。每一步胜利，在第一步都确实取得了我们预期的结果，但是，在第二步和第三步，却有了完全不同的、出乎预料的影响，常常把第一个结果取消了。"[1]

20世纪60年代以后，以美国学者蕾切尔·卡逊（Rachel Carson）《寂静的春天》为代表的一系列著作，开始关注生态问题，也引起了公众对环境问题的广泛注意，各种环境保护组织纷纷成立，环境问题成了各国政府面临的一个重要课题。20世纪70年代可谓生态学理论发展的一个重要分水岭。1973年，挪威哲学家阿伦·奈斯在《哲学探索》杂志上发表的《浅层生态运动和深层、长远的生态运动：一个概要》一文中，提出了与传统意义上的生态学（浅层生态学）相对应的深层生态学。文中由浅入深、由表及里的挖掘过程，使生态学的研究视野逐渐开阔与明朗。深层生态学强调人与自然、人与世界是一个整体，反对人类中心主义价值观，从观念和制度上都对生态问题进行反省，并将之归因于近代以来西方自然观、伦理观及宗教信仰的危机，倡导人们确立适应新文明的生活方式、思维方式，其所秉持的基本思想就是生态主义。于是，生态学又延伸为研究自然生态系统和人类生态系统的结构与功能的一门科学。

1972年6月，联合国在斯德哥尔摩召开了有史以来第一次人类环境会议，讨论通过了著名的《人类环境宣言》，并将每年的6月5日定为"世界环境日"，从而拉开了全人类共同保护环境的序幕。1975年的《贝尔格莱德宪章》，1977年的《里约环境与发展宣言》《关于环境教育的第比利斯政府间会议宣言》《环境教育政府间会议建议书》等进一步对生态环保进行了凸显，也意味着环保运动由群众性活动上升到了政府行为。1983年11月，联合国成立了世界环境与发展委员会，1987年该委员会在其长篇报告《我们共同的未来》中，正式提出了可持续发展的模式。1987年，我国生态学家叶谦吉首次从生态学和生态哲学的角度对生态文明进行了阐述。1992年，联合国环境与发展大会通过的《21世纪议程》，更是高度凝结了当代人对可持续发展理论的认识。由此可见，对生态问题的关注，生态文明观的提出，是人们对人与自然关系和可持续发展问题认识深化的必然结果，并且得到了人们的广泛认同。在教育中，对生态失衡的关注也一直是教育发展的主题之一。人们积极倡导在课程中贯彻生态意识，将"关于环境的教育（about）""为了环境的教育（for）""在环境中的教育（in）"三者结合起来，重视"可持续发展"的意义，以真正树立学生的生态意识，培养学生的生态道德。[2]

我国自党的十七大首次提出生态文明建设以来，党的十八大报告中进一步明确提出"建设生态文明"，倡导美丽中国的建设和对永续发展的追求。节约资源，保护环境，坚持可持续发展，已经成为我们一个明晰稳定的基本国策和发展战略。

一个关注生态、建设生态文明的人类社会新时代已经不可避免地到来。教育既面临发展的机遇，也面临挑战。

（二）生态文明及其主要特点

生态文明是指人类遵循人与自然和谐发展规律，推进社会、经济和文化发展所取得的物质与精神成果的总和以及以人与自然、人与人、人与社会的和谐共生、良性循环、全面发展、持续繁荣为基本宗旨的文化伦理形态。[3]

生态文明是对长期以来主导人类社会的物质文明、工具理性的反思，是对主客体关系历史的辩证的总结和升华。从一定意义上讲，生态危机的本质是社会危机、观念和关系的危机，而生态文明理论的提出，就是对这种危机的调和，促进主客体双方和系统整体和谐、可持续地发展演进。因此，生态文明也可以说是人类在遵循客观发展规律的前提下，在改造主客观世界的实践过程中，不断促进和实现人与自然、社会以及人自身共生共进的一种进步状态及和谐关系状态。它的本质要求，在于实现人与自然、社会以及人自身的和谐共生共进和系统整体的可持续发展。[4]

作为一种新兴的文明形态，它同人类历史上产生和发展的其他几种主要文明形态有着显著的区别，具有以下一些主要特征：

——发展的全面可持续性；

——关系的和谐共生性；

——质量的优良性与适切性；

——机制的灵活性与创新性；

——价值的普遍性；

——系统的整体性；

——动态平衡、循环流转、协同演进、自组织、多样性等。

有学者对生态文明同其他几种文明的区别与联系做了具体的列表比较（见表1—1，表1—2）。[5]

表1—1　生态文明同史前文明、农业文明、工业文明的比较（一）

对比项\文明形态	史前文明	农业文明	工业文明	生态文明
文化形态	自然文化	人文文化	科学文化	生态文化
社会形态	原始社会	奴隶社会和封建社会	资本主义社会	生态社会主义社会
社会中心产业	渔猎	农业	工业	生态产业
社会中轴	道德	权势	资本	智慧

表1—2　生态文明同史前文明、农业文明、工业文明的比较（二）

文明形态 对比项	史前文明	农业文明	工业文明	生态文明
生产方式	生产由人完成	畜力使用	机械化和自动化	信息化和智能化
技术工具	石器	青铜和铁器	机器和电子计算机	智能机
资源开发方向	物质（自然）	物质（人为）	能量	信息和智慧
能源	人的体力	薪柴和畜力	化石燃料和电力	太阳能等
材料	石块	铜、铁	各种金属和非金属	合成材料
社会主要财产	动植物	土地	资本	知识
社会主体	公社社员	奴隶和奴隶主；地主和农民	工人和资本家	知识分子
知识生产	与物质生产混为一体	从物质生产中产生	从物质生产分离成为独立部门	独立发展
科学形态	萌芽	经验	理论	信息
人与自然关系	崇拜自然力	开发自然	掠夺自然	合理利用自然
哲学表达式	图腾崇拜、自然崇拜	天命论	人统治自然	尊重自然和谐观
主要环境问题	物种资源丧失	土地和森林被破坏	环境污染	（未知）

二、生态理论在教育研究中的运用

（一）研究运用的源起

随着生态意识的产生和生态浪潮的涌进，教育必然在内容和方式上对其予以体现和响应。这是教育在社会文明传播中的地位所致，是教育的使命所致，也是生态理论对教育发展的效用所致。

"生态学"（ecology）一词源于希腊文，由"oikos"和"logos"两个词根组成，其本意是研究居所、住所的学问，由博物学家索罗（Thoreau，H. D.）于1858年提出，但它的内涵一直不确定。[6] 1869年，德国生物学家赫克尔（Haeckel）给它下了一个较明确的定义："研究生物有机体与其周围环境（包括生物环境和非生物环境）相互关系的科学。"[7] 到 20 世纪 70 年代，美国生态学家奥德姆（Odum）认为生态学是研究生态系统结构与功能的科学。我国学者马世俊也提出生态学是研究生命系统与环境系统相互关系的科学。可见，生态学概念随着时代的发展也在不断演进。现在较普遍的解释是"研究有机体或有机群体与其周围环境的关系的科学"[8]。

朴素的生态学思想在人类历史的古代时期就已经萌芽，亚里士多德和古希腊时代其他哲学家的著作中，以及中国古代先秦诸子论述和"天人合一"的文化观中，都包含有一定生态学的内容。到 20 世纪初，生态学发展成为一门初具理论体系的学科，其基本原理逐渐为人们所接受，并被运用于社会科学领域。最早将生态学原理与方法运用于人类社会问题研究的是以帕克（Park，R. E.）和伯吉斯（Burgess，E. W.）等人为代表的芝加哥学派的学者们。1921年，帕克和伯吉斯在其著作《社会科学导论》中首次提出人类生态学（human ecology）概念，1923 年麦肯齐（Mackenzie，R. D.）在《人类社区研究的生态学方法》一书中进行了进一步的阐述与运用。以此为起点，人们开始运用生态学的原理与方法研究人类生存和社会发展中的各种问题。

人类生态学与社会学研究，特别是文化生态学研究的兴起与发展，直接促进了教育生态学的产生和发展，成为教育生态学的重要推力之一。美国学者奥格布（Ogbu，J. U.）将文化生态学研究与教育生态学研究融为一体，并将其研究思路和方法称为"学校教育的人种生态学"。德国学者布泽曼（Busemann，A.）和波珀（Popp，W.）等人，侧重于对教育与各种宏观环境要素之间的关系进行研究，试图建立一门"教育环境学"。日本学者细谷俊夫在此基础上进行研究，于 20 世纪 30 年代出版了《教育环境学》一书。英、美等国也有韦德（Wade，I. T.）《作为学生环境一部分的中学测量》以及密歇根大学 1959—1965 年进行的著名的学校物理环境研究等。这些都为教育生态学的发展提供了重要推动力。

教育生态学研究的另一个推力，来自于心理学与生态学结合的研究。生态学原理和方法在 20 世纪 40 年代被运用于心理学。1944 年心理学家勒温（Lewin，k.）发表了《心理生态学》一文，涉及了相关研究，同时他也是第一个建议开展心理生态学研究的学者。其后，勒温的两个助手巴克（Barker，

R.）和赖特（Wright，H.）侧重于运用生态学方法探究人类行为和经验，进行了深入的研究，发表了重要的研究报告《一个男孩的一天》。20 世纪 70 年代，美国学者布朗弗布伦（Bronfenbrenner，U.）沿着巴克和赖特的研究路线继续前进，出版了《实验的教育生态学》《人类发展的生态学》等重要著作。这些研究也极大地促进了教育生态学的发展。

从直接的结合来看，"生态学"一词在教育研究中正式使用，可能始于美国教育学者沃勒（Waller，W.），他在 1932 年的著作《教育社会学》中曾提出"课堂生态学"（ecology of classroom）的概念；1966 年，英国学者阿什比（Ashby，E.）提出"高等教育生态学"（ecology of higher education）的概念，并肇始以生态学的原理和方法对高等教育进行研究；1976 年，美国哥伦比亚大学师范学院院长克雷明在其著作《公共教育》中正式提出"教育生态学"（ecology of education）并列专章阐述。[9]随着各方面研究的不断推进，生态学原理与方法在教育研究与实践中的运用越来越广泛和深入。

（二）当前主要研究成果及观点

1. 国外相关研究

（1）研究情况概述。20 世纪 70 年代，国外的教育生态学研究已十分兴旺，主要集中体现在两个方面：一是以研究教育的资源分布为主旨，以英国学者埃格尔斯顿（Eggleston，J.）的《学校生态学》（1977）为代表，同时，埃格尔斯顿也注意到，生态学所关注的是有机体的行为和生活方式，以及它们与周围环境的关系；二是从教育与环境的关系入手来探讨问题，如费恩（Fein，L. J.）的《公立学校的生态学》（1971）、坦纳（Tanner，R. T.）的《生态学、环境与教育》（1974）、沙利文（Sullivan，E. A.）的《未来：人类生态学与教育》（1975）等。到 20 世纪八九十年代，教育生态学研究不仅范围更加拓宽，而且向纵深发展。华盛顿大学的古德莱德（Goodlad，J. I.）侧重于微观的学校生态学研究，首次提出学校是一个文化生态系统（cultural ecosystems）的概念，目的在于从管理的角度入手，统筹各种生态因子，以建立一个健康的生态系统（healthy ecosystem），提高学校的办学效率。教育生态学家鲍尔斯（Bowers，C. A.）对微观的课堂生态和宏观的教育、文化、生态危机等教育生态问题进行了深入的研究。国外学者对教育生态学研究对象的认识颇不一致，但都强调生态学综合、联系、平衡的基本精神，研究的内容主要侧重在微观教育生态学、教育生态因子生态学、宏观教育生态学三个方面。[10]其中，克雷明和阿什比的研究具有较强的代表性。

（2）克雷明的教育生态学思想。1976年，克雷明在其所著的《公共教育》（*Public Education*）中列专章探讨了教育生态学问题。1978年9月，在瑞典皇家科学院庆祝斯德哥尔摩大学建校100周年大会上，克雷明发表题为《教育生态学中的变革：学校和其他教育者》的演讲，进一步阐明了他的教育生态学观点。克雷明认为生态学的概念是有用的，因为它强调联系，运用生态学方法与模式的要点在于指明教育情境的范围和复杂性，教育生态学的方法就是"把各种教育机构与结构置于彼此联系中，以及与维持它们并受它们影响的更广泛的社会之间的联系中来加以审视"[11]。因此，对教育进行生态学研究，必须吸收和利用许多不同学科的知识，如角色理论和人的发展理论等。贯穿克雷明教育生态学思想的核心在于把教育视为一个有机的、复杂的、统一的系统，教育生态系统中的各因子（学校及其他教育者）都有机地联系着，这种联系又动态地呈现为一致与矛盾、平衡与不平衡。因此，教育研究不仅要全面考察各教育机构之间的联系，而且要考察这些教育机构自身的稳定性和不平衡性，即动态地历史地考察教育生态系统。他还认为，每一个个体都是一个独特的生态系统，因此，他们的"有教育意义的方式"也各不相同。[12]个体与教育机构、结构之间存在互动，发展出自己的教育网络。克雷明考察教育问题的思想体现了生态学的联系观、平衡观、动态观。

（3）阿什比的高等教育生态研究。阿什比在他与历史学家玛丽·安德森合著的《英国、印度和非洲的大学：高等教育生态学研究》一书中首次提出并应用"高等教育生态学"这个概念。[13]在阿什比的教育生态系统思想里，包含了两种要素、两种状态、两种路径。"两种要素"指遗传与环境，在全面审视西方大学发展史的基础上，他从生物学的角度提出"任何类型的大学都是遗传和环境的产物"，遗传是指学校作为一个有机体，自身具有的内在发展逻辑，环境即是外部的政治、经济、科技等对学校发展的影响因素，任何一个大学都是内在逻辑和外部环境相互作用的结果；"两种状态"指失衡与平衡，阿什比认为教育体系显示出生物种系发育的惯性,一方面要保持和延续文化遗产,另一方面要随时适应所处环境,在这内外两种力量的制约中,出现不稳定的平衡,形成一系列"平衡—不平衡—更高层次平衡"的发展过程;"两种路径"即抛却传统与自我调节,当遗传发生变异或平衡失衡的时候,学校系统必须予以适当的回应,回应包括抛却传统以迎合新事物以及自我调节以适应新事物的两条路径。[14]在倾向上,阿什比强调学校发展过程中内在逻辑的重要性,应在保持大学的完整性的基础上,改革大学的内在传统,以适应外在环境的变化。其理论更多地关注了生态的遗传论、环境论和适应论。

(4) 生态后现代主义及其课程研究。后现代主义的蓬勃兴起,为生态教育的研究注入了新的活力。生态后现代主义主张生态世界观,即世界是由关系网络组成的有机整体,现实中的一切单位都是内在地联系着的,所有单位或个体都是由关系构成的。在这个整体中,作为关系者的事物和事物间的关系都是真实地存在着的,任何一物的变化必然引起这些复杂关系网络的变化。这种相互包含的关系是一种内在的有机联系,而不是实体与实体之间机械的外在相互联系。将生态观引入课程研究是20世纪80年代中期以后课程研究领域的热点之一。高夫(Noel Gough)从生态政治学(ecopolitics)的角度提出了"课程范式的更新"问题,在课程的生态学方面的研究成果有《建立生态政治学:与课程重建的联系》(*Becoming Ecopolitical:Some Mythic Links in Curriculum Renewal*)《从认识论到生态政治学:课程范式的更新》(*From Epistemology to Ecopolitics:Recewing a Paradigmf or Curriculum*)《环境教育,叙述的复杂性和科学/小说》(*Environmental Education Narrative Complexity and Postmodern Science/ Fiction*)等;奥尔(David W. Orr)在探索现代教育观点与生态危机关系的基础上,呼吁加强"生态素养"(ecological literacy);约翰·米勒(John P. Miller)以整体观和内外联系观,建构起"整体课程"(holistic curriculum);斯拉特瑞充分注意到课堂生态问题,既研究又实践了"生态模式"(ecological models)的改变;鲍尔斯(Bowers, C. A.)和弗林德斯(David J. Flinders)倡导将以生态为重点的、全局性的问题融入后现代主义的教育、教学中去,以"反映性教学"(responsive teaching)贯穿整体生态的理念。[15]查伦·斯普瑞特奈克(Charlene Spretnak)是生态后现代主义的重要代表人物,著有《真实的复兴》等,其对现代性的反思批判的观点对生态课程的研究具有积极的启发意义。

2. 国内相关研究

我国的教育生态学研究起步较晚。20 世纪 70 年代,台湾师范大学方炳林教授率先从事这一领域的研究,并著成《生态环境与教育》一书,成为我国教育生态研究的基础性文献。该书以生态环境因子为主,研究各种生态环境因素与教育的关系以及对教育的影响,初步建立了教育生态学的科学体系。进入 20 世纪 80 年代,先后有香港郑燕祥的《教育的功能与效能》、台湾贾锐的《校园生态环境与教育》等著作出版,其中比较有影响的是台湾学者李聪明所著《教育生态学导论》,该著作针对台湾地区教育的现实,运用生态学的原理,对各种教育问题进行反思,从而正式揭开了运用生态学的原理与方法分析教育问题的研究框架。大陆学者对教育生态学的研究始于 20 世纪 80 年代末。南京师范大学吴鼎福是较早进行研究并取得一定成就的研究者,其先后发表了《教育生态学刍议》《教育生态的基本规律初探》等文章,并于 1990 年与诸文蔚合著出版了我国大陆第一本《教育生态学》。之后,任凯和白燕、范国睿等学者又从不同的侧面探讨研究了教育生态问题,并出版专著。

从现在出版的几部较重要的专著来看,吴鼎福等的《教育生态学》作为我国大陆第一本教育生态学专著,由于作者有较深厚的生态学知识基础,并以环境问题研究者的视角来关心、研究教育生态问题,借用了不少生态学理论、概念、术语,生态学的色彩较浓厚,但在教育问题中移植的生态学理论需要进一步融合。任凯等人所著的《教育生态学》希望借用生态学的原理与方法较深入地分析教育现象,但分析的深度和广度仍需进一步加强。华东师范大学范国睿所著的《教育生态学》这一专著,在上述学者研究的基础上有所突破,一方面在建构的学科体系上,力图从文化、人口、资源以及环境角度来阐述教育生态,并引用了大量国外的研究成果,还用比较研究法对这些成果进行类比,但与教育微观的内在的方面联系不够紧密。[16] 在教育研究的具体领域,近年来也有不少著作出版,如吴林富的《教育生态管理》、范国睿等的《共生与和谐:生态学视野下的学校发展》、于永昌的《生态化教学》、孙芙蓉的《课堂生态研究》、王加强的《学校变革的生态分析》、季海菊的《高校生态德育论》、李森等的《课堂生态论》、徐莹的《生态道德教育实现方法研究》、陈秀征的《中学语文生态型教学建构》等等，从不同的方面对生态教育进行探究。除专门系统的研究著作外，在中文期刊网 CNKI 中搜索"教育生态"关键词，截至 2014 年共有 13247 篇文章。教育生态学专著的出版以及一些教育生态问题专论的发表，标志着教育生态学研究已成为我国教育科学研究的重要领域之一。在学校发展的研究方面，范国睿等所著的《共生与和谐：生态学视野下的学校发展》较为全面系统，书中对教育生态学研究的内容与方法、我国学校教育生态的历史变迁进行了详细的梳理，并从区域教育生态、学校变革的生态学分析、学校制度生态、学校组织生态、学校文化生态以及课堂生态等方面展开论述，具体深入地反映了影响学校系统发展的生态问题，对推动区域和学校教育生态的优化与发展提出了一系列重要的意见和观点。其次，同济大学第二附属中学、杭州市下城区等学校和区域，也从与教育实践相结合的角度进行了教育生态化的有益探索，并出版了《行走在生态教育的路上》《好的教育：区域教育生态理论的研究与实践》等著作，但其中对生态与教育结合的理论性挖掘不够，主要是理念性的推广和学校或区域工作生态化点状式的呈现。

总之，我国学界对于教育生态的研究主要在教育生态环境、校园文化生态、教育生态系统三大方面。从总体上看，我国的教育生态学研究还刚刚起步，在如何将生态学的原理运用于对教育现象和教育问题的分析与研究上，尤其是针对教育的基本单元——学校的生态型发展的研究上还需进一步加强，在生态哲学观同教育自身的规律和实践的有效结合方面，同样需加以研究。本书拟以学校教育发展为经，以生态学原理运用为纬，在生态型学校发展方面做一些探索。

三、学校生态型发展的必要性

（一）生态时代的需要

生态文明的兴起，把人类带入了一个全新的生态时代，生态现象、生态原理、生态文化、生态哲学在各个学科和各个领域都得到了格外的重视，教育作为传播和创造文明和文化的社会活动，自然身处其中。

1. 生态文明兴起促使学校变革

工业文明面临的生态危机，在深层次上反映为人的生存价值危机，是观念危机、关系危机和制度危机。以资本主义工业化生产为主导的工业文明在科技理性及其工具主义价值观驱动下，使得工具理性过度膨胀，造成了工具理性与价值理性的矛盾日益尖锐，直接威胁到人的生存、发展与完善。20世纪前期的马克斯·韦伯、中期的爱因斯坦、后期的哈贝马斯都曾把万能工具理性与狭隘价值理性的矛盾作为现代资本主义发展中的深刻矛盾。因此，为总体上彻底克服工业文明危机，需要通过自觉的文明发展的价值观反思，以收敛科技理性主宰下的征服自然的肆意行为以及舒展人际的扭曲，实现价值观的生态学转向，即坚持生态平衡、和谐共生的价值理念，达至生态自觉，走向生态文明，以不断维护人类的可持续发展和把握人类普遍幸福。[17]

生态文明作为人类克服工业文明危机的更高级新型文明形态，是人类文明发展的历史必然，标志着人类文明发展的新飞跃。当代人类正处在从工业文明向生态文明的过渡阶段。走向生态文明的人类文明转型，是生态文化伦理的全新创造，而教育在文明转型中负有不可推卸的责任，必须承载生态文化伦理创造的历史使命。由此，生态与教育的关系问题进入人们思考与研究的视野，生态教育思想应运而生。随着生态文明建设的不断推进和生态教育研究范围的扩展与内容的深入，生态教育理论的体系化、学科化建构势在必行，人类文明的生态转向为生态教育学的产生与发展提供了广阔的社会实践基础。[18]同时，人类文明的生态转向也为生态教育学的发展以及学校等教育主体的生态型发展提供了强劲的推力。

从我国当前的实际情况来看，西方主导的建立在利用科技力量对自然资源掠夺式开发与物质资源过度消耗基础上、以破坏生态环境为代价发展起来的资本主义现代化发展模式是不适应我国国情的。在当代中国社会，为推进中国特色社会主义事业，建设富强民主文明和谐的现代化国家，早日实现中华民族的伟大复兴，必须立足我国的基本国情，深刻认识西方社会的发展教训，批判性地借鉴国外发展经验，总结自我发展实践，适应当代人类文明发展的总趋势，深刻把握和积极应对社会发展的新课题、新矛盾，以科学发展观为指导，牢固确立生态发展观念，建设生态文明社会。[19]党的十七大、十八大报告明确提出，把建设生态文明作为实现全面建成小康社会奋斗目标的新要求。生态文明代表了美好的人类和谐理想，坚持人、自然、社会的整体发展、和谐融通的伦理价值理念，包括物质生态文明、精神生态文明、制度生态文明的全面的文化和谐建构。生态文明观与科学发展观、建设和谐社会和人的全面发展的理念是内在统一的，它强调了人的存在与发展的根本意义。[20]

从教育的角度看，当代中国建设生态文明的发展要求，需要我们全面反思当前我国教育存在的日益突出的问题，深刻审视我国教育的社会功能和教育目的确立的价值取向，汲取民族文化中深邃的和谐共生的伦理思想资源，不断创新教育理论，积极建构中国特色的教育学学科理论体系，努力推进生态教育，为不断改善自然生态环境、克服当前我国社会转型发展中的矛盾、促进教育公平、实现教育与经济社会的和谐发展提供教育理论支撑，因此，生态教育学的建构不失为对当代中国建设生态文明与变革教育的一种思想观照与实践指导。[21]生态型学校发展的探究，正是对生态文明的兴起在教育引发变革的因应，是践行生态文明观的具体体现，是促进教育生态化变革以更好地同社会、经济发展相协调适应的有力推进。

2. 生态哲学观是学校发展的追求

生态哲学是20世纪70年代以来，由于人类经济及技术盲目发展造成人类生态环境危机的情况下产生的新兴学科之一。挪威哲学家阿伦·奈斯（Arne Naess）于1973年提出深层生态哲学的概念，用"生态哲学"一词来指一种关于生态和谐或平衡的哲学。德国哲学家萨克塞在1984年出版的《生态哲学》一书中认为，生态哲学研究的是广泛的关联，其任务是人们在自然、技术、社会的关联中加强对我们生存基础和我们人类自身的反思，在技术的运用上趋利避害，在顺应自然的基础上利用自然，重新确立人与社会发展的方向，创建人与自然和谐发展的新生活。美国物理学家卡普拉（F. Capra）认为，生态哲学是现代科学世界观，是科学最前沿的观点，他认为，一种新生态世界观正在形成，其科学形式是由系统理论赋予的，他把生态哲学理解为生态世界观，是转变以往价值观而形成的新的生态价值观。我国学者余谋昌也认为，生态学或生态学世界观，是运用生态学的基本观点和方法观察现实事物和理解现实世界的理论，他在所著的《生态哲学》一书中对生态哲学的特点做了如下概括：生态哲学是一种新的哲学方向，它产生于人们对当代生态危机的哲学反思，以及生态学发展的理论概括；生态哲学是一种新的世界观，它用生态学整体性观点去观察现实事物和解释现实世界；生态哲学是一种新的方法论，它以生态学方式思考，是科学的生态思维。[22]

可见，生态观是人们正确处理自身与外界相互关系的方法论体系，是一种科学的思维方法，它在观察人与自然关系时采用了哲学思维方法。首先，用联系的观点分析人、生物、环境的关系，认为三者之间是相互联系、相互影响、相互制约的关系，确认一切事物和现象之间有一种基本的相互联系和相互依赖的关系，任何一方发生危机都将威胁他方的生存；其次，用矛盾分析法分析生态系统内各要素的关系，认为各要素既斗争又统一，通过斗争与统一的动态运动过程实现系统的平衡与协调，从而维持着生态系统的持续发展；再次，用系统论的方法将人、生物、自然环境视为生态系统内不可或缺的要素，各要素不同的组合将产生不同的整体效应。[23]

一定的文明时代，总有一定的哲学理论相适应。作为哲学的生态学世界观、价值观和方法论，是20世纪以来人们把握世界的重要理论视野和思维方式。生态主义所倡导的有机整体论，把世界看成人、自然、社会的复杂生态系统，整个世界万事万物被理解为一个生命整体，相互依存、相互联系。人的生存与其他生态物种的生存状态休戚相关，人的生存质量是存在于整体世界中的生存质量。生态主义世界观强调系统综合、交互关系与多元平等对话以及和谐共生等思想旨趣，以指导人类实现工业文明的价值观转向，确立人的价值、社会价值和自然价值辩证统一的生态价值理念，进而消解工业文明社会突出的生态危机、社会危机和人类精神危机。生态学的兴盛带来了一场深刻的思想革命，催生了教育思想的变革。生态教育学正是基于生态整体主义的思想基础，通过生态价值取向这一核心理念在教育理论研究中自觉而系统建构的生态教育理论，是学校发展的重要理论指导。

教育发展史也告诉我们，不同的文明形态具有相应的教育形态及其代表性的教育理论，表达了不同的教育价值取向及其教育目的，体现了不同的哲学观念。不可否认，在工业文明时代，受工具主义价值观的主导性影响，社会本位论的教育价值取向表现强盛，人的教育过程呈现出鲜明的技术化、模式化、功利化特点，导致了人在生活世界中的精神迷惘和价值遗忘，个体自我的和谐内在精神发展成为教育的乌托邦，进而造成了人与自然、人与人的和谐价值关系的不断失落。[24]在生态文明的建设中，教育作为培养人的社会实践活动，对人的发展、社会发展以及人类思想和文化的传承与创新有特殊功能与价值，其自身的变革也成为生态文明建设的重要内容与动力保证。同时，生态文明的发展又为教育的变革提供了方法和条件。

后现代主义也极力倡导对世界的关心和爱护，大力推崇生态主义和绿色运动，用生态学的基本观点观察现实事物和解释现实世界，用生态系统整体性观点分析问题，提供新的观察世界、认识世界的理论框架，观照生命对象、凸显和谐环境、强调动态关系和内在价值取向。[25]

此外，在中国传统文化中也充满着丰富的生态意蕴，如"仁者以天地万物为一体，莫非己也""以德配天""天人合一""道法自然""万物一齐""万物并育而不相害"等。

这些思想观点和哲学理念，都对生态文明背景下学校发展提供了有益的借鉴，为学校的发展提供了凸显的价值指向，是学校发展的追求。

（二）教育改革发展实践的需要

现代学科既高度分化又高度综合，其发展呈现开放、渗透、融合、共生等特点。在教育的研究与实践中，人们越来越深刻地认识到，许多教育问题和现象，如教育公平、学校职能、学校效能、教师专业发展、素质教育等，很难用一元的、单向度的主客两分的思维方式进行满意的解释，也难以用单一的因果关系或矛盾关系的原则进行恰当的解决，也不是单靠某一学科或领域能解决的。[26]实践中的重重问题，需要理论改变和突破。生态学的科学方法论与和谐价值观对教育研究有很强的适切性，将开拓教育研究的新范式，生态原则在人、自然、社会、教育等领域具有可通约性，具有跨学科的综合性、整体性，运用这些原理和方法，对教育的创新和发展有着极为重要的意义。

1. 当前教育发展的失衡与困境

美国教育学者菲利普·库姆斯（Combs, P. H.）指出，教育体制适应周围的环境过于缓慢,由此而产生的体制与周围环境之间的各种形式的不平衡,正是教育危机的实质所在。[27]这实际上就是生态性危机。

从教育整体层面来说,我国教育的失衡体现在几大方面:一是供需的失衡。教育的经费投入在总量上明显偏低,不能适应我国庞大的教育需求,这使得教育发展的短缺因子凸显、公平与效率无法兼顾、城乡区域差异加大以及大班额、择校热等具体问题层出不穷。二是结构的失衡。教育的层次结构、类型结构、课程结构、教师结构、区域结构等配置缺乏科学性、均衡性,导致一系列结构性困境和人力、物力、文化等资源方面的浪费与低效。三是教育与环境关系的失衡。学校特殊环境的封闭单纯同社会环境多样性之间构成深刻矛盾、教育的文化人格与社会实践人格相异、教育的社会责任与社会地位极不匹配、教育改革的低效与困顿等,造成教育发展的恶性循环。四是教育自身的失衡。教育自身也有着教育自律性发展惯性与教育科学研究指导无力的矛盾、对外接轨与坚持特色的矛盾、课程设计与师资层次的矛盾、理念与实践脱节以及质量生态的失衡等诸多问题。

从学校层面来说,学校发展的现实困境主要有:外部环境压力大增,学校办学主体性弱化,过度教学,身教失衡,教育过程与社会目标不一,学生的厌学情绪弥漫,学习的浅表性以及过于娱乐化取向,办学流于检查与应付的趋向,教育者热情的消减,校际过度的竞争,过多的行政烙印,贫乏的操作文化与肥大的目标文化,自主意愿的多元与变革空间的狭窄,输入的单调与输出的偏移,人才培养链条的脱节,评价的片面单一,以及过分的标准化、同构化、制度化等等。

总之,教育面临的这些发展中的失衡与困境,原有的理论与方法已不能很好地适应,应该用新的理论和方法加以解决。生态学方法就是一种适切的选择,教育者应自主自觉地加以探索与运用。

2. 教育革新的生态型方向

首先是教育变革背景上。教育是社会大系统的一部分,社会系统的变化为教育提供了新的变革背景。在当前,后工业化知识经济时代的特征越来越明显,这促使教育变革与之相适应。从培养目标来看,经济结构的调整和新经济形式的发展,要求学校在培养目标上做到提高学生社会生活中的意义和归属感，提高学生对整个社会组织的价值感，同时还应让学生身心健康、工作能力卓著。[28]这已经从工业时代培养"合格劳动者"的"工具型"向关注"生存发展，生命融合"的"生态型"转换了。从学校管理来看，知识经济时代中，互联网的技术平台、信息的价值体现、创新的重要作用等，都促使学校管理从科层的、封闭的向互动的、融通的生态型转变，同时还必须在与环境、信息的高度互动、适应中才能生存发展，学校应当成为一个充满活力的生态体。此外，全球化、一体化以及技术变化本身也会促进教育生态向开放、综合方向变化，竞争和协作同时加剧。未来的竞争更多是生态系统间的对抗。变革应不仅着眼于学校本身，还应从所处的这个生态系统出发，确定其在系统中的角色和与其他主体的互动关系，以长期保持有利的可持续发展的生存环境。通过系统的平衡和优化，各要素间的协同发展、动态共生，激活变革机制，利用自我调节从远离平衡态回归并逐渐达到新的平衡，促进教育的发展和对外界环境的适应与演化。

其次是教育发展观念上。教育的观念一直是与时俱进的。在教育的重点和发展的价值取向方面，从夸美纽斯的"泛智教育"、赫尔巴特的四阶段教学理论到斯宾塞的"科学知识最有价值"，都更多强调的是他们所处时代对知识、理性、竞争的重视。当代教育突出强调人性、多元、民主与平等、个性发展等观念，注重师生关系的重构、协同适应、和谐共生之美。教育人性化就是为受教育者提供包容和谐的人文环境，在尊重受教育者个性的基础上促进其人格的完善、保证个体全面自由地发展，它是人的个体化和社会化的辩证统一。多元化的观念首先承认和强调多样性的存在及价值，同时也构建全球化背景下学校教育的尊重、包容、差异化、互动式发展。民主与平等，即从教育的机会、条件、过程、资源等多方面为对象提供均衡的可能性，为发展提供生存系统的基础性支持。个性发展强调和尊重个体的独特性，也是对当今多样化社会需求的适应。这些观念体现的都是一种生态的伦理性，一种新型的发展追求。学校教育的生态化发展就是以人性为基础，重视教育的多样性、平衡性与多层次性，构建生态系统，实现该系统物质、信息、能量的良性循环。

在发展的质量生成方面，既突出主体作用，又强调环境作用。充分发挥主体的主动性、主导性作用，是教育质量观的首要内容，也是生态性的重要体现。学校教育是一个庞大而复杂的生态系统,主体形态呈多样化分布,既有校级整体的,也有学生个体的;既有纵向的年级班级的,又有横向的部门块面的。只有充分调动各级各类主体的主体性,形成综合力,学校教育发展的质量才会提高。同时,由于当今教育已经处于一种整体式、变动式发展态势,固定不变、闭门发展或长期有效的发展模式已经不可能再存在。环境与主体的互动、环境对主体发展质量的影响已经越来越重要。从这个意义上也可以说,环境决定质量。因此,学校教育必须处理好与外部环境的关系,与环境保持一种动态的平衡,遵循整体性原则、系统性原则、控制性原则、动态性原则和差异性原则,实行生态式发展,才能确保质量生成的优质高效、可持续。[29]

再次是教育变革路径上。生态变革的力量来自于内部(遗传的特质)、外部(环境的特质)以及共生(内外作用)三方面的矢量组合,在学校教育改革实践中,这种组合也体现出许多明显的生态化路径的迹象。

不同学段的衔接协同。幼、小、初、高的衔接教育和长程设计日益广泛,甚至一些大学和高中也开始尝试衔接性课程或活动,使以前相互割裂、封闭的分段式教育逐步融合,良性发展。

内部管理块面的综合效益发挥。教育活动的复杂化、目标的多元化以及技术手段的革新,促使学校内部组织形成整体、综合、互动的工作态势,教师也不可能再凭一己之力从教,团队的协作、互助已经是基本的工作生存状态。学校管理的组织形态将更多倾向于扁平式、项目式和多中心布局式的灵活结构。

基于环境的重构。当代学校在主体的自主与自觉的基础上,特别注意基于环境分析的发展力量重构,如家—校—社的互动模式、学区联盟制、互联网组织等。

注重发展机制的建立。从过去的单向的要求政府关怀教育的体制建设思路转向了多维、多层、互动的网络式机制建设,以机制推动体制,以机制保证发展,这其中涉及许多生态原理和机制的探索与运用。

教育规划的生态体现。教育规划中,也十分注重整体关联和动态平衡的生态性,学校发展内外部因素、规模、速度、质量、结构、效益以及战略性、全局性、稳定性、可变性等之间的科学考量、综合协调、动态匹配。

追求特色均衡。真正的均衡是特色均衡,不同的学校具有不同的生态位,追求学校均衡发展中，做到既保底实基，又不千校一面，尊重学校特点，实行差异化、特色化发展。

教育支持系统的生态化走向。教育的物质、制度、文化、组织以及现代技术（信息技术、心理技术、管理技术等）等支持系统，已经从零散向整合、平面向立体、互动与生成的生态化学习环境演变。

（三）教育理论建设的需要

面对急剧变化的世界和突飞猛进的科学技术，教育的研究和实践必须适应和变革，因此，需要进行符合时代特征和需求的理论创新、理论建设，以更好地指引教育研究和实践活动。生态理论因其匡正积弊、持续发展和现实适切而成为重要内容。

1. 当代理论整体发展的推动

20世纪上半叶以来，系统论、信息论、控制论、相变论、协同论、混沌论、超循环论等一系列现代理论如雨后春笋般层出不穷，形成了科学和哲学理论发展的洪流，凝聚成现代发展理论整体性、人本性、动态性、可持续性的基本趋向。这也自然地辐射和影响到社会学、经济学、管理学、教育学等多个学科领域，推动了这些领域的快速发展。在这股洪流中，多数理论对于推动教育研究与实践向生态方向迈进都有紧密的相关性，但复杂性理论和后现代主义理论的影响在其中是最大的，而两者同生态理论的关联又极为紧密。

复杂科学是20世纪80年代产生的研究复杂系统的综合科学，其理论根基是量子力学和存在主义哲学，而不是牛顿物理学和笛卡儿哲学。复杂科学有极深厚的生态哲学意蕴，可以说生态性和复杂性是教育等高级有机系统互为关联的两大特征，生态现象的研究也需要借鉴一些复杂科学的方法和原理。教育生态系统是社会系统的一部分，是一种复杂系统，其复杂性特征主要表现在开放性与动态平衡性、整体关联和松散结合、非线性和不可还原性、有序性和混沌性、自组织与适应性、协同性与非平衡性等方面。在此背景下，对教育生态系统进行复杂性研究，利用复杂科学的原理和方法审视并解决教育生态问题具有重要的理论意义和现实意义，也促使了教育理论和生态理论的结合。

后现代主义是20世纪60年代以来在西方出现的具有反西方近现代体系哲

学倾向的思潮，它反对连贯的、权威的、确定的解释，强调个人的经验、背景、意愿和喜好的优先地位，反对主流方案、反对单一以理性为中心、反对二元对立，更反对功能主义和实用主义为主的所谓现代生活。摒弃其消极颓废的一面，后现代主义对机器化大生产以来导致人与自然的隔膜、科技与人文关怀之间平衡的破坏等现代社会病的反思与矫正，具有积极的意义，它对人的生活与生命状况的关注，更体现了浓厚的生态意蕴。在教育上，它以学生发展为教育之题，有创造性的学生存在观、多元差异的学生潜能观、去中心化的学生地位观、生态和谐的学生发展观、多元开放的学生评价观等教育观念以及强调关系与合作、教学共同体、小规模人性化管理教育范式等极具生态性内涵的教育主张。

这些理论从价值取向、观念理念、思维方式甚至操作方法上，都对教育生态理论的发展予以极大的启发和推动，直接或间接地促进了教育生态理论的成型和深化。

2. 已有教育理论中生态意蕴的发掘

在教育理论研究和发展的历程中，实际上有很多理论已经建立了生态思维的雏形或者说具有较强的生态意蕴，如生长教育观、整体教育观、自然主义教育观等，对教育生态理论的发展起到了较大的启迪、推进作用。

"教育即生长"，这是杜威教育理论的一个重要观点。其主要基于以下几个角度论述：人的生物性；教育社会化负载度，即适应性；个体成因；生长高度；教育的时序性、持续性。这种论述具有深刻的生态含义。生物生长的基本特征为个体性、差异性、代谢性、开放性、均衡性等，这与人的教育个性化、差异化、均衡化、系统化、承续性等基本特征极为相似，充分挖掘两者之间的相通的作用机制，可以更好地为教育发展和学生成长服务。杜威还提出"教育即生活"的命题，认为"生活就是发展，而不断发展、不断生长，就是生活，用教育术语来说，就是：（1）教育的过程在它自身以外无目的，它就是它自己的目的；（2）教育关系是一个不断改组、不断改造和不断转化的过程"。在他看来，最好的教育就是"从生活中学习""从经验中学习"，教育就是要给儿童提供保证生长或充分生活的条件，因为"生长是生活的特征，所以教育就是生长，在他自身以外，没有别的目的"。杜威还进一步提出"学校教育的价值，它的标准,就看它创造继续生长的愿望到什么程度,看它为实现这种愿望提供方法到什么程度",教育就是儿童现在的生活过程,而不是将来生活的预备,同时,既然教育是经验的继续不断的改组或改造,那么教育的过程和目的就是完全相同的,都是个体天性能力的自然生长,因此,到教育之外去寻求"一种终极的目的",或者从外面把某一目的强加给教育,都是不应该的。杜威的这些教育观念[30],充分体现出其教育理论中强烈的生态性旨意。

整体教育观兴起于20世纪80年代末,是当代人文主义教育思潮的典型表现之一。它以根治传统的"病态的教育",建立民主的、植根生命的新型教育为己任,提出了人性优先、尊重每一个人、重视体验性学习、向整体转型、选择的自由、求得共生的生态型教育等十大指导性原则。这些原则体现了浓厚的生态意味,尤其是"求得共生的生态型教育"原则的提出,更是将生态和教育结合的鲜明主张。该原则旨在唤醒人的生态栖居意识,培育对生命的敬畏之心,养成诗性智慧的生态人格,实现人的全面发展、社会的可持续发展。"共生的教育"思想也涵盖了人自身同外部环境如何互动变化、共同演进的生态式发展诉求。

自然主义教育观可以溯源到古希腊的哲学之中,但其在后来有了更深入的发展。夸美纽斯、卢梭、第斯多惠等在其教育思想中都极为推崇这一观点,认为教育应适应自然、遵循自然、培养"自然人",这些观点的提出虽有特殊的时代背景,但仍给我们极大的启示:人的身心发展和教育本身有其自然规律,教育应当顺应人的天性和教育规律,以生态性的原则为指导,否则教育的个体生态将会被扭曲,系统生态将会失去平衡,教育将难免失败。

在我国传统的教育思想中,也有许多值得注意的观点,如孔子的有教无类、因材施教、内省自觉、教学相长的教育原则和方法,老庄哲学顺应天性、自然发展的教育主旨等,其中都可以看到许多同生态教育理念相通的地方。可见,中西方教育理论对生态教育的思想已有不少的涉及,从中发掘生态教育思想的有益部分并加以运用,是教育理论建设继承的必然,发展的使然。

3. 生态型教育理论的构建

教育的变革需要变革的教育理论,因此,在社会各方面迅猛发展的今天,指导时代教育实践的教育理论实行变革已成为必然。以生态价值取向为核心而自觉建构的生态教育学,集中体现了人类生态文明建设进程中教育理论发展的生态教育精神。生态文明建设,说到根本上,是人的自身建设以及对生态文化的普遍尊重与彰显。生态价值观的当代觉醒是生态文明建设的时代精神和观念基础,生态教育学正是反映这种时代精神的教育理论自觉,是在对传统教育学主导下的现代性教育价值活动深刻反思的基础上,适应生态文明建设的实践需要,对服务于工业文明时代传统教育学的超越。具体地说,就是通过生态价值理念在教育活动中的确立,以人的价值、自然价值和社会价值的整体性价值规范为根据,确立生态教育目的,设计生态教育制度,开发与组织凸显生态价值的生态教育课程,创设生态教育情境,运用生态教育的基本模式与方法,以培养人的生态认知、生态情感、生态行动意志与生态行动能力,并不断提升人的生态智慧,进而实现人作为价值生命存在在自然生命、社会生命和精神生命方面的辩证整体性的和谐建构,凸显教育的生命本性,不断走进人的全面的生存、生活、生命关系,实现"生态人"培养的教育目的和生态价值的全面生成,因此,以生态主义世界观、方法论和价值观为思想基础的教育研究取向应成为生态文明建设背景下当代教育理论建构的一种自觉回应。[31]

生态型教育理论的探究和体系的构建,已经引起了许多研究者的积极注意。1991年第二届全人教育国际会议提出全人教育十大原则的第九条即为"求得共生的生态型教育"。我国学者吴鼎福、吴林富、刘贵华、范国睿、贺祖斌等都在生态教育理论研究上取得了一定的成效。同济大学第二附属中学从学校的角度、杭州市下城区从区域教育的角度也进行了有益的探索。国家规划科研课题中,也有多个课题涉及。据全国教育科学规划领导小组办公室公布的数据,关于"生态教育"的国家级课题,"十五"期间有13个,"十一五"期间有15个,"十二五"期间截至2014年就有24个;就研究的内容来看,从宏观的生态教育研究,到中观、微观的德育、教学、教师成长、质量控制、创生模式等都有涉及,研究面较广。由此可见,生态型教育理论研究已经得到学术界的广泛重视。

我国目前正处于经济、社会的转型期,各种矛盾、冲突较为集中、急剧,教育作为国家、社会发展的重要方面和坚实基础,必然承担双重的压力和责任。一方面,转型期的"阵痛症"必然投射和影响到教育,使教育自身的发展之途充满矛盾和困难，经受一定的生态扭曲与失衡；另一方面，作为国家、社会发展的强大助力器，教育又必须积极为推动转型升级的顺利完成以及国家、社会、文明的进步发展做出贡献。这要求我们的教育理论应该有突破性、创造性的发展，以构建适应当前国情和人才培养需求、破解发展难题的中国特色教育体系。因此，"适应、均衡、发展"便是当前我国教育的重要主题，而这也正是生态理论的核心诉求。这一共通点，为生态理论同教育理论的结合建立了紧密的联系，为生态型教育理论的构建提供了坚实的基础。"生态学的科学方法与和谐价值观对教育研究有很强的适切性。方兴未艾的生态范式将是开阔视野看教育的新范式，或许它的思维模式本身更切近教育形态。生态原则在人、自然、社会、教育等领域有可通约性，遵循该原则，对中国构建和谐社会和建立创新型国家有重要意义。"[32]

从教育自身的学科建设来说，叶澜教授明确提出"生态观——建构面向21世纪新型教育系的新观点"，并进一步阐述道："我们的任务是要寻找跨世纪中国教育系生存方式与发展方向问题……把它称之为自觉转型、主动发展的变革。……其中最重要的是改变机械观，树立生态观。即在研究生态环境变化的基础上，找到发展的潜在生长点，主动改建自身的内结构，使生存主体与环境之间建立新的功能关系，形成新的增长方式。"[33]

本章注释

[1] 中共中央马克思恩格斯列宁斯大林著作编译局. 马克思恩格斯选集：第4卷 [M]. 北京：人民出版社，2012：383.

[2][30] 于泽元. 后现代主义课程理论研究 [D]. 西南师范大学硕士论文，2002：97，57.

[3] 沈正信. 生态与生态文明 [J]. 政策瞭望，2010（6）.

[4] 吉志强. 关于生态文明的内涵、结构及特征的再探析 [J]. 山西高等学校社会科学学报. 2012（9）.

[5] 余谋昌. 生态文明论 [M]. 北京：中央编译出版社，2010：10.

[6][7] 管月飞. 论生态课堂及其构建 [D]. 安徽师范大学硕士论文，2007：9，9.

[8][9][16] 范国睿. 美英教育生态学研究述评 [J]. 华东师范大学学报：教育科学

版. 1995（5）．

[10][11][13][14][15] 贺祖斌. 高等教育生态研究述评 [J]. 广西师范大学学报：哲学社会科学版. 2005（3）．

[12] 范国睿. 劳伦斯·克雷明的教育生态学思想述评 [J]. 四川教育学院学报. 1995（4）．

[17][18][20][21][24][31] 程从柱，王全林. 生态教育学：当代教育学建构的一个重要视域 [J]. 皖西学院学报. 2010（2）．

[19] 程从柱，刘惊铎. 生态文明建设与教育价值观变革 [J]. 中国教育学刊. 2009（1）．

[22] 熊士荣，张友玉. 科技哲学视阈下的科学教育 [J]. 湖南文理学院学报：社会科学版. 2007（9）．

[23] 刘雪飞. 生态课程观 [D]. 合肥工业大学硕士论文，2005：10．

[25][27] 贺祖斌. 高等教育演化的新趋势：生态化 [J]. 广西师范大学学报：哲学社会科学版. 2004（3）．

[26] 刘贵华，朱小蔓. 试论生态学对于教育研究的适切性 [J]. 教育研究. 2007（7）．

[28] 董显辉，吴婷婷. 经济发展方式转变对学校职业教育的挑战——基于生态学视角 [J]. 继续教育研究. 2012（6）．

[29] 张征. 高等教育管理学研究取向之反思——从学科性视角到方法论视角 [J]. 现代教育管理. 2010（10）．

[32] 全国教育科学规划领导小组办公室."十五"规划教育部重点课题"世界一流大学建设：学术生态的视角"研究成果公报 [J]. 当代教育论坛：校长教育研究. 2008（5）．

[33] 叶澜."面向21世纪教育系科改革研究与实践"结题总报告 [J]. 华东师范大学学报：教育科学版. 2000（8）．

第二章

生态型学校发展的主要概念和原理

一、生态学的基本概念与原理

(一) 基本概念

生态学 (ecology): 研究生物及其环境关系的科学。其基本原则是社会可持续发展的理论基础。

生态因子 (ecological factor): 在环境中,对生物个体或群体的生活或分布有影响作用的因素。通常可分为非生物因子和生物因子。

环境 (environment): 是生物有机体周围一切要素的总和,是某一特定生物体或生物群体以外的空间以及直接或间接影响该生物个体或群体生活与发展的各种因素。

适应 (adaptation): 是对周围环境由陌生变得熟悉的一种状态,是生物对其环境压力的调整过程,是在新条件和新环境中的一种功能性改变,是自然选择产生的特征。

生态位 (niche): 一个有机体在群落中的作用。

生境 (habitat): 物种存在的环境域。

物种 (species): 指一群同种生物个体的集合群。

种群 (population): 指生活在一定空间内,同属一个物种的个体的集合,即种群是由占据一定空间的同一物种的多个个体所组成。

群落（biocoenosis）：指在特定时间聚集在一定地域或生境中所有生物种群的集合，是一个相互联系、相互制约的有机统一体。

生态系统（ecosystem）：指在一定时间和空间内，由生物群落与其环境组成的一个整体，各组成要素间借助物种流动、能量流动、物质循环、信息传递而相互联系、相互制约，并形成具有自调节功能的复合体。

生态系统管理（ecosystem management）：指把复杂的生态学、环境学和资源科学的有关知识融为一体，在充分认识生态系统组成、结构与生态过程的基本关系和作用规律，生态系统中的时空动态特征，生态系统结构和功能与多样性的相互关系基础上，利用生态系统间的物种和种群间的共生相克关系、循环再生原理、结构功能与生态学过程的协调原则以及系统工程的动态最优化思想和方法，通过实施对生态系统的管理行动，以维持生态系统的良好动态行为，获得可持续的生态系统产品与环境服务功能产出。它可理解为一种对具体生态系统的管理策略、管理方式和管理过程，也可理解为一种管理生态系统和资源的理论和方法。

（二）基本原理

最小因子定律：生物体需要一定种类和数量的营养支持，如果环境中缺少了其中的一种，生物就会死亡；如果其处于最少量状态，生物生长就会受到阻碍。但在动态的环境中，这种因子是多样变动的，这种限制因子不会是某一个单因子，因子之间也可以有替代、补偿作用的发挥。

耐受性定律：认为不仅因子处于最少量时可成为限制因子，因子过量（如过高温度、光强等）也可能成为限制因子。每一种生物体对每一环境因素都有一个耐受范围，包括有一个生态上的最低点和最高点（或称耐受性下限和上限）之间的范围形成生态幅或生态价。

节律行为：生物对周期性变化的生态环境的一种适应机制。

自然选择：自然环境会固定那些对物种生存繁衍有利的变异，在生存竞争中，那些具有突变产生的新性状的生物个体，具有对生态环境的新适应能力。

竞争排斥原理：生态位相同的两个物种不能共存，或称为"完全的竞争者不能共存"。竞争的结果使生态位分离，达到共存。

协同进化：一个物种的性状作为对另一物种性状的反应而进化，而后一个物种的这一性状本身又是对前一物种的反应而进化。

边缘效应：在群落交错区中，既可以有相隔群落的生物种类，又可有交错区特有的生物种类，存在生物种类增加和某些种类密度加大的现象。

群落多样性与功能原理：越来越多的研究表明，物种多样性越高，其营养级的生产力越大，这之中包括选择效应和互补效应两个机制；而生产力对多样性的影响是呈单峰模型反应的，在中等生产力水平时物种丰富度最高。

整体性原理：整体性是指系统的有机整体，其存在的方式、目标、功能都表现出统一的整体性，是生态系统要素与结构的综合体现，是生态系统的实质和核心，任何一个生态系统都是由多要素结合而成的统一体。其主要含义有三点，即整体大于部分之和，要素不分解独立存在，要素对整体的功用通过其相互作用展现。

以上所列的基本概念和基本原理[1]仅为在教育研究中使用频率较高，具有一定基础性、指导性、启发性的概念和原理，其他有些个别相关的概念或原理在文中涉及时，再单列加以解释，对基本概念和原理在教育研究中的运用，也只能是注重哲理和思维方法的启迪，并不能生搬硬套。

此外，也有许多学者对生态原理进行了多种概括，较有借鉴意义，如王如松等在《生态整合——人类可持续发展的科学方法》中提出了十大原理[2]：

胜汰原理：系统的资源承载力、环境容纳总量在一定的时空范围内是恒定的，但其分布是不均匀的，差异导致竞争，竞争促进发展。优胜劣汰是自然及人类社会发展的普遍规律。

拓适原理：任一行业、地区或部门的发展都有其特定的资源生态位。成功的发展必须善于拓展资源生态位和需求生态位，以改造和适应环境。只开拓不适应，缺乏发展的稳度和柔度；只适应不开拓，缺乏发展的速度和力度。

生克原理：任一系统都有某种利导因子主导其发展，都有某种限制因子抑制其发展；资源的稀缺性导致系统内的竞争和共生机制。这种相生相克作用是提高资源利用效率、增强系统自身活力、实现持续发展的必要条件，缺乏其中任何一种机制的系统都是没有生命力的系统。

反馈原理：复合生态系统的发展受两种反馈机制的控制，一种是作用和反作用彼此促进、相互放大的正反馈，导致系统的无止境增长或衰退；另一种是作用和反作用彼此抑制、相互抵消的负反馈，使系统维持在稳定态附近。正反馈导致发展，负反馈导致稳定。系统发展的初期，一般正反馈占优势，晚期则负反馈占优势，持续发展的系统中正负反馈机制应平衡。

乘补原理：当整体功能失调时，系统中的某些成分会乘机膨胀成为主导成分，使系统歧变；而有些成分则能自动补偿或代替系统的原有功能，使整体功能趋于稳定。系统调控中要特别注意这种相乘相补作用，要稳定一个系统时，使补胜于乘；要改变一个系统时，使乘强于补。

瓶颈原理：复合生态系统的发展初期需要开拓与发展环境，速度较慢；继而在最适合环境，发展呈指数式上升；最后受环境容量或瓶颈的限制，速度又放慢，越接近某个阀值水平，其速度越慢，呈"S"形增长。可以改造环境，扩展瓶颈，之后，系统又会出现新的限制因子或瓶颈。复合生态系统正是在这种不断逼近或扩展瓶颈的过程中波浪式前进，实现持续发展的。

循环原理：世间一切产品都要变成废物，世间任一"废物"必然是对生物圈中某一生态过程有用的"原料"或缓冲剂；人类一切行为最终都要反馈到作用者本身。物质的循环再生和信息的反馈调节是复合生态系统持续发展的根本动因。

多样性和主导性原理：系统必须有优势种和拳头产品为主导，才会有发展的实力；必须有多元化的结构和多样性的产品为基础，才能分散风险、增强稳定性。主导性和多样性的合理匹配是实现持续发展的前提。

生态发展原理：发展是一种渐进的有序的系统发育和功能完善过程。系统演替的目标在于功能的完善，而非结构或成分的增长；系统生产的目的在于对社会的服务功效，而非产品的数量和质量。

机巧原理：系统发展的风险和机会是均衡的，大的机会往往伴随高的风险。强的生态系统要善于抓住一切适宜的机会，利用一切可以利用甚至对抗性、危害性的力量为系统服务，变害为利。

二、生态型学校发展

（一）学校发展

学校发展是指学校组织为了适应不断变化的环境，不断进化、更新的过程。它包括两个维度：一是数量维度，主要指学校规模的扩大；二是质量维度，指学校的办学质量和效益的提高。其历程是动态的开放的不断生成的过程，是学校在各种社会关系和活动中交互作用下实现的过程，既包括历史社会视野下学校形态的发展变化，也包括某一特定时期特定的学校发生发展的演变历程。

（二）生态型学校发展

生态型学校发展，是指在符合学校教育要求的基础上，激发生态自觉、遵循生态规律、优化生态效益的学校发展，即运用生态学的原理和方法，对学校发展的内容、方式、策略等进行探究引导，建立学校内部良性管理及其与外在环境关系协调的机制，使学校发展达到规模适度、结构合理、动态平衡、开放适应、自主生成的可持续优质状态，促进学生全面发展以及学校办学质量和效益不断提高的演进过程。

本书讨论的学校发展主要是中小学学校发展，对生态型内容的述及，也主要是从整体和联系的视角，以"生态位"为基础、以"生成"为指向、以"关系"为核心的考察，集中在主体与环境、平衡与失衡、动态与静态、竞争与共生等方面。

三、相关概念的辨析

（一）生态与自然

生态是自然的一种内在属性，是生物或有机物的存在状态以及其中蕴含的规律和机制。生态系统的主要含义是系统的主要构成成分是有生命的或有机的生物、事物及其所在的环境，系统中的关系是一种可以根据环境进行调节的有机联系，系统具有既封闭又开放的整体性。自然有自由发展、不经人力干预之义，自然系统包括无机界和有机界及其联系。自然系统构成的两方面关系是对等的，而生态系统对生物或有机物有所凸显。生态管理不等于自然管理的垂拱而治或无所作为，而是"人为－自然"的复合行为，是对自然中生态规律的认识把握，并以生态规律为指导实现资源的有效组合利用和可持续发展，以实现人类与自然共同和谐发展的目的。值得注意的是，对自然的尊重保护也是重要的生态发展目的之一，而不是片面的人为化，其目标具有辩证性、复合性。两者之间存在着从自然到生态到机制到运用，再反馈自然的基本路径。因此，教育生态不是单纯自然主义的，而是一种复合的生态系统，学校生态发展也是如此。自然与生态的关系如图2—1所示。

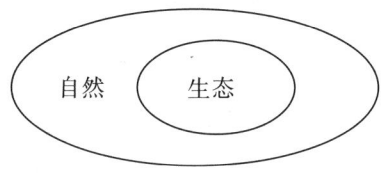

图2—1 自然与生态的关系

（二）生态与竞争

竞争是生态的基本现象和规律，生态型发展中同样需要竞争，但对竞争的内涵认识应更深入全面。竞争是手段，是过程，是激发内在潜力促进种群优良的机制；竞争不是简单的优胜劣汰，而是可以协同共赢。从辩证的角度看，事物可能互为因果、互为资源，都可以在不同的生态链条上体现价值，协同生存和发展，因此，生态发展中的竞争，更多的不是零和竞争，而是协同竞争。系统理论对社会的研究发现，"社会系统的系统协同、协同与反协同干扰之间的斗争是推动系统进化的动力，而系统协同才是推动进化的更主要方面"[3]。完全的竞争观有不能共存的反命题：共存即不能完全竞争。而生态是多样共生的，因此，并不存在完全的对立的竞争。生态与竞争的关系如图2—2所示。

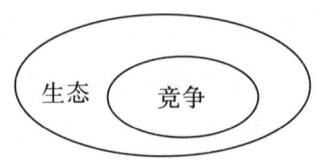

图 2—2 生态与竞争的关系

教育中诚然存在和需要竞争，但育人的价值取向是同一的，竞争更多的是体现在资源配置、技术与方法、效率和效益等方面，都是为促进人的全面发展的总目标服务的。现在管理中经常提及的狼性管理、优胜劣汰、丛林法则、追求卓越、全面完胜等片面竞争的观点是不符合教育本质要求和生态内涵的，是机械、片面、浮躁和过度功利的表现。在不同的生态环境中，竞争的类型也不一样。在当前的教育中，尤其要反对只讲分数排名或升学率的片面竞争，那是违背教育规律、损害师生和学校发展的竞争。

（三）环境保护教育、生态教育与生态型教育

环境保护教育是以人类与环境的关系为核心，以解决环境问题和实现可持续发展为目的，以提高人们的环境意识和有效参与能力、普及环境保护知识与技能、培养环境保护人才为任务，以教育为手段而展开的一种社会实践活动过程。[4]生态教育是以生态学为依据，传播生态知识和生态文化、提高人们的生态意识及生态素养、塑造生态文明的教育，它体现于学校教育、社会教育和家庭教育各个方面，其目标是解决人与环境之间的矛盾，调整人的行为，建立环境伦理规范和环境道德观念，教育人正确认识自然环境的规律及其价值，提高人对自然环境的情感、审美情趣和鉴赏能力，为每个人提供获得保护和促进生态环境的知识、价值观、态度、责任感和技能的机会，创造个人、群体和整个社会环境行为的新模式。[5]环境保护教育是包含于生态教育之中的。生态型教育是指教育利用生态的规律、原理和方法，实行动态平衡、有机联系、可持续发展的教育类型。三者都基于生态的基础，有交叉部分，但前两者主要指教育的内容，更重物化环境及人们的观念、意识，后者主要指教育的类型与方式，更重方法、过程和机制、体制。三者关系如图 2—3 所示。

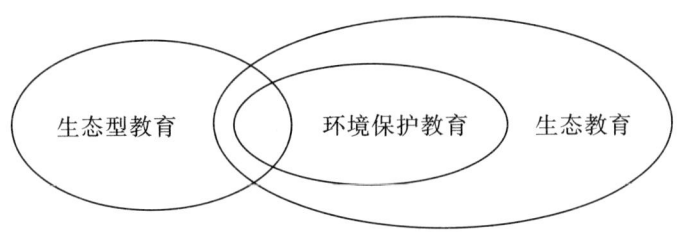

图2—3 环境保护教育、生态教育与生态型教育的关系

(四) 自然生态系统和教育生态系统

自然生态系统和教育生态系统具有很强的相似性,自然生态系统的基本规律和原理对教育生态系统的治理与发展具有极大的启示。两者的比较如表2—1所示。[6]

表2—1 自然生态系统与教育生态系统比较

对比项	属性	自然生态系统	教育生态系统
结构	整体性	各组成部分互相影响,组成一个整体	各组成部分互相影响,组成一个整体
	层级性	生态系统、群落、种群、个体	全球、全国、地方、学校、年级、班级、师生个体
	空间性	一定的地理范围、空间尺度对生态系统具有重要影响	自然环境、产业结构、人口、资源等具有重要影响
功能	依赖性	与环境进行物质、能量、信息的交换,具有对环境的依赖性	与环境进行物质、能量、信息的交换,具有对环境的依赖性
	反馈性	正反馈和负反馈	正反馈和负反馈
	目的性	维护生物生存和繁衍	培养人才
演化	进化性	从简单走向复杂	从初级走向高级
	竞争性	相同物种、不同物种之间存在竞争	不同组织、个体之间存在竞争
	协同性	互相帮助和促进	互相帮助和促进
	平衡性	动态平衡	动态平衡
	可控性	人类活动的影响	受到自然、人口、政治、经济、科技、文化、内部管理的影响

(五)生态性、生态式与生态型

"性、式、型"三者的含义从《现代汉语词典》中来看，较为合适的义项是："性"，加在名词、动词或形容词之后构成抽象名词或属性词，表示事物的某种性质或功能；"式"，样式；"型"，模型、类型。在学校的生态发展中，结合以上含义可以辨明："生态性"，是指具有生态的性质或性能，是生态的基础，更多的是指向学校生态发展的内涵；"生态式"，是生态性表现的样式，更多的是指向学校生态发展的外延；"生态型"，是学校生态发展与其他发展类型的区别，是发展类型的"种类"概念，是生态性的内涵和生态式的外延的综合，它体现了生态性，也表现和涵括了多种生态发展的样式，其中也包括一些根据规律、体制，建立管理和发展模型的内容。生态性、生态式和生态型三者的关系如图2—4所示。因此，在学校生态发展中，采用"生态型发展"更为适当。在生物学中对"同物种不同类群"有"生态型"的狭义称谓，此处是从逻辑学、管理学等多学科意义上的广义界定。在本书中，有个别地方也有"生态式发展"的提及，但主要是针对局部语境含义，而非整体意义上的。此外，"生态化"的说法也常有提及，"化"的含义是"后缀，加在名词或形容词之后构成动词，表示转变成某种性质或状态"，主要指的是生态性获致或展现的行为过程。

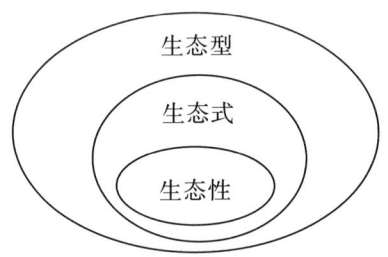

图2—4 生态性、生态式与生态型的关系

本章注释

[1] 戈峰. 现代生态学 [M]. 北京：科学出版社，2008：1，36，37，39，117，172，216，217，208，276，324，352，367，436，553.

［2］王如松，等. 生态整合——人类可持续发展的科学方法［J］. 科学通报，1996（12）.

［3］沈骊天. 系统科学和人文精神［J］. 江苏科技大学学报：社会科学版，2012（3）.

［4］http：//baike. baidu. com/link?url＝nSjkhBQ8jXvqeyfroIkuFkY9＿6Se4ouo27u8U1Q8FccuBAU44nKMUUgLNjj-r2e-rqeYkKwxAy1NJoP-iwBvqq.

［5］朱国芬. 构建中国特色的生态教育体系刍议［J］. 教育评论，2007（1）.

［6］王锋. 论高等教育生态系统的可持续发展［J］. 价值工程，2011（20）.

第三章

生态型德育发展

当前的学校德育，存在着脱离生活、空洞说教、单调低效、功利片面、人性淡漠、学生厌倦等问题，现实中学生的思想发展也呈现出一定程度的错位，甚至扭曲的现象，伤害生命的极端案例屡见不鲜。这同我们当前经济社会发展与教育的脱节、经济社会转型期的复杂多变以及科学与人文精神的割裂、上行与下效的断隔等多方面的原因有关，但归结起来，可以说是德育生态的整体失衡所致。

一、系统分析

同自然生态系统一样，学校德育生态系统由生态环境和生物群落两大因子构成，但由于人的社会属性，德育生态系统中的环境因子不但包括其生长的自然环境，还包括其所在的社会环境和网络环境。社会环境包括经济环境、政策环境、文化环境等，网络环境本身是社会环境的一部分，但由于其虚拟性、超时空、去实感、难管控等特性，使之对学生成长和学校德育发展极具影响，可以视为当前时代一种特殊的社会环境。生态群落因子中，生产者包括学生的家庭、学校、社区、网络，它们提供学生德育的场所或场景，以及生活、生长的物质和观念、知识、技能等基础性必需品；消费者为学生，他们接受来自各方面的教育和影响，逐步成长和社会化；分解者为社会，学生最终都是流向社会，参与社会的流动，在为社会做贡献的同时，再将信息和能量传导给外在的环境和群落，推动新的循环。德育生态系统模型如图 3—1 所示。

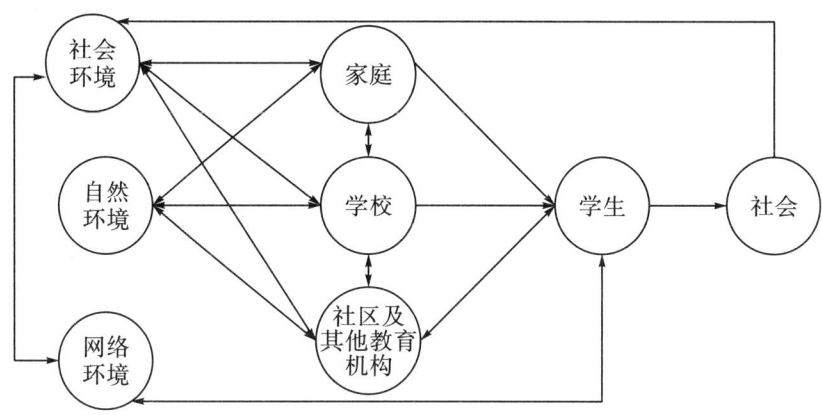

图 3—1　德育生态系统模型

从图 3—1 可以看出，在对学生德育过程的影响中，单凭学校之力是远远不够的，多种因素在协同发挥着作用，并且相关因素的内涵也随着时代的变迁而演进着：多元的价值观、开放的对外交流、多渠道的网络化的信息冲击等，都与学校德育有极大的互动作用。通过对系统的分析，以及对各种因素、关联的梳理，可以对学校德育做出相应的适应性调整，最终达成学校德育人文性、生成性、演进性、平衡性的生态善治目标和学生快乐、健全地成长发展。

二、德育内容的生态性

在生态型德育实施过程中，由于生态观念的特殊性，以及生态文明同当代人道德品质的重要关联，因而其本身就是德育内容的重要部分。这主要包括五个方面。

（一）生态保护

随着生态环境恶化现象越来越突出，生态保护已经成为全球共识。我国也将环境保护与资源节约确定为基本国策，将可持续发展定位为国家发展战略，并在党的十七大、十八大报告中明确提出"实现生态文明，建设美丽中国"，同时建立健全相关法规、制度，加大生态保护的力度。在对学生的德育中，这也是十分重要的内容，教育部新修订的《中小学生守则》中也首次增加了"低碳环保生活"的内容。生态保护教育主要涉及生态意识培养、知识技能教育、生态足迹分析、保护改善践行等方面。

（二）生命教育

生命教育有广义与狭义之分，狭义的生命教育指的是对生命本身的关注，包括个人与他人的生命，进而扩展到一切自然生命。广义的生命教育不仅包括对生命的关注，而且包括对生存能力的培养和生命价值的提升。[1]北京师范大学肖川教授认为生命教育是以生命为核心，以教育为手段，倡导认识生命、珍惜生命、尊重生命、爱护生命、享受生命、超越生命的一种提升生命质量、获得生命价值的教育活动。从生态视角出发的生命教育是广义的生命教育，注重生命的多元、动态、全面、开放，促进学生生命意识、生命责任、生命价值和生命实践的提升，引导学生生命健康成长，体验生命的幸福。

（三）生态伦理

这是从伦理学的视角审视和研究人与人、人与自然的关系。除了讲求"和谐共美"的人际生态之外，生态伦理还要求人类将其道德关怀从社会延伸到非人的自然存在物或自然环境，而且呼吁人类把人与自然的关系确立为一种道德关系。根据生态伦理的要求，人类应放弃算计、盘剥和掠夺自然的传统价值观，转而追求与自然同生共荣、协同进步的可持续发展价值观。[2]从系统协同的原则看，应将是否有利于人与自然大系统进化发展作为判定人类行为的伦理原则，人与自然以及自然界之中各种物种之间存在着一定的矛盾冲突，但是也存在共同的利益——共同生存环境的稳定、平衡、进化，都值得对等地关注。坚持生态本位观应是人类的价值与使命。生态伦理观的贡献主要在于它打破了仅仅关注如何协调人际利益关系的人类道德文化传统，使人与自然的关系被赋予了真正的道德意义和道德价值。

（四）生态人格

生态人格是建立在生态理念基础上的，它将人自身的生命、人类社会、自然界均看成由多种因素构成的系统整体,并将"人—社会—自然"看作一个相互关联、相互作用、协调发展的复合生态系统整体。[3]尊重生命和生态的内在价值,以整体性、系统性的眼光看待事物,把包括自己在内的所有对象都置于复杂的时空关系之中来对待,这是生态人格的基本要求,它体现着人与人、人与社会、人与自然互生共济的伦理精神和协同进化的生存智慧,它赋予健全人格、理想人格、独立人格新的含义,是自然道德主体存在过程中的尊严、责任和价值的集合。[4]在生态人格培养中,理解、关怀、行为是其三要素。

(五)全人生态教育

全人教育,即以"人的完整发展"为核心的教育。它基于系统的生态世界观,认为各种生态系统和文化系统之间应相互尊重和共生。1991年第二届全人教育国际会议提出全人教育十大原则的第九条为"求得共生的生态型教育",认为教育活动始于对一切生命形式的深刻敬畏,应将自然视为共生的伙伴,恢复人与自然之间的天然纽带,世界上的一切都是相互支撑的一个整体,经济、社会、政治制度都必须尊崇这种相互依存性,并提倡一种尊重与栖居、参与与对话、实践与沉浸、全景与整合的生存态度。[5]作为学校德育的重要内容,在全球化的今天,它对学生发展的导向、视野的开阔、精神底色的铺陈、立身处世的原则、品格境界的提升等都尤其重要。

三、 德育机制的生态性

学校德育工作是一个复杂的系统工程,涉及多重机制,就生态性机制而言,有五种机制是较为重要的。

(一)自调节机制

生态系统内存在着一种自调节机制,能够使其实现物质、能量、信息的交流交换与循环,形成动态平衡,维持相对稳定状态。自调节就是自我调节、自动调节、自体调节的意思。所谓自调节机制,是指个体自我适应环境变化,维持自身机能平衡,保持活力的构造、功能及其相互关系。一般来说,自调节机制具有调节行为的自我性、调节过程的自动性、调节目的的自强性、调节结果的不定性等特点,主要表现为平衡、稳定、激活、自新等功能,具有适应、生存、共生、自生等作用。[6]德育中倡导的自主管理、内省修身等都是自调节的内容。在自调节的基础上,学校德育还表现出自组织的功能特性。从德育实践的效益上来看,学生会、读书会、社团、活动小组甚至非正式群体等自组织形式对学生德育价值与理念的探索、品性的养成有不可替代的重要作用。在当前,信息技术的发展、网络平台的完善、社交软件的推广等条件的变化,拓宽了自调节机制的空间、方法和载体路径,为学校德育的自调节、自组织功能的实现提供了更大的发展支持。

(二)场域-动力机制

教育场域是在师生及其他教育参与者不同位置之间所形成的一种客观关系网络,它致力于实现社会核心价值观及其所要求的基本素养的传承与传播,其本质在于培养合格人才。教育场域的结构要素有:(1)育人目标;(2)参与教育活动的行动者及其习惯;(3)资本(资源);(4)主体位置及其社会关系网络与场域环境;(5)时间;(6)教育规则及制度;(7)信息传播;(8)价值理性(包括教育内容等);(9)实践理性亦即教育或学习策略(包括教育或学习手段、教育或学习途径等);(10)教育实践活动。学校德育具有十分明显的群体性、综合性、场景性,场域的构建有利于德育主旨的实现,促使学生思想境界与认识能力的提高、综合素质与实践能力的锻炼,从而改变或修正学生不成熟或不良的行为习惯,使其形成符合社会发展要求的优秀品性,最终成长为合格人才。在一定的场域中,德育的动力机制主要体现为群体-个体动力、上行-下行动力、人育-物育动力三个方面。[7]动力机制同场域的构成结合,共同发挥作用,推动学校的德育发展。

(三)平衡-涨落机制

生态平衡是指一定时间内生态系统中生物与环境之间、生物各种群之间,能够通过能量流动、物质循环和信息传递的方式,达到相互之间高度适应、协调和统一的状态。[8]任何一个生态系统要维持其运转都需要保持系统的相对平衡，如此才能较好地完成物质、能量、信息的交流交换和组织，才能通过有序的力量组织发挥系统的功能。但是，由于生态系统是开放的，因此其因素是非线性动态变化的，这种平衡是不断被打破和重组的，系统必须通过演进达到新的平衡，从而发挥功用。这种演进中，除了主控机制外，系统的涨落也是非常重要的影响。涨落就是围绕稳定性的上下偏移，在线性的体系中，它可能是干扰或噪声，但在非线性体系中，它是系统演进的诱因和契机。在学校德育中，这种涨落包括个体、学校自身的内涨落以及社会、环境的外涨落。学校德育要充分挖掘这些涨落中的德育效能，尤其是一些突发事件甚或危机事件的扰乱，要善于整合、转化，进行德育契机的把握。平衡和涨落交替作用，影响学校德育功能的发挥。

（四）反馈－互动机制

当生态系统中某一成分发生变化的时候，它必然会引起其他成分出现一系列的相应变化，这些变化最终又反过来影响最初发生变化的那种成分。这就是反馈。反馈有两种类型，即负反馈和正反馈。负反馈是比较常见的一种反馈，它的作用是能够使生态系统达到和保持平衡或稳态，反馈的结果是抑制和减弱最初发生变化的那种成分所发生的变化。正反馈就是变化反回来的影响，进一步加大了变化的程度，反馈的结果是强化或增大起初的变化。负反馈有利于德育常规的高质量平稳开展，正反馈可运用于主题性德育活动效果的提升。两种反馈对德育都起着重要作用。由于学校德育生态系统许多因素循环都具有一定的主动性、交互性，因此具有极强的互动性，这种互动同反馈结合，形成了德育生态系统多元、多层、多向的动态反应机制。

（五）变异－适应机制

变异是同遗传相对的。遗传与变异是生态系统演进的基本规律之一。在学校德育中，它主要体现为继承和创新、社会普遍价值与个体精神的差异。从德育工作来看，一方面，我们对传统的、社会普遍性的德育成果要积极继承传扬；另一方面，又要与时俱进地变化创新，以适应新的时代和环境，同时尊重个体之间的差别。从学校德育自身演进来看，也涉及一个继承与创新的问题。

由于德育在教育中承受内外因素变化是最大最多最快的,所以"变"是它的一个基本特征,但这种变又需要同整个生态体系相适应。变异和适应丰富了学校德育内容,提升了学校德育品质,推动了学校德育系统的发展和演进。

四、生态型德育的主要策略

学校生态型德育的发展也要遵循道德形成的基本规律,是在其基础之上融合生态性机制形成的。道德的形成基于其构成要素和外界情境的有机结合。道德的构成要素可以划分为道德认识、道德情感、道德意志和道德行为,其发生发展同外界情境的有机结合,协调融合,就体现了充分的生态性。生态型德育强调要素之间的共同作用,突出主体自主性,注重生态场域环境的链接支撑,可以采取以下一些策略。

(一) 自主式主体性发展

道德的形成和发展是具有阶段性的,按照"无律阶段—他律阶段—自律阶段—自由阶段",形成稳定的道德心理和行为,最终能够自主地建立道德的价值和标准,自我提升。这是一个反复循环作用的有机过程,在此过程之中,应该遵循主体性的原则,发挥实践主体的积极性和能动性,自主式主体性发展。

1. 基于个体

学生是多样化差异化地个体存在的,生命是个体的,体验是个体的,生态的基础也是建立在个体之上的。每个学生都具有内涵丰富的个性。洛扎克曾经强调:"教育旨在显露我们的个性——显露个性之最美。"[9]人本主义则强调个人的尊严与价值取向,富有强烈的民主气息。德育首先应正视个体的性格、能力、感受、基础观念等多种差异,尊重个体,给予他们"鲜活的生命"应有的权利;其次,学生是自身品德形成和构建的组织者,外在的道德规范体系和道德需要只有通过学生自愿,进而自觉地实践,取得认同,内化为他自身的道德需要,才能真正起到外化指导道德行为的作用。[10]因此,德育也只有在契合个体个性,基于个体深层思考、体验、选择、判断、实践、内化的基础上,才能体现为个体的品德、情感与行动。我国传统品德修炼强调的"修身齐家""推己及人""以身作则"等观点,也是首先以个体为基础展开的。

2. 体现主体

人本主义强调培养"全面发展的人",主张"教育要以人为出发点和归结点,置学生于教育主体地位",主张调动学生的自主性、独立性、能动性和创造性。杜威也提出道德从本质上乃是一种解决社会问题的过程而不是某种固定的观念,外部强制"不仅不能促进反而限制了儿童的智慧和道德发展"[11]。为此,生态型德育中应注意以下几点:第一,唤起学生的自我主体意识,使他们意识到自己是道德发展的主体,启发引导学生开发自我的潜能和智慧,增强学生自身的主体意识;第二,培养学生作为德育主体的选择能力,要求学生学会选择,而且具有进行选择的主体能力,让学生成为学习的主体、认知的主体,其要点不仅是内容的,更是要教给他们一种熟练的方法;第三,培养学生作为德育主体的建构能力,德育内化是个体将外在的规范进行有选择性的主动的建构过程,是内化与外化的结合,是同化和顺应的结果,发展学生自主道德建构能力,在既有的社会规范基础上,经过自己的理性思维,独立地做出道德判断、道德选择和建构;第四,培养学生作为德育主体的实践能力,以积极姿态去适应现实,并且具有自主性、独立性、批判性、创造性,提高自觉道德践行能力和自我道德调控能力,完善自身的道德品质,丰富道德情感和发展道德规范。此外,这里的德育主体应该不仅仅是道德养成的主体,即学生,而应该同时也是道德教学的主体,即进行道德教育的全体工作人员,要形成师生互动的道德教育管理的新局面。

3. 突出"三自"

从德育的自我、自我与外界的联系、集体这三个生态层次看,自主式主体性德育应突出"三自":自律、自调节、自组织。

自律。它是指在没有监督的情况下,通过自己要求自己,变被动为主动,自觉地遵循法度,规范自己的一言一行,实现道德的要求。我国传统道德修养中十分强调的"慎独"就是一种自律。自律仍是建立在德育"知情意行"几个基本要求上的,即自律首先要求对目标、规则要清楚明白地认知到,并且能在冲突的环境中进行正确选择,具备识判的能力。价值澄清学派认为传统的学校德育对儿童"不能导致更深层次的道德信仰",是不适当的甚至是无效的,所以他们恪守"如何获得观念"远比"获得什么观念"更为重要的信条，反对向学生传递某种本身就模糊不清的价值，提倡通过一系列价值澄清策略的学习，让学生在冲突中学会澄清自己头脑中的价值混乱，发展自我评价、自我指导的能力以适应多元化的社会。[12]其次，对自己认知认同的规则等，心中有热爱的、坚信的情意，心中充满正当、高尚的审美体验。把品德的形成当作一种精神需要的时候，人会超越生存价值、功利价值，将其上升为以道德完善为追求目标的活动，把道德作为自我肯定、自我完善、自我发展的手段，从道德的完成中得到精神上的满足与快乐，幸福与享受。[13]最后是不断地实践、锻炼、坚持，不断总结方法，养成自律的习惯。

自调节。生态德育有几个重要特点：开放性、联系性、动态性。因此，自主式主体性德育的发展不可能是不与外界交流的封闭的发展，必然存在个体与同学、老师、家长以及社会的各种信息交换与碰撞，需要主体发挥自调节的功能，对思想和言行做出抉择、协调、反馈、修正，处理好自身与外界的关系。自调节实际上也是主体的一种自适应。道德认知发展论强调道德成熟的标志，是儿童做出道德判断和提出自己的道德原则的能力，而不是遵从他周围的成人的道德判断的能力。其一，德育应鼓励学生从自身与周围环境的关系中理解道德，进行道德认知冲突的自我抉择，发展道德认知力，形成观念体系；其二，在实践中，发现这种体系是合理的，符合道德价值标准，于是产生认同感，道德规范被巩固下来，被内化为个体的道德需要、道德信念和道德行为习惯，或者在运用中发现这种体系有不尽完善、不够合理之处，在思考和学习下，学会主动将自己的道德观念体系向其他体系开放，吸收其合理内核，发展和改造原有的观念，进行适当的修正以适应；其三，这种调节和适应性构建始终处于一种动态更新、不断完善、愈趋合理的状态之中，是"理解—实践—开放式发展—修正（调节）—接受（内化）—再实践"的循环养成。[14]其过程贯穿和体现了自调节的作用。

自组织。在学校这一生态系统中，一定的集体体现为多主体的综合，在这种综合中，一方面要保持个体的主体性，另一方面要使整个集体有序演进。这需要发挥生态系统自组织的功能。第一，教师作为教育者，应尊重学生、信任学生，在"放手"的前提下指导，而不是管控学生。"以人为中心"的生态型学校德育，即力求建立一种相互信赖的新型师生关系，反对教师权威，认为教师不是实施教育的主体，只是学生良好发展的咨询者、协助者，学生的"自我教育"最为重要。第二，充分发展各类学生团体，为学生的自组织教育提供平台和机会，如爱国诗社、环保协会、社区服务队、模拟联合国等等，学生自发组织、自动参加、自我运转，教师可以是背后的指导者，也可以作为平等的主体参与，但都不应过多地直接干涉。第三，发挥学生骨干的作用，保障自组织活动的方向性、效益性。学生作为一个整体，其内部是有不同层次的，必然存在一部分思想先进的学生骨干分子，发挥学生的主体性，实行自组织德育，需要调动主体内部的积极因素，通过主体内部一部分先进分子带动其他部分，通过学生骨干分子的作用来团结凝聚、组织学生整体，这也是自主式主体性德育的一种有效途径。第四，充分利用网络和社交媒体软件等现代信息技术，搭建平台，提供渠道，为自组织德育的有效开展提供有力支持条件，使学校德育具有更强的时代性、鲜活性、自主性和适应性，具有更强的影响力和生命力。

（二）体验式生成式实践

生态型德育对人的品质和习惯的形成更强调的是过程和习得。因此，必须重视在生活实践中的体验、生成。要构建有魅力的道德教育，就应当回归生活世界，创建学生生命发展的新天地，让学生从自己的生活中进入德育，让学生置身于一定的生态情境中，经历身心沉浸和内心感动的过程，从而获得道德品质或习惯的养成。生态德育的构建本身就是一个不断为学生主动参与、真切体验、实践磨炼提供机会和条件的过程。正如杜威指出的，教育即生活，教育即生长，教育即经验的改组或改造，教育与社会生活的关系，犹如生物体与营养的关系。让学生在喜爱的、乐于参与的活动中自我体验到、感受到、领悟到，去自主建构新的意义世界，使道德认知在多层面的体验活动中内化为道德行为，生成道德品质。

1. 在生活中体验

体验式德育首先要求回归生活。胡塞尔在《欧洲科学的危机与超越论的现象学》中提出"生活世界理论"。认为"生活世界"是与"科学世界"相对应的，是经过现象学还原之后的世界，是人类从事各种生活、生存发展的真实的世界，是一个鲜活的、开放的、所有人共同拥有的世界。回归生活的德育反对脱离生活的知识性教育，主张从科学世界的知识传授回归到生活世界的本真自然。杜威也认为教育要回归生活，道德教育更应该回归生活的本初状态，在自然的、本真的、超越性的属性中实现道德教育的功能和作用。

首先，德育课程和活动的内容要源于生活，内在于生活。德育课程所要学习的道德规范、社会知识、生活常识等都是从生活中得来，它们既不是教条的口号，也不是人们凭空构架、制造出来的，它们都是出于生活的需要而产生的。[15]体验式德育应充分挖掘当前社会生活中现实的各种德育资源，让受教育者保持与外在环境的密切联系，在交往中培养稳定的道德观念，以学生主动探索发现和解决问题为立足点，将生活的需要作为德育的出发点，从生活中来，到生活中去，引导学生积极建构自己的生活经验，让学生在一定的道德情景中体验道德，发展道德思维，提高思想素质。

其次，德育的范围和层次应广泛、真实、丰富。现实生活为德育提供了丰富的素材，要回归生活世界的教育，渗透于生活并高于生活，在生活实践中培养人们的思想政治道德观，通过生活的全面性、生动性、情景性使人们体验社会，培养责任感和自信心。一是作为生态式全面育人，校园生活、家庭生活、社会活动、网络生活都应该涉及，并且以真实为基础，在实际的接触中让学生有鲜活的经验。二是注重日常生活的德育功能，德育体验应从日常生活的感受开始，要根据教育的目的和学生身心发展的特点，有意识地抓住日常生活情境，使学生能把道德规范与自己的现实生活联系起来，或者以现实生活为素材，截取其中的有道德教育价值的事件，调动学生的生活经验，让他们把道德生活融入自己的生活之中，成为自己生活的一部分，从而真实地体验和感悟。三是发挥校园生活的独特作用，校园是学生学习和生活的主要场所，优美的校园环境、充满人文气息的校园氛围、和谐的师生关系，本身就是学校丰富的德育资源，对学生良好道德品质的形成具有潜移默化的作用，对校园生活美、文化美的体验，可使学生体会到道德的力量，体悟到做人的真谛。[16]四是主题化系列化的设计，在生活中进行体验的全面性、丰富性同德育的主题性并不矛盾，相反，根据教学需要和主题的不同特点，寻找与学生生活建立联系的结合点，进行德育课程或活动的设计，并使之在切合自然、实际的情况下，系列化、持续化，可以更好地提高体验式德育的针对性、有效性。

第三，德育的方法应灵活多样。体验式可以和讲解式相结合，使知性与生活更好地结合；可以同日常规范相结合，使学生有经常性体验；可以组织学生观察参观、活动参与，丰富感性材料；可以再现生活情境，萌动学生内需；可以利用实物情境，引发情感体验；可以利用自然情境，生发人生感悟；可以创设故事情境，诱导自主融入；可以创设两难情境，启发学生思辨识判；可以引进角色扮演，让学生学会自省、换位；可以开展生命叙事，启迪学生深思追索等等。

2. 在体验中生成

体验是学生品德养成极为重要的基础部分，道德认知、道德情感、道德意志等只有在学生身上内在地生成了，德育才是有效的，因此，在体验的基础上，要促进学生知情意行的内化生成。

第一，知行统一。知行统一是德育的重要原则，也是品德生成的基础。再深刻正确的道德认知或规范，没有同实际的生活实践相统一起来，没有在现实的情景中经历碰撞和惑难，没有同真切的个体体验结合起来，都不会真正在个体身上生根内化，都是空洞的、虚假的、脆弱的。同样，再丰富的生活实践和体验，没有规范认知的引导，也会是"茫然混乱"、低效甚至可能陷入错误的。品德的生成是以知为导引，情为驱力，意为保障，行为实证的，是知行的统一。因此，在德育的体验中，要引导学生将"带着知性去体验"和"在体验中生知性"相结合，"以知性导体验"和"以体验证知性"相结合，将知与行统一起来。

第二，反思提升。知行和体验为品德的发展积累了丰富的材料，通过反思，可以使之更好地内化于个体。德育反思是延伸德育体验的路径，引导学生参悟和体会人生经历，进行自我反省和自我修养。德育反思也是德育自律的体现，它以亲身经历为基础，反躬自检，通过自省、自得、自警、自诚、自励以及知耻明荣、反求诸己、改过迁善等自我教育的方式，克服自身弱点，控制自己行为，使其符合道德规范，在陶冶情操、磨砺意志的过程中达成真实深刻的德育认知，强化道德内化，促使个体品德发展；德育反思可以是个人独自式的反思，也可以是合作讨论式的反思，可以以日记、汇报演讲、量化评分表、征求他人意见反馈等多种形式进行，主要是促使学生追省自己的言行，表达自己的见解，增强抵制各种消极影响的能力，提高自己道德修养的自觉性，从而不断提升自己的道德品格。[17]同时，德育反思要善于捕捉教育的细节，教会学生"以小见大"，感悟生活，引发思考，使道德教育充满价值的张力、哲理的引力、生命的活力。

第三，适应养成。德育的效果最终要靠品德在生活中的养成与展现来检验。因此，在体验与反思的基础上，应进一步结合生活进行巩固和适应，以促进品德最终生成。一是在实际的生活实践中对体验和反思的收获进行自我的适应和建构。生活是有机体与环境之间相互作用的结果或者状态，而为了适应变化的环境，求得生存与平衡，就应进行自我的调整与建构。因此，品德发展也是自主选择、自我决断和自我建构的过程。这个过程中包括杜威所说的"经验的改组或改造"，在实际的生活中，对体验的收获进行建构、适应，同化、顺应，从而生成。二是要注重潜移默化的养成。苏霍姆林斯基说："孩子在其中越少感觉到教育的意图，它的效果就越好。"王守仁说："渐于礼义而不苦其难，入于中和而不知其故。"[18]体验与养成是一个不自觉的、潜移默化的过程。它是点滴的、浸润的、感染的，然而作用是深远的、有力的。当体验一旦进入人的潜意识状态，就会是坚定和持久的，就会自觉或不自觉地发挥其作用，那就是最深层的养成。三是发挥德育情感和意志的积极作用。要注重情感因素在养成中的驱力作用，如麦克菲尔所提出的体谅模式，将对人的关爱、与人友好相处的友爱精神作为德育模式的主旨；价值澄清也没有仅仅停留在对价值的认识和选择上，还有对情感的追求和呵护等。[19]情感对道德意志的持久也是极大的激励，道德意志是品德生成的有力保障，应自觉地在实践中锻炼提升，形成良好的意志品质。最后是培育良好的养成氛围，从班级到学校，从学校到家庭、社会，都应鼓励正面，表扬先进，形成良好的风气和氛围，培育出良好的生态环境，促进学生良好品德的蕴蓄与生成。

（三）多维联动网化体系

学校教育是多因素综合的系统工程。学校德育更是如此。生态型德育注重系统内部诸因子的动态关联以及系统的对外开放交换，充分发挥各方面的有益作用，共同关心学生成长，因此需要整合、调动内外因素，共同合力，形成互动、联动的网络化整体育人格局。

1. 多维联系，动态发展

在生态型德育中，各因素的广泛、动态联系，体现出了多维联动的特征，其有力地推动着学生道德品质全面、健康地不断发展。

其一，多维展开。从层次上来说，学生个体、小组、班级、年级、学校；从空间性来说，学校、家庭、社区、社会；从实体性来说，现实世界、想象世界、虚拟世界；从渠道途径来说，学科教学、德育课程、社会观察、实践活动、个人体悟等等。德育需要在多个维度多个层次全方位关注、涉入，并有效实施。

其二，互动关联。生态系统是开放互动的。在德育的多维关联中，每一维度内部以及不同维度之间，都会发生动态的联系。大体上可分为教师、学生、家长、专家、社会人士等主体之间的互动，以及主体与外部环境的互动。互动中存在着作用力与反作用力，以及主导力与协作力，力与力之间在德育目标上形成整合。因此，在德育过程中，要积极地打破维度之间的隔离，主动关联，有效整合，顶层设计与自动生成相结合，以关联的丰富性尽可能支撑德育的复杂性，以多维力矩形成育人的合力，创造新的德育工作思路和局面。

其三，协同发展。互动式的德育方式是对德育主体性的继承和发展，它丰富了德育的形态，但是，德育必须围绕"全面育人"这一中心目标，各方的互动也必须以此为依准，进行适当的协调与合作，否则可能互相对立、抵消、拆台，这样必然呈现无序状态，不但发挥不了整体性功能，而且还会起消极作用。因此，在多维互动中必须讲求协同，一是强调育人目标的导向性，把握互动的基调；二是注重主体间性的发挥，平等对话，民主协作；三是注重过程中的"移情"和"共情"，增进相互认同；四是注重发挥对外部环境的能动作用，改善外部因子，形成良好的环境育人合力。

2. 递进复合，网化体系

互动和协同机制的建立，需要构建一定的体系加以保障。理清德育生态系统中的联系路径，建立动态的结构体系，是生态型德育的任务之一。其主要可从纵横两个方面分析。

其一，纵向链式递进。正如生态系统中，食物链传递营养一样，德育的"养料"也是在发展过程的不同阶段不同层次间依靠链式的传递完成的。总体来说是递进式的，生而知之或一蹴而就的德育是不存在的。因此，一方面要使"链源"具有丰富性，深入开发挖掘生活中的各种资源，丰富德育"养料"；另一方面，要使链长在保证能合理吸收的情况下尽可能压缩，以减少信息和能量的损耗。同时，应把握好几个要点：递进是基于学生与生活的真实的养成；注重学段德育衔接；德育活动开发应体现系列性；把握好德育活动过程的情意逻辑；注重个体德育发展阶段性、差异性规律的研究与运用。

其二，横向网化结合。生态型德育多因素的整合，应该形成动态网化的结构。一是学校内部，应打破班级、年级的行政建制，建立多样的主体式、主题性德育活动或组织，为多维互动提供网化平台，实行扁平式管理，降低能减效应，充分发挥德育的主体性、互动性。二是建立学校、家庭、社区、社会互动的德育网络联系，培育德育生态环境。家庭和社区是学校与社会连接的重要中介，也是学生德育发展的重要环境，但两者的德育功能在现实中却经常被忽视。应积极组织学生参与家庭和社区的实践活动，并通过家长会、家长学校、家长沙龙等形式加强对家庭教育的指导，借助家长开放日、亲子活动、主题班会、学校重大活动等契机使学校和家庭的关系更加紧密，使学校和家庭对学生的德育影响保持协同。同时，可利用社区的资源优势，成立社区教育委员会、与社区教育协作单位建立实践教育基地、聘请有特长的家长或社区专家为校外辅导员、举办社区主题展览、开展社区改进计划等，对学生进行多方面教育，培养其正确的价值观，促使其健康成长。三是注重现代技术的合理运用，打破传统的教育情境的固化。新兴技术尤其是互联网络的出现突破了传统的教育媒介渠道，使学校、家庭、社区等固化场所可以被虚拟的网络社会所打破。德育中应重视互联网络的作用，积极构建全面、快捷、多媒介的交互式德育动态网络。

其三，立体复合组织体系。将自我发展的主体性、纵向系列的递进、横向联系的网状三个维度联系起来，结为一体，形成生态型德育立体复合的动态网状体系，优化德育场域，整合德育力量，切实发挥效用，有力地促进学生的道德品质在多样的生活环境中良好发展。立体复合体系的组建要注意几个要点：

把握整体、多因综合；交错架构、动态匹适；以干带枝，优化演进。

（四）开放式反馈式实施

生态型德育要求内外系统都必须具有开放性，实现网状体系的动态发展。这既包括实现学校德育系统对外在环境的开放，也包括学校德育系统内部要实现多种形式、方法和渠道的交流、融合和开放协同。其主要的运行机制是动态循环和反馈调控。

1. 开放中动态循环

物质、能量和信息的交换与流动是生态系统最显著的特征，也是其运行演进的基础。德育生态系统中也存在这样的特征。其一，外部开放。学校德育与外界保持着密切的联系，与环境保持物质、能量和信息的不断交换，存在一个开放的双向循环和流动的过程，以此来保证德育生态系统的生机和活力。从德育来说，在与外环境的开放中，首先是要处理好经济、政治、文化三个方面与学校德育工作的互动影响，例如经济发展带来的巨大成就为德育发展提供了优越的物质条件，但其中也有拜金主义以及社会转轨的一些不和谐现象，冲击着学生的价值观，需要学校德育主动把握与疏导，同时，国家总体的大政方针的走向，文化的新潮流、新风尚以及特定的文化传统与风俗习惯等必然对学校德育产生影响，而学校德育也在一定程度上通过"教育学生、带动家庭、影响社区"对社会舆论和风气起一定积极作用，促成一个"更好"的社会环境以更有效地促进学校德育，如此形成良性循环。同时，学校德育与其他教育机构、社会团体等德育资源也应保持积极开放的联系。为此，学校德育应面向社会，大胆开放，积极实践，发挥自身的主动作用，接受环境中的有益因素，优化外部育人环境。其二，内部循环。教育者将一定政治观点、思想观念、道德要求通过特定的载体、方法、途径等对受教育者实施教化，受教育者内化这些要求，并将其外化为现实行为，教育者再根据受教育者的行为表现评价教育效果，重新调整教育决策和实施，从而完成一次教育循环的过程，在不断动态调整的基础上，循环持续进行，逐步达到德育的最佳效果。[20]因此，应优化学校德育内部循环，协同合力，做到：确立师生间平等、对话的民主关系，为自然地开放和流畅地循环奠定基础；教育目标要适合教育对象，教育内容要适合教育目标，而方法、途径等又要适合教育内容，并通过其作用于教育对象，达成教育目标，动态循环提升；多样化建立沟通的渠道，加强教育者与教育对象以及教育对象之间的多向互动，促进循环交流，提高德育效益。

2. 在反馈中调控运行

反馈调控是生态系统运行演进的重要机制，也是德育生态论方法的施行机制之一。反馈调控规律在德育生态论方法的施行中具体表现为教育主体、客体、介体之间的相互调控以及教育效果的正负性反馈对教育决策和实施的影响等。反馈调控是实现德育立体式网化体系功能优化的重要手段。其一，系统要素间相互调控。德育主体、客体和介体作为系统的要素，相互作用、相互调节，共同参与到德育生态方法的实施过程中。教育主体和教育客体之间是对立统一、辩证发展的，依靠反馈的机制，一方面，教育效果是主体进一步进行教育决策和实施教育活动的依据；另一方面，在主客体互动过程中，主体也会接受教育，提升自我。同时，教育介体起着连接教育主客体的作用，在主客体之间承担和履行着传播、反馈、调节的职能。[21]因此，在德育中要顺畅教师、家长、专家、学生、社会人士等主体之间以及与教育客体、教育效果、外在环境之间的沟通，建立常规性的反馈机制和组织保障，以促进德育的不断优化更新。其二，用好反馈规律，实现德育系统动态平衡地发展。反馈分正负反馈两类，正反馈强化同类输入，增大同类结果，但易造成系统振荡；负反馈弱化同类输入，但可调节系统平衡。在德育工作中，要注意反馈调控的"度"，在突出强化主题性德育以及加大人力、物力投入和信息输出时，应提防正反馈的"过犹不及"，同时利用开放系统的特点，增加负反馈，保持系统的稳定性，使之动态平衡地发展。

3. 在和谐中不断发展

开放与反馈的总目标是促进交换和平衡，保障系统和谐动态发展。系统和谐指的是在其生态运行过程中，系统与生态环境之间、系统内部要素之间在结构和功能上通过动态变化达成的相对协调和稳定状态。[22]生态型德育中的和谐是各因子之间的有机的、整体的和谐，要做到目标和谐、结构和谐、人际和谐、氛围和谐、运行和谐、达成功能和谐。这几方面都需要在开放的德育环境中，将主体的自觉努力和机制的反馈调节有机结合，使各方面的力量都围绕着全面育人的总目标协同和谐地发挥作用。同时，和谐不是维持，而是为了更好地发展，因此，要利用好系统涨落现象，把握好德育变化的"临界点"，推进德育的发展创新。一是系统层面，运行中，外界信息的不断交换，会使系统在变化的临界点发生一些"意外"的涨落，这些涨落一方面对和谐稳定产生干扰影响，另一方面也是系统适应变化发展的契机，是德育创新的生长点；二是个体层面，由于自身或外在因素的变化，也使个体产生这样的临界点，即思想观念转折关键点、阶段发展的变化点，这是个体教育十分重要的契机。关注德育运行中的涨落现象，适当地加以利用，可以使德育在和谐平衡中又创新生成，得到不断发展。

（五）适应式创新性演进

生态型德育处于一定的动态、开放的环境，自身和外部氛围不断地发展和变化，在实行主体式发展的同时，应不断地同外部环境的各种变化相适应，在适应中创新，不断演进。为此，学校德育应在场域营造，变革与适应和学校文化建设等方面不断改进，培育良好的育人氛围，以使整个德育系统氛围和谐、与时俱进。

1. 营造良好的育人场域

从布迪厄场域理论的分析看，生态型学校德育处于不同层级和类型的场域组合之中，运用场域机制，优化配置育人资源，整合力量，营造良好的育人氛围与条件是重要任务。为此，应注意以下一些问题[23]：一是协调好各层各类场域之间的互动关系，以学生成长为中心，进行各种场域资源的有效整合。比如既重视国家、社会层面的宏观场域资源，又重视学校、家庭、班级、学生的中微观资源；既重视正式的主流的场域资源，也重视非正式的、人际社交的场域资源；既重视文化场域资源建设利用，又重视自然物质资源利用；以及实体场域资源与虚拟场域资源结合等。二是处理好三个环节，引导学生在场域结构中准确定位，明确位置意识，并以此引导学生正确勾勒出从宏观到微观关系结构中自我定位、自我提升，以及学会与他人和社会紧密融合、实现自我的社会价值的路线图；结合学生特点和育人目标与规律，合理布局，配置资源，创新制度，更新教育内容，捕捉教育契机，灵活运用教育策略，在场域中改变学生习惯，培养品性；构建、设计场域环境，改变场域生态，完善育人功能，通过场域设计、精神塑造与行为引导过程逐步构建出育人场域，其关键在于安排好结构性要素，并形成科学合理的运行机制。三是把握好场域构建重点，包括行动者主体与位置的不同结合方式，各层级资源的优化配置，灵活运用时间、制度、信息传播等手段对场域动态调控，学生品性与场域的辩证互动，规则的建立与冲突的处理，实践平台与活动载体构建等。最后，场域的构建和运行是动态和创新的，要综合群体－个体、上行－下行、人育－物育等多方面的动力，协同推进。育人场域的建立，为学校德育适应式、创新性演进提供了有利的环境基础。

2. 倡导变革的适应

适应是生态系统的一个基本特征，从其生态学含义来说，它一方面指生物各层次的结构（从大分子、细胞、组织、器官，乃至个体及其组成的种群等）在新的条件下都与功能相适应；另一方面，这种结构与相关的功能（包括行为、习性等）适合于该生物在一定生境下获取物质与能量以生存和延续。生态型德育系统也是这样，既包括其结构同功能要相适应，也包括其对环境的变化也要不断地适应。德育的目的是为学生的发展服务的，是面向未来的，因此，这种适应是发展的、变革的、创新的、与时俱进。德育内外部因子与环境要生态性适应、优化，完善育人功能：一是内部因子之间要相互协调适应，师生关系要民主平等、德育和学科关系要协同融合、德育介体要丰富多样、贴近学生等；二是德育的主体性与效果和环境的客观性要适应，积极发挥主体功能，注重效果呈现和环境现实，主动调适，在动态平衡中不断适应、演进；三是德育的思想、机制、内容、方法、评价等要同育人总目标和环境变化相适应，符合时代特点和形势要求，不断变革，与时俱进；四是重视涨落、变异等系统生态现象，挖掘其合目的合规律的创新意蕴，把握德育变革的生成点，处理好继承和变革的关系，在继承中创新，以更好地适应未来的需要。

3. 注重学校文化的建设

文化是对环境的适应的生成，反过来又成为德育环境的重要内容，在学校德育中起着十分重要的作用。生态型德育的演进是基于学校一定文化土壤的适应和建设。其一，整体协调。整体协调学校的物质文化、制度文化、精神文化，培育人际平等、积极向上、尊重生命、珍视成长、充满人文关怀的学校整体氛围。其二，继承发展。认识学校文化的生态特质，尊重历史传统，兼顾时代特点，在继承中发展。其三，平衡适应。处理好学校文化与其社会环境的关系、当前利益与长远发展的关系，处理好教师发展与学生发展的关系，把握学校育人本质，改进学校文化生态内不平衡、不协调的方面，避免形式主义和急功近利，做到动态适应，平衡发展。其四，主动创新。发挥德育主体精神，培育创新型文化，鼓励创新，并通过创新进一步丰富学校文化，推进德育生态不断演进。

（六）生态式评价

学校德育生态的建构是一个各种要素全面协调、互动发展，各种能量和信息顺畅运作、有效循环的过程，其以生命的价值性成长为根基，充分体现了学生自然生存、自我发展的需要，有助于形成学生内在的道德认知和自觉的道德行为，促进教师、学生双主体生命的完整充实、和谐发展。因此，对它的评价也应是指向生命成长的目标、符合生态发展的意旨的。德育生态评价是衡量、监测和评价德育生态实现程度的必要手段，也是推动生态型德育发展的重要基础。生态型德育的评价可以从系统的评价和个体的评价两方面展开。

1. **实行整体性的系统评价**

学校德育多维联动的特点要求其系统必须具有整体性功能，对它的评价也应充分体现整体性。为整体有效地评价生态型德育体系，可从以下一些方面设置指标加以评价：（1）承载力，是系统生态化价值的发挥，主要表现为德育环境生态调适，其评价重点在于维持德育知识环境、德育物质环境的外在承载与德育人际环境、德育制度环境的内在容量之间的适度平衡；（2）支持力，是发展有序化的促发，主要体现于德育课程生态导向，评价指标主要用于衡量德育生态教育教学体系的完善程度、学生生态道德素质和综合考核的重视程度，其中关键的是维持德育生态教育教学体系的完善，包括德育课程与活动自身的完善、与其他学科课程的相互包容、与课外实践活动的共生发展等；（3）吸引力，是德育软实力渗透的增强，主要表现为德育内容生态设计，其中在开放的系统环境中，选择资源和教育重点，培养学生生命成长意识、生态资源意识和增强教育内容生活贴近度是核心评价内容；（4）延续力，是主体性和谐的维护，主要体现于教师和学生等主体间的平等互动，评价重点为尊重学生生命和人格的个性与平等性、发挥学生自主性、维持学生差异性、以人为本等；（5）发展力，是资源配置合理性的提升，主要表现为德育目标生态定位和德育评价机制和谐调控，要求在德育目标上实现学生与自然、社会和谐共存以及学生的公平发展、全面发展和均衡发展，在德育评估与管理上应提高德育重视程度，保持德育体制的适应性，保障德育制度实施与监督的完善性，有利于推进德育生态向更高水平发展。[24]以上五个方面的评价可从"资源与环境基质改善－教育教学支撑－主体提升与学校管理共进"三个层次展开。

2. 实行发展性激励性的个体评价

生态型德育最终要落实于体现学生个体的品德发展，应建立个性化、多元化、激励性、发展性评价机制，以良好的德育评价促进学生健全人格的培养，提升学校德育工作的实效性。

（1）发展性评价。德育评价的根本目的不是对学生的品德进行终极性的诊断、甄别与分类，更不是"贴标签"和行奖惩，而是为了使学生的品德向成长目标前进，体现生态式发展。为此应做到以下四个方面：①以定性评价、质性评价为主。学校德育和学生状况具有复杂性、丰富性、多变性，而且品德是一种以情感体验和实践能力为核心的知情意行整合结构，很难用简单的线性数量关系来反映，因此，应坚持品德评价的精确性与模糊性的统一，坚持定量与定性相结合的评价方法，并尽可能以定性的、质性的评价为主，把两难问题测试、追踪调查、问卷法、档案袋评价、苏格拉底式问答等质性研究方法引入学生品德评价里。②实行教育性评价。评价不仅是一种甄别和管理的手段，更是富有教育的功能。一是对学生品德发展评价的优化可以起到自适应控制的作用，通过自评、互评与师评的反馈功能达到自控、互控与师控的整体优化控制，自主地自动地进行"适应"，良性发展；二是评价不仅仅在于对品德行为养成效果的评定，其本身就是一种德育潜课程，其内容、方式及操作状态对学生有极强的教育蕴意，影响着学生品德观念和行为习惯的形成；三是评价的激励性，注重过程性评价，利用激励理论和规律，对学生行为的积极转变给予及时肯定、及时强化，注重其中良性心理效应的发挥。③评价道德知性力的发展。在评价中应重视学生道德认知、道德鉴别、道德判断、道德选择和推理能力的评价，促进其道德知性力发展，鼓励学生自主判断和自主选择。④倡导集体性他评。集体的认同是个体产生内在道德力量的最强大动力。集体性他评可以是校内的班级、小组、团队评价，也可以纳入家庭、社区、关联人际等因素展开评价，集体性他评时应以评优点为主，尤其是在学生做出优良表现时，应及时给予足够的鼓励性他评，使之产生强烈、深刻的情感体验，促进道德内化和品性固化。

(2) 个性化评价。评价必须承认并尊重每个学生的特点和成长背景，体现个性差异，同时应使每个学生都能够以健康、积极、乐观的态度接受自我、肯定自我，真正成为评价的主人，在参与评价的过程中共同建构自我道德品质。①自我评价为主。实行自我反思性评价，从学生主体出发，尊重并鼓励学生积极的自我意识，促进学生主体性发展的评价；通过评价提高学生"自律"水平，增强自我教育的自觉性与主动性；教师评价也应兼顾学生的自我性和接受度。②个性化评价。评价中重视学生的个性化呈现，尊重学生的个别差异和个性特点；体认多元文化，不用僵化的标准来衡量道德品质的优劣；结合多种评价方法对学生品德进行评价，不仅有行为的量化评价，也应加入追踪调查、"美德袋"、访谈等方法。③提倡个体之间合作性的评价。个性评价并不是抹杀集体，相反，应是充分个性化、多样化基础上合作共建更加丰富有力的集体，同样，集体也是尊重个性、融合个性的集体。④对话式评价。生态式评价不是舞着"评价的量尺"机械、片面地"一量到底"，更不是评价者的"一言堂"，而应是尊重个性，平等对话，在相互尊重、信任平等的立场上，通过言谈和倾听进行双向沟通展开评价，参与评价的所有的人，特别是评价者与其评价对象双方交互作用，共同建构，统一观点。

(3) 情境性评价。生态型德育的培育和实践都十分注重同环境的互动，强调置身于一定环境的场域性，重视情境性评价。它包括回归实际生活情境和置身创设的一定情境的道德行为表现评价。①在实际生活情境中评价。实际的生活情境包含十分丰富的信息，为学生道德行为状况的评价提供有力的支持。在评价中应注意几个方面：勤于观察，注重细节，从"小节"上搜寻关键行为，分析道德行为意义；善于移情，以学生情绪变化为线索，搜索道德信息，解读内心世界；在矛盾抉择中评判，从学生在矛盾情境中的个体价值选择判断其思想品性；善于发现和抓住契机；结合动机和背景，坚持动机和效果统一的分析观，考察行为特征时，必须结合行为的背景、具体情境来探测行为动因；避免机械性、片面性，应以动态、发展、辩证的眼光进行分析评价。②创设适应性情境评价。通过创设理想道德情境，模糊或淡化评价活动与现实教育活动之间的界限来实现评价，要求情境尽量逼真、适应、隐性化，采用测量动机内隐策略，将真实的评价指标掩盖起来，让被试处于不自觉的状态之中进行品德评价，以排除干扰，达到自然状态。[25]在情境性评价中，由于具有一定的动态性、随机性，因此对评价资料的整理应及时、完整，也可以利用摄像、录音和微格分析等现代多媒体技术辅助进行。

本章注释

[1] 林冬妹. 生命教育途径探析 [J]. 中国国情国力，2009（8）.

[2] 曲爱香. 中国传统文化中的生态伦理与可持续发展 [J]. 社会科学家，2008（5）.

[3] 唐长华. 当前人自身建设的双重变奏——论现代性人格与生态人格的塑造 [J]. 山东理工大学学报：社会科学版，2004（12）.

[4] 唐本钰，侯晓靖. 生态人格培育与道德教育价值定位 [J]. 山东师范大学学报：人文社会科学版，2005（8）.

[5] 赵蓉，蒋建平. 全人教育理念下的高校道德观教育研究 [J]. 文教资料，2013（18）.

[6] 刘运喜. 生态系统自调节机制理论探究 [J]. 中国环境管理，2009（4）.

[7][23] 黄昀博. 论高校思想政治教育场域的结构与功能 [D]. 西北大学硕士论文，2010：20，48—53.

[8] 范国睿. 教育生态学 [M]. 北京：人民教育出版社，2000.

[9] 全富强. 如何构建主体性德育模式 [J]. 青海师范专科学校学报：教育科学版，2005（12）.

[10] 郭志峰. 反思与试构——主体性德育模式的探讨 [J]. 梧州师范专科学校学报，1998（2）.

[11] 赵祥麟，王承绪，编译. 杜威教育论著选 [M]. 上海：华东师范大学出版社，1981：349.

[12][14] 郭志峰. 构建主体性德育模式的探讨 [J]. 江西教育科研, 1997 (12).

[13] 史宁, 成伟. 何所与何为: 道德形成的基本依据、规律及德育原则 [J]. 当代教育科学, 2008 (11).

[15] 阳剑兰. 亚里士多德的生活教育思想及启示 [J]. 中国校外教育, 2009 (6).

[16][17] 靳江丽. 体验: 学校道德教育的一种回归 [D]. 南京师范大学硕士论文, 2004: 35—36, 46.

[18] 转引自: 靳江丽. 体验: 学校道德教育的一种回归 [D]. 南京师范大学硕士论文, 2004: 36.

[19] 史宁. 复杂思维视野下的高校德育系统研究 [D]. 辽宁师范大学博士论文, 2009: 88.

[20][22] 杨孝志. 社区思想政治教育生态观 [D]. 合肥工业大学硕士论文, 2006: 29—30, 36.

[21] 花矿文. 思想政治教育生态论方法研究 [D]. 合肥工业大学硕士论文, 2007: 33.

[24] 刘蓉, 宋杰. 德育生态的基本内涵与评价指标体系探讨 [J]. 江汉论坛, 2013 (4).

[25] 王健敏. 学生品德测评系统的改革与探索 [J]. 课程·教材·教法, 2002 (1).

第四章

生态型教学发展

学校的教学发展在当前也面临严重的生态失衡与危机。以升学为核心的教学目标的异化磨灭了学生兴趣，使学生主体性丧失，破坏了学生终身学习观的建立和能力的形成；学科的畸偏失衡，语数外等强势学科的生态欺凌，破坏了育人的全面性、整体性；教学实施的异化，过度教学、片面教学、填鸭式教学现象普遍；教师、学生、课程、课堂等教育要素相互割裂、孤立，缺乏交融性；课程设置的专业化取向，视界偏狭，又过于偏难偏深；学生课业负担加重，身心发展失衡，生态耐受性脆弱，厌学、逆反现象突出；教学内容抽象性过强，忽视生命感受，与生活脱节等等。这些都直接导致教学结果的偏颇和教学系统的失衡，无法与学生的健康全面发展相适应。

一、系统分析

学校教学系统的要素是课程、课堂以及教师和学生，这些要素之间及其它们与外界环境之间是相互联系并相互作用的。各要素之间及其各要素与外界环境之间的联系与作用构成学校生态型教学系统，其模型如图4—1所示。

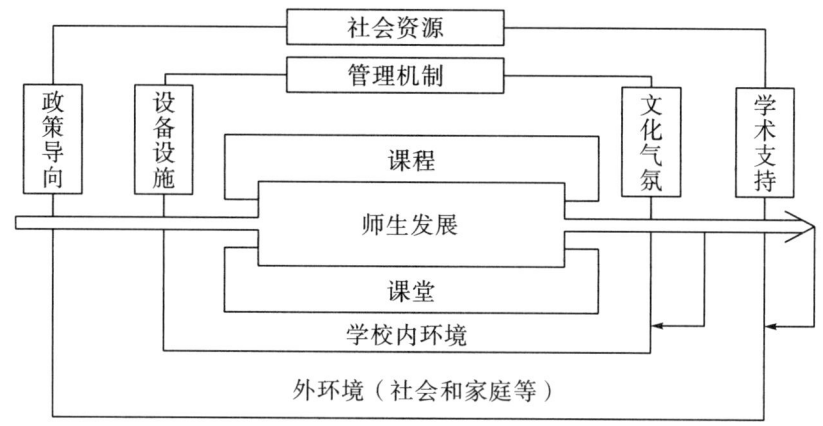

图 4—1 学校生态型教学系统模型

从图 4—1 可以看出，教学系统是由资源、机制、环境、主体等多因素组成的，各因素之间是互动、联系、动态的整合，共同作用于师生的发展与成长。汉密尔顿（Hamilton，S. F.）针对教学系统的生态性提出了四点[1]：（1）教学是连续的互动过程，而不是一套分散的输入和结果；（2）行动者（教师、学生、管理者、家长及其他人员）的态度和感知是学校和课堂的重要资料；（3）关注人与环境的互动；（4）理想的生态式教育不仅在当前环境（指学校和课堂）考察人与环境的互动，还考察其他环境，特别是家庭、社区、文化以及"社会－经济"系统对这些互动的影响。玛雷（Malley，J.）也就生态时期同现代工业时期的教育范式进行了比较（见表 4—1）[2]。

表 4—1 工业时期和生态时期的教育范式比较

工业时期范式	生态时期范式
层级制	共同体
控制	关系
独立	相互依赖
竞争	合作
孤立、异化	归属
学生是工具	学生是目的
规模大、非人格化	规模小、人格化
以教师讲授为主	服务学习、团队学习

在学校教学生态系统中，课程和课堂是两大关键因素，结合上文的分析，

下面将对其生态型构建分别加以阐述。

二、生态型课程

（一）课程生态性的体现

生态世界观认为，人、自然、社会与文化本身是一个有机统一的整体。它们是内在地互相联系着的，机械地割裂它们之间的内在必然联系，片面地强调单方面利益的做法是危险的。因此，课程的实质就在于它是以学生的经验为主线，以知识为主干，以能力为主导，实现人与自然、社会、文化和谐统一的过程。在这个过程中，学生的身心得到全面和谐的发展，这就是我们制定课程目标的根本指导原则。它包括使学生通过课程能够形成与自然、社会、文化和谐共处，以实现人类社会可持续发展的积极态度，培养学生对整个生态系统的责任感，使他们接触广泛的自然科学知识、社会科学知识以及人文科学知识，进而使他们学会认知、学会共同生活、学会生存以及学会终身持续发展，培养他们的创造力和综合实践能力。[3]

在课程生态性的研究中，许多教育学者提出了注重相互依存以及为维持生态而服务的课程观。其中后现代主义学者的思考较多，也较有启发性，比如以下一些代表性人物和观点[4]：卡普拉于 1982 年出版的《转折点：科学、社会和新文化》（The Turning Point: Science, Society and the Rising Culture）指出，现代主义的理论与方法会导致人性的毁灭，呼吁建立科学与人类精神相结合的后现代主义世界观，将人类的生活世界看作一个生理现象、精神现象、社会现象和环境状况相互依存的多因素的整体，用生态学的观点来看待世界和进行课程设计，摒弃传递现代主义思维模式和技术至上意识形态的现代主义课程观。多尔对现代主义课程进行了详细的分析和批判，指出了现代主义课程范式的三大局限，即封闭性、简单化和累积性。他勾画了后现代主义课程的基本特性：开放性、复杂性和变革性。所谓开放性是指课程并不是一个封闭的由目标到目标的体系，而是一个开放系统，它鼓励变化，接纳干扰，外界的干扰是提供内部转化的诱因；由于课程具有复杂性，因而课程不是一个可以进行预设的、可控的体系，而是师生一起和客观世界相互对话的生生不已的过程，自组织是其重要特性，线性规律让位于更难把握的非线性规律；在课程的变革性中，转化性变革与累加性变革相对立，课程中的变革是质的变化，具有内在性、自发性和不确定性的特征。同时，多尔还提出课程的4R标准，即丰富性（richness），深度、意义承载、多样；循环性（recursion），螺旋式回复、多种机会中把握；关联性（correlation），课程与大环境和文化方面的关联；严密性（rigor），有目的地寻找可能的选项、联系，以及对评价前提（假设）的认识。其他如澳大利亚学者高夫（N. Gough）的生态政治课程观、日本学者尾关周二等以共生的哲学为基础的课程观、J. 金切里奥和皮纳（J. Kincheleo & W. Pinar）的"作为场的课程"、K. 凯森（K. Kesson）的"批判的过程课程"、R. 米勒（R. Miller）的"激励性的整体观"、格里芬的泛经验论、欧文·拉兹洛的"Ψ场理论"、费尼克斯的超越课程、休伯纳的"神学想象力"等课程观或课程概念都是从宏观或微观的角度探讨课程的整体观与生态观，或体现了一定的生态主义课程思想。这些都有助于我们对课程生态特性的理解与把握。

总体来说，课程的生态性主要体现在五个方面。

第一，整体性。"整体大于部分之和。"这句名言清楚地表明，整体之为整体，有着超越"部分简单相加"所不具备的效用。这主要就是体现于"要素的关系"之中。现代主义的还原论对事物的认识和把握，过于强调分析和逻辑，造成系统部分间的割裂，抹杀了作为整体中要素与单元的结构和联系的有机性，而有机整体性是生态主义世界观的根本特性，也是生态主义课程的重要特点。它主要包含以下几点含义：（1）生态主义课程各要素相互联系，共同构成一个有机整体；（2）生态主义课程的研究方法是系统整体的方法；（3）生态主义课程目标的整体性，即它的目标是促进学生在一个社会、自然环境、文化有机统一的环境中身心获得全面发展；（4）生态主义课程的内容是一个有机整体，是内外结合的、包容的、丰富的。[5]因此，在各种课程研究、建议和方案中，可以看到要把各种教育内容联系、集中和更好地结合起来的意图，通过跨学科、超学科、注入式方法、整体论方法、范例概念以及把学习计划与方法的最终目的、一般目标和内容结合起来等多种手段和途径，进行多方面内容的整合。

第二，开放性。生态教学系统的开放性决定了课程的开放性。一个封闭的系统，最终会因为熵增而走向无序、死寂，无法由低级的结构转变为较高级的结构。教学系统和课程必须保持活力、有序和演进，因此必须是开放的，即在与外界有物质、信息和能量的交换下有序而演进。多尔认为课程是合作的、发展的，它利用意外性，指向"背景性认识"而非"技术性认识"，帮助学生获得"各种描述的不断扩展的全部技术"，并认为课程在内部结构的教育联系和其之外的文化或宇宙观的文化联系两大类中具有强烈的关联性。[6]因此，生态主义课程作为一个系统应该具有两个层次的开放性：（1）系统与外部的信息交流，即生态主义课程与自然环境、社会、文化、师生个体之间的信息交流，通过这种信息交流，生态主义课程获得发展的资源和动力，并能推动自然环境、社会、文化与学生个体的和谐发展；（2）系统内部各子系统之间的信息交流，即生态主义课程目标、课程内容、课程实施、课程评价等系统之间的信息交流，通过这种交流，生态主义课程保持了系统的关联性，各子系统构成一个完整的有机整体，体现出优良的教育效用。[7]开放性使生态主义课程具有较高的灵活性和适应性，能较好地因应时代变化、学生多样、教育发展以及自然环境发展等多种需要，展现出极强的生机和活力。

第三，丰富性。课程的开放性已经蕴含了"一切皆资源"的课程内容观，而生态系统极重要的一个基本特性，就是"（生物）多样性"，即物种的多样性、个体的多样性和状态的多样性等，而多样性和系统的营养级又是正相关的。因此，生态主义课程的丰富性包括课程的种类、内容、资源、形式、方法、手段、结构的丰富多样，以全方位促进学生发展；还包括多尔认为的"课程的深度、意义的层次、多种可能性或多重解释"的丰富性，这也是同生态的非线性、动态性、复杂性相关的。可见，生态主义课程的丰富性实则是生态主义原则的必然体现。生态主义课程具有丰富的课程资源，它涵盖了自然环境、社会、文化和学生个体等各种要素，扩展了课程资源的范围，将课程更多界定为教育性经验，使课程不局限于学科、教材以及学习计划，涵盖了显在课程和潜在课程方面，也包括学生的行为改变和内在感受层面。[8]在丰富性引导下，生态主义课程提倡多样性，主张知识依赖于处境，倡导灵活的策略和多元的选择，尊重学生个体差异并促进他们个性的多样发展。

第四，发展性。发展性是生态系统的基本任务之一，就生态主义课程而言，发展性主要体现为两点：（1）促进师生的发展，尤其是学生的发展；（2）实施可持续发展理念，包括教学课程系统本身的可持续发展，以及学生的可持续发展，如后劲充足的发展和终身学习观的培养等。生态主义课程吸取发展性教学思想的重要成果，在课程目标中重视学生的一般性发展；在课程的内容选择、实施方法等方面也注重促进学生多元智力的发展、动作技能的掌握以及情感意志的培养；在课程设计和实施上着眼于学生的可持续发展，注重处理好难度、梯度、量度等方面的关系，激发学生的学习兴趣，培养学生终身学习的观念等。正如联合国教科文组织在20世纪对21世纪教育性质将要发生的变化所做的预测中指出的："到那时候，问题就不再是培养儿童为某一特定的社会做好准备，即不再是不断地向他们每个人提供有助于其理解周围世界并成为有责任感的和公正的参与者的力量和知识方面的标准。教育的基本作用，似乎比任何时候都更在于保证人人享有他们为充分发挥自己的才能和尽可能牢牢掌握自己的命运而需要的思想、判断、感情和想象方面的自由。"（UNESO，1996）在民主与对话的课程实施中，在发展学生的过程中，教师也得到一定程度的相应发展，学校也得到了整体的推进和发展。

第五，生成性。开放的课程系统必然会不断同外界进行信息的交换，发展的系统也需要不断地更新，在这两点的基础上，生态主义课程就具有了创生的特点。为打破现代元叙事，维护学生的自由与尊严，后现代主义者反对外设的、确定性的、再现性的课程目标，而注重目标的生成性。在多尔看来，"开放系统的主要挑战不是将系统引向终止（生产'完美'的产品），而是指导转化的维持过程的形成性""在不断组织活动从而创造意义的过程中，每一个终点都是'转折点'"，这一转变过程是通过反思和对话来实现的，因此，在课程内容上注重向学生自我开放，尊重并提升人的个性差异，把课程内容的展开过程看作人自我反思、自我体验、自我生长的过程，关注个人化知识的建构，把学生看成知识与文化的创造者，而不仅是知识与文化的被动接受者。[9] 同时，强调知识的个人化、境域化，强调学习的生成性，把课程内容视作学生创造性的生成的结果并返归学生的生活世界，使课程成为学生真实而生动的生活世界。这些观点表明，在生态主义课程中，提倡主体对课程的生成性具有重要的地位和作用。

总之，生态主义课程有着开放、生成的课程本质观，其总的特点是：目标上自然自主、和谐个性、优质全面；内容上丰富整体、形式多样、价值多维、平衡整合；结构上开放、多阶、多元、活动；资源上丰富、生动、多视角、多渠道；实施上系统、情境、差异、平等、互动、创生、建构；评价上发展多元、关注过程、尊重差异。需要指出的是，学校课程的范围是涵盖德育、教学，甚至课外活动等学校教育教学各方面内容的，此处将之放在学校教学发展中阐述，是基于教学类课程在学校课程的中心和主体地位的原因，学校发展其他方面课程的生态型构建，可同理借鉴。

（二）生态型课程的构建策略

1. 开放多阶的课程体系建构

（1）课程从分级管理走向权利分享。在当代的课程管理和课程决策方面，存在两种主要的类型，即所谓的"行政型"（administration model）和"草根型"（grass-root model）。"行政型"课程决策管理的权利主体是国家或国家权力机构，它采用的是一种自上而下的决策模式；"草根型"课程决策与管理的权利主体则是各地的教师团体或地方教育机关，它采用的是自下而上的方式来决定和改变课程。我国在相当长的时期内奉行的是"行政型"的决策管理模式，形成一种"上定下行"的统一化课程研制体制，基本上剥夺了广大教师和学生及其他利益主体参与课程决策、开发的机会与权利，在这种决策管理体制下所编制的课程强调统一标准，缺乏双向交流，忽视差异性，以学科专家为课程开发的主体力量，技术理性严重，创造性有限。[10]在20世纪七八十年代，英国、美国、加拿大等国家在经历了大规模国家课程开发运动的失败后，更为重视学校与教师、学生广泛参与的课程的开发。美国奥巴马政府提出课程的《共同核心州立标准》，虽然定位为一个国家标准，但只以州的名义提出，而且并不是要求所有的州都认可和参与，地方的自主权相当大。在近年的改革中，无论是我国的香港、台湾地区，还是日本、韩国等国家都注重课程的弹性化，注重课程决策与权利的分享。2001年6月，我国教育部公布了面向21世纪的《基础教育课程改革纲要（试行）》，提出："为保障和促进课程对不同地区、学校、学生的适应性，实行国家、地方和学校三级课程管理。""学校在执行国家课程和地方课程的同时，应视当地社会、经济发展的具体情况，结合本校的传统和优势、学生的兴趣和需要，开发或选用适合本校的课程。"但是，在客观现实中，由于缺乏必要的操作路径、资源保障、实施空间和环境耐受度，这些提法大多成了一句空话，地方或学校，若非经济利益驱使，大多是淡化漠视或"自动放弃"这种权利。因此，应强化课程开发与管理的"草根回归"、主体自觉，并提供资源、运作空间、评价等基础性保障，实现既分级又分权，真正做好课程分级管理。

（2）课程各级间的开放包容。课程生态系统的开放性，指出了三级课程之间存在着动态、开放、交互、包孕关系。有一种见解认为国家课程才是课程中的具有实际作用的部分，地方课程和校本课程无非是选修课这类无关重要的"甜点"而已。这一方面是囿于传统"一统天下"课程观念以及现实中"考试指挥棒"现象的影响；另一方面，也是由于没有看到地方课程、校本课程开发与实施中所包含的深刻的教育理念和思想。后现代主义认为课程是个人的、境域的，否定现代主义的宏大叙事、元叙事和一致性、封闭性，对课程体系中一统化的"国家思维"和集约化的"树状模式"不甚认同，而是认为应用自由的"游牧式思维"和散构的"块茎模式"来代替它们，并认为只有在这样的状况下，教育的目的才能达到。从我国当前的实际情况来看，三级课程之间是互相融合、互相包含、共同作用的。国家课程管理在宏观上给地方课程和学校开发课程以指导，而地方课程和学校开发课程则把上述指导具体化、多样化。三者构成了你中有我、我中有你的有机整体，在实际教学中"量体裁衣"，组合运用。不过，目前学校根据丰富鲜活的教育现场选择或开发适合学生个性发展的课程的权利主张还很弱化，需要进一步凸显和加强。因为离开教育现场、离开学校实践，三级管理就是"空中楼阁"，就失去了存在的价值和意义，同时，也只有在这种学校或社区的境域和现场中，才能更好地实现各级课程的开放包容，适当组合，共同作用。

（3）以学生发展为主线的阶步式结构。有学者认为课程有四种不同的存在形态，即计划的课程、教的课程、学的课程和考的课程。[11]计划的课程是指由官方统一制定并指令全国执行的课程计划或课程标准；教的课程是教师在课堂上以及其他形式的师生相互作用过程中有意或无意教给学生的全部内容；学的课程是指学生在学校所习得的一切经验；考的课程是指国家或地方统一的，或学校统一的以及教师个人实施的不同的考试题项所反映的内容。我国传统课程观念只看到教学计划、课程标准以及教科书上的课程，而未看到教的课程和学的课程，因而片面地假定这四种课程是统一的，以计划的课程作为课程的一切。后现代主义课程观承认四者的差异，更注重教和学的课程，尤其是学的课程，以及学的课程背后所体现的个性与环境的差异性，考试评价也应根据学的标准，而不是计划的标准展开。从生态的角度说，课程是多元、多样、多步的，而教育是学生的生长，只有学生接受了、习得了，教育才真实有效。只有学生的"脚步"到了，教育的"旅行"才算抵驿。因此，我们应打破层级式、条块状、齐步走的课程结构，不是以管理本位或学科知识本位去建构课程系列，而是以学生为起点，以学为基点，以发展为主线，融合各级课程管理理念和学科知识层级，还原到学生的生活环境之中，根据学生的"所需"和"所能"，组建多维的、梯度式的、阶步式的课程结构，并且是动态的、趋个性化的。

2. 优化校本的课程生态场

校本的课程生态场，指的是无论哪一级哪一类的课程，到最终都会落在"校本"的环境场域之中，其相互之间以及同系统要素和环境之间发生各种生态关系，从而并只能如此才产生作用（当然，随着信息技术的发展，个体式在线学习另当别论）。如果以生物的成长喻说，将三级课程中的国家的课程、地方的课程生态比作风向、阳光、雨露的话，校本的课程生态无疑是土壤和养分，学生关于课程的"故事"，天天都在这里上演。

（1）发挥"校本"的基础性作用。校本课程生态场同校本课程并不是同一的，后者只是前者之中的一个因素，但是在校本的课程生态场中，这个因素却有着十分独特而重要的作用。目前对校本课程开发的一般定义为，在国家课程计划规定的范围内，以学校为课程开发的场所，以教师为课程开发的主体，结合社区和学生，依据学校的性质、特点、条件以及学生的需求，旨在满足学生的独特性和差异性，发展学生的个性特长的课程开发模式。[12]这个定义较好地反映了当前人们对校本课程的特点的认识，但是从生态课程观来看，则有几点不足：一是仍将校本课程定位为"配餐"，是发展学生个性特长的，未能发现校本课程在全面育人生态体系中的基础性作用；二是实质上仍是强调行政本位、学科中心的；三是未能足够体现"校本"在三级体系之间的联结地位和贯通作用。多尔的课程"4R标准"表明，课程对普遍性与控制的逃脱，使其摆脱了作为他律性的文化工具的地位，重新回到文化的母体中，回归到真实的生活中，创建了课程生态性的文化场。这展现出"校本"在课程生态中的重要作用。如果我们能够摒弃学科中心、知识中心，回到学生的发展、人的发展、全面发展的立足点，回归到"家园"来审视，我们就会发现"校本"的重要性，以及校本课程的桥梁和基础作用。从即使是国家课程也要在学校实施中落地来看，可以说一切课程都是"校本"的；从学生的发展必须在具体的学校环境中实现来看，可以说"校本"是基础的；从课程需要生态性的文化场域来看，可以说"校本"就是这种境域的提供。国外很多学校并没有统一的教材，而只有一个知识系列的纲要，教师结合学校和学生实际进行课程组织和教学安排，这样的课程生态可以说就是"校本"的。为此，我们应以校本课程的构造、创造为突破口，不断优化课程生态场，使课程真正走进、融入、成为学生的生活，以真正实现人的实在性、全面性发展的课程主旨。因此，从校本课程生态场建构的角度看，校本课程在开发中应注意以下方面：注重生态系统的整体效应，校本课程绝非单一的自编教材，应从整个课程体系和现实需求、学生发展的大环境中去判明其生态位状况；整体的设计和结构性的规划，其多样性、个性化同国家教育目标的统一性、一般性相匹配，是将国家课程、地方课程经过与地方资源和学校实际的"加工""整合"的适应性改造，而使之"校本化"的内容，并不单指"学校完全自行决定的课程开发"；注重发挥在校本境域的联结与贯通、衔接功能，发挥校本的课程生态建构的主体性作用；关注生态耐受度状况，不能过度过滥，把握好种类、数量、比例、难度等；实现动态的平衡，积极适应学生的需求、学校传统、特色建设以及当地社会经济文化发展的需求等。

（2）基于核心素养培养的建构。自世界经合组织提出"核心素养"概念后，学生核心素养的培养受到越来越高的重视，成为国际教育改革的新趋势，美国、韩国、日本和欧盟等国家和国际组织都纷纷提出本国或本地区学生核心素养培养目标、思路和体系。2014年，我国教育部在《关于全面深化课程改革落实立德树人根本任务的意见》中也明确指出：将组织研究提出各学段学生发展核心素养体系，明确学生应具备的适应终身发展和社会发展需要的必备品格和关键能力，突出强调个人修养、社会关爱、家国情怀，更加注重自主发展、合作参与、创新实践。作为适应终身发展和社会发展需要的"必备品格"和"关键能力"，核心素养具有基础性、整合性、通用性，是对学生成长最具生长性的关键素养。其生态意义的体现一是在于其本身的对人终身成长、发展及生命质量优化的可持续性、可迁移性关注，是人成长的"核心营养""关键DNA"；二是其诉诸人对未来社会需求的适应，即生态主体对环境演变的适应；三是对其在学校课程建设中的落实，要符合生态化的要求，如倡导自主化、多样化课程选择，展现出生态的丰富性，而围绕其进行的课程整合，又凸显生态的联系与互动特点。

从中小学角度看，基于核心素养培养的校本课程构建，应注意以下五个方面：一是内容上，其主要有品格与社会、体育与健康、数学与科技、语言与人文、艺术与审美等领域，应着重聚焦于习惯与品格、兴趣与信心、方法与思想、体验与思维、自主与合作、实践与创新等素养。二是范围上，要贯彻国家、地方等各级的课程目标及素养培养要求，但重点是做好校本的改进落实，并根据实际情况在学校、部门、学科组、年级组、社团、项目团队等多个层面展开，具体化、丰富化、校本化核心素养培养。三是方式上，首先，学校要总体设计，依据各级育人目标设立校本核心素养指标体系的总框架，并根据本校课程历史、资源优势进行路径设计；其次，要全面整合，横向上强调跨学科联系，从实际情况和学生特点出发，把核心素养培养落实到各学科教学中，纵向上基于总指标体系确定各学段的核心素养及其表现特点，从学生发展的角度做好不同学段核心素养的链接、衔接，并以此为基点进行课程开发；最后，要深度融合，在关联整合中，通过核心素养打破壁垒，围绕核心素养重组重构课程，让核心素养同课程深度融合、同学生学习与活动深度融合，在自然的施行中习得、体验、生成。四是体系上，课程目标、模块设置、内容组织、实施方案、质量标准、评价反馈等课程管理结构完善，同时应搭建好开发平台、提供好实施保障。五是演进上，一般会经历单一素养单调课程、分散式碎片化课程、实质性关联性课程、高质量高整合课程以及多维课程生态群等阶段样态，学校应尽快度过前期阶段，达到后端成熟状态。总之，校本课程生态场建设，要以学生核心素质培养为基点，在校本课程开发中全面规划、深入渗透、连贯统整、综合落实，以促进学生适应未来、终身学习和全面发展。

（3）丰富的课程形式。一定的生态型课程内容及组织，需要一定的形式加以呈现。丰富、新颖的课程形式，是推动生态型课程构建的有力帮助，也是学校课程生态场建设的重要途径。通过多种形式的组合，可以较好地建立基于学生核心素养培养和学校发展需要的学校各层级课程序列，乃至学校课程群。

①融通性课程。生态的整体性需要课程具有融通的特性。一是纵向的学科知识与横向的社会生活体验的平衡，形成"学科与生活之间交叉融合"的绿色生态式课程；二是学科之间的交叉融合，目前已经有一些实践，如将音乐、美术等合并为艺术，将理化生、政史地合并为理综、文综，将信息技术同各科教学整合，甚至音乐与数学在共同专题下的大跨度整合（如"节拍"与"分数"教学）等，但多仅仅在形式上、内容上有些融合，思维、精神、学生体验尚未根本打通；三是当前与未来的融合，知识经验和学生人格发展的平衡、现在与将来的平衡、终身学习的培养等，是当前课程成为学生人格内涵和适应未来的有机养料，应该在当下的课程中加以融合。这些方面启示我们，生态型课程应该尝试选择融通、综合的课程样式，以推进课程整体效益的提升。

②课程套餐。从适应学生多样化发展的需求出发，以学生自主发展为目标来整合课程结构，多样化并积极地寻求课程门类之间的平衡性，为学生准备可选择的丰富的"课程套餐"，以使之更健康地发展。课程套餐可以分为基础型、拓展型、研究型以及生活经验体验型等基本类型，针对不同的教学需要加以运用，也可以采用如下一些组合：学科课程＋活动课程＋综合课程，三者交叉组合，意在给学生提供平衡化的知识与技能；核心课程＋个别化课程，旨在实现统一要求与个人基础的结合、学术知识与非学术知识的结合、一般目标与发展目标的结合；必修课程＋选修课程，旨在实现统一安排与个别选择的结合；课堂课程＋网络课程，旨在充分利用现代技术优势，实现教学时空的错位组合，使线上、线下学习相结合；系统课程＋专题（微型）课程，以实现广度与深度

的结合，课程内容、教师能力和学生兴趣的结合；课程菜单＋自选课程，充分发挥学生的主体性，凸显特色式学习。这些类型的课程要以教育现场为依据，进行合理的搭配，不同的课程组合使学习方式、教学方式，乃至教学时间、地点等都不同，形成一个开放、可选、自主的学习环境，真正起到促进学生全面发展之效用。北京十一中学"走班自选""每生一课表"的课程改革，就是这方面的尝试。

③课程创生。课程是情境化、人格化的，不是一本教材或事件，而是一个动态的过程、创造的过程、生成的过程。课程创生取向将课程视为教师与学生联合创造并实际体验到的经验，要求主体性、能力性、资源性要与之相匹配。课程创生，一是对教师和学生对课程开发的参与权和创造性的注重，是生态自主性的体现，这种取向认为课程方案并不是实施前就固定下来的，课程是由教师和学生共同参与的教育实践的结果，教师和学生的教育教学实践是修正和制定课程的过程，在这一过程中，已经设计好的课程方案作为教师和学生进行或实现"再创造"的材料和背景，是一种有效的课程资源，借助这种资源，教师和学生不断变化和发展，同时促进课程本身不断地创新、完善；二是需要对知识的创造性中表现出的多元的追求和"差异""边缘""异端"的认可，只有在多元尊重的状态下，各种知识才有平等的发言权，才能产生碰撞，从而产生创造的火花。[13]正因为如此，罗蒂认为，将知识看作再现准确性的意图是毫无必要的，应该摒弃知识的神秘性和寻求优越地位的企图，而把知识作为现实经验中所创新的问题的解答来看待。[14]课程的创生正是生态主义动态生成观的体现。

④隐性课程。隐性课程也称隐蔽课程、潜在课程、非正规课程、未研究的课程、未预期的课程等，指学生在情景中无意识地获得经验、价值观、理想等意识形态内容和文化影响。[15]"课程"是教育过程的要素和中介事物，也是个体与环境的连接物。它是显性和隐性相结合的。除了显性的学校学科课程之外，还有隐性的间接地使学生获得态度、动机、价值和其他心理成长的部分，即"非正式的文化传递"。它包括物质的、行为的、制度的、精神的、课延的（即学生在取得正式学习结果的同时，"无意"地获得课程设计预期之外的效果）。其特征有主体性、开放性、潜隐性、非智能性、非程序性等，这同系统的生态性是紧密相关的。其次，经验产生于生态化的背景，这些生态化的背

景，尤其是校外的和学生群体之间相互影响的因素是很难预估控制的，这也是隐性课程存在负效应的原因之一。舒伯特认为，大量的学习是发生在学校外面的，包括大众媒介、家庭、同伴群体等，并且一旦从这种经验中学习，就会产生隐蔽的目的、内容、组织和评价，因此，经验的产生实际是处于一种类似"混沌"的状态，其规律是深层的、不定的，很难用线性控制的方法加以描述。[16]这给学校隐性课程的建设提出了挑战。这里对"校外"隐性课程资源的重视并不是对"校本"范畴的跳脱，而是因为在生态的场域中，环境内外的影响是基本的、动态的、机制性的，是不可回避的。生态型课程中对隐性课程的重视，对教育工作者提出了如下要求：一是树立"正式＋非正式""显性＋隐性"的大课程观、大资源观，首先从理念上进行变革；二是注重环境分析和动态把握，注重综合性、过程性、非线性管理，避免单向度的、片面显性的操作；三是关注学生心理，关注学生体验；四是发挥隐性课程的正效应，降低其负效应，营造良好文化氛围，积极构建优良环境，全面育人。

⑤生本课程。生本课程是以学生为本的课程，它以学生为主体中心，以学生的生活为着眼点，丰富学生的生活经验和学习体验，并以学生的自我建构为主，实现学生更好地成长，提高学生的学习和生命质量。它突出培养学生的个性特质、创新精神和实践能力，将自主学习、终身学习的愿望和能力作为课程价值取向，致力于学生个体精神家园的构建。在课程的建构上，是以学生的基础和需要为起点，学生的经验体验为主线，在教师的指导下，目标自设、内容自选、步骤自调、评价自定，具体实施可以有菜单式、导师制、探究式、合作式、团队式、项目式等多种形式。生本课程契合了生态观中的"自然""主动""生长"等意蕴，是一般课程样式的有益补充。实施中首先要充分尊重学生的主体性，其次是进行必要的指导，同时应充分利用现代信息技术构造新的学习形式，以及建立完备的学习资源库等。

⑥协商课程。多尔认为，开放的、互动的、共同的会话是构建后现代主义课程的关键。协商课程就是学生同教师甚至家长、专家、合作者等相关方共同商量决定学什么、怎样学、学得怎样。它赋予了各方共享权利，调动了各方积极性以共建，同时也较好地实现了融合的视界中"对话"的意旨。在学习内容上，通过协商方式，共同确定学习内容，就能对学习内容产生共识，教与学的

意图就能产生一致，学生就能更好地进入主动的积极状态；在学习方式上，改变过去学生在教师面前的单向接受，倡导积极的探究的合作学习、协商学习，既考虑学生的意愿和需要、尊重学生的差异与选择，又突出学习的合作探究性，提高学生学习的自主性与参与度；在评价方式上，协商课程注重商讨评价、过程评价，既重视知识评价，更注重表现性评价，它为每个学生以自己喜欢的方式表现学习结果创造了机会，并引导学生反思合作探究的过程和结果，使学生体验到学习的快乐，增强学习的信心。[17]同时，在协商与选择的过程中，资源有效整合，信息的多次和多方反馈，有助于学生对课程有更整体、更全面的多维认识，课程的丰富性、操作性也随之增强。

此外，营造良好的环境氛围，加强与环境的互动关系，注重沟通与交换、资源的开发，取得环境的支持，也是校本生态场优化的重要内容。

3. 适应式的课程实施

依照生态性的观点，课程实施无疑是一个动态调适的过程。课程实施必须考虑到与课程诸要素乃至与教育中其他因素的关系，更加注重课程实施的过程，关注学生所处的情境，尊重学生的差异，讲求师生间的平等，注重课程实施的互动，遵循教育的生态规律，强调生态适应。这方面，后现代主义课程观也有极多的启示。富兰在《教育改革的新含义》（The New Meaning of Educational Change）一书中研究课程实施问题时提出了一些基本原则[18]：

（1）不要假设你所要进行的改革是应该实施的和可以实施的。相反，应该假设实施过程的主要目的是通过实施者与有关因素的相互作用来转变你对应该做什么的认识。

（2）假定任何有意义的改革，如果想取得改革成果的话，都需要实施者按照他们自己的理解去做。

（3）假设冲突和不同的见解不仅是不可避免的，而且是成功改革的基础。

（4）假设人们需要改革的压力（即使是他们渴望的方向），但只有在这样一些条件下才是有效的：允许他们反对；允许他们形成自己的想法；允许他们与其他实施者合作；可以获得技术辅助等。

（5）假设有效的改革需要时间。

（6）不要假设不能实施的原因是完全拒绝改革所主张的价值观，或与全部改革内容相对抗，而要假设有许多原因所致，如价值观不同、缺少资源、时间不足等。

（7）不要希望所有的或大多数人或一组人都进行改革。

（8）假设你需要一个基于以上假设的计划，这个计划要面对已知的各种因素。

（9）假设并没有更多的知识使我们清楚地知道应该做什么。

（10）假设改革机构的文化是一个实际的议程，而不是单为改革的实施而设的。

这些原则表明，课程的革新与实施是一个复杂的动态的过程，不是简单的学校或教师采用并执行课程计划与方案而已，而是多因素综合动态调适的过程。教师会根据实践情境对课程方案进行一定的改变以适应具体的教育情境，以及根据各类课程所设计的内容与范畴进行总体上的统筹与整合，从而促进跨学科学习，培养学生的综合素质与能力，也实现了课程范畴与内容的不断扩展；师生还会根据个人的经验，基于个人的信念与理解，对课程进行意义重构与创造；对学生来说，课程实施既是一个学习、求知的过程，又是自我"传记"的过程，是自我建构人生意义的过程；课程实施过程中，师生之间在知识的讲授与接受的双向互动中生成个人对课程内容的新的理解，完成课程实施的适应。[19]

因此，在生态型课程实施中，为更好地适应和演进，应该注意以下这些问题[20]：

第一，课程的重点是学生的自我学习和自我发现，师生是合作的探究者和平等的对话者；

第二，在课程实施上，注重要素间的互动联系，注重知识间的有机联系，注重学习经验、自然界以及生活本身，强调课程的开放性，提倡到大自然中去学习，联系社会、深入社会，让学校成为一个开放性、创新性的学习生态社区；

第三，课程应根据教育现场、实际生态环境进行调适，注重体验式、参与式、探究式、陶冶式学习；

第四，注重隐蔽性的作用，注重学生心理与环境间的谐和，将生态意识渗透到教育过程中，既注重个体外在的生态环境的平衡和保护，也注重个体内部（如情感、心理场、潜意识等）的生态平衡；

第五，课程实施是一个创生的过程，教师、学生与课程文本（资源）之间的相互作用构成了一个有机的"生态系统"，师生应根据自身的经验，形成不同的意义"生长域"，从而对课程经验做出生成性或创造性的调适，适应式的创新和发展。

三、生态型课堂

（一）课堂生态性的体现

生态型课堂指的是根据生态学理论，充分利用课堂生态环境而建立的一种多样化的，能促进课堂生命体（教师和学生）获得最佳平衡发展，强调学习的自主探究和师生互动、生生互动、协作学习，实现知识、技能的动态生成，并具有开放性、整体性、共生性、和谐性、多样性、协变性等特征的课堂教学范式，是以学生的和谐发展为中心，对教与学的发生发展产生制约和调控的多维空间和多元的开放系统。[21]它具有以下一些特点。

1. 整体开放

整体性是生态系统重要的特性。埃德加·莫兰认为，"人们不仅不能把部分孤立于整体，而且也不能使各个部分互相孤立。"[22]课堂生态系统是由教师、学生、教学环境等因素组成的有机整体，各因素具有不同的属性、地位和作用，相互间不可替代也无优劣之分，各因素之间具有内在统一性，每一个因素都在与其他因素相互联系、相互作用中存在，形成协调和谐的生命共同体。[23]整体性在生态型课堂中就表现为主体因素和非主体因素之间、物质因素和精神因素之间的相互关联与作用，形成整体生态课堂。首先，课堂主体（教师和学生）与教学环境等具有一定的整体性，主体依存与融合于一定的环境，不可简单割裂；其次，课堂生态主体自身及主体之间也具有一定的整体性，包括个体身心和谐的整体性及主体间人际关联的整体性等；第三，整体性还意味着学习系统是整体的，包括教学目标、内容、过程、方法、评价等方面的整体性。

课堂的开放性是指课堂在其发展的过程中必须不断地与外部环境进行物质、信息和能量的交换以达到自身的不断更新与发展，而课堂内部各因子之间也互相作用、互相交流、互相调适以实现课堂整体的最优化。[24]课堂的开放性说明课堂自身不是自足的、孤立的，而是依存的、联系的，它实则是课堂生态整体性的进一步体现。开放包括两个层面：第一，课堂生态系统与外部生态系统包括自然环境、社会、文化等方面通过物质、信息等的输入与输出产生联系，通过输入与输出的不断协调、交换、适应、更新，从而得以发展；第二，课堂生态主体之间及课堂生态主体与环境之间也进行着信息的交流，通过交流保持了系统的完整性和丰富性、匹适性。[25]

2. 自主和谐

自主性是生态系统发展的特点之一。在课堂生态中，作为主体性因子的教师和学生，根据各自角色的地位和作用，自主地进行活动参与、教学展开。在此过程中，学生的主体性发展是第一位的，也是课堂教学的主要目标任务之一。课堂生态的自主性体现，第一是学生主体地位的确立，尊重学生，调动学生，在学生自主参与的状态下教学；第二是自组织性，课堂生态系统的自组织是系统在其内在机制的作用下，组织结构和运行模式不断地进行自我完善，不断提高自身对环境的适应能力的过程，在这个过程中使系统从无序走向有序，课堂生态系统的自组织性使得课堂生态系统在不受外力与人为的干扰下，可保持自我的平衡状态，并且实现系统的自我更新和自我超越；[26]第三，教学的建构性，自主发展更多是基于主体的适应与体验，形成自我的经验和自主的建构。

自主并不排斥合作和谐，相反，和谐是生态系统的又一重要特点，它同自主一道，相互配合，共同促进了课堂生态系统的功能优化。课堂生态系统的整体联系特性，使得任何一个因子的自主都应该同其他因子保持互动协作，只有懂得合作互进的自主，才是真正的自主，同样，只有建立在自主基础上的合作和谐，才是真的和谐。课堂生态和谐包括生命与自然的和谐、主体与环境的和谐、课堂人际的和谐、学与教的和谐和个体身心的和谐，它营造了一种自然舒适的课堂生命状态的呈现。

3. 多元共生

生物多样性是生态系统平衡与演进的重要条件。生态化课堂教学的终极目的即是追求教师和学生生命的良好发展，这种发展不能建立在单一、片面的形态基础上，而是必须依靠多样多元的形态与环境，在多样多元中碰撞、对话、交换、协同、共进。课堂生态的多样多元，首先表现为主体的多样性，教师和学生作为不同的生命个体，具有各自不同的生活背景、知识结构、认知水平、情感体验、个性心理和课堂角色，这就决定了他们具有各自不同的特点，他们多姿多彩的生命对应着自然的多样性；其次是环境的多元，物质的、文化的、知识的、人际的等这些课堂生态的因子丰富多样，它们以各异的类型、质量、强度介入课堂，影响课堂；第三是课堂本身的呈现状态、类型和风格、过程和评价等的灵活多元。

共生和协同演进是课堂生态系统的又一重要特点。生态系统中多元因子之间相互影响、相互作用，在互动中生成，又在生成中互动，共同演进。"多元共生"是人类最文明、最具现代意识的合作关系和生活方式，在生态型课堂中，多元、异质的学习主体，民主、平等地生活在共同体中，并通过活动而相互关联、相互启发、相互碰撞、相互协作。[27]师生之间、生生之间，甚至主体与环境之间，互为信源和信宿，互相提供和接受信息，通过反馈机制调整和协调课堂教学活动的进行，促进课堂生态式发展。

4. 平衡持续

同其他生态系统一样，课堂生态系统的各种生态因素，如教师、学生等主体性因素和课堂环境因素相互影响、相互作用构成了课堂生态的基本结构，他们之间不断地进行着物质、信息和情感的交流，产生一定的功能，同时抵抗外界干扰，经历从不平衡到平衡，又从平衡到不平衡，再到新的平衡的过程，以达到主体与环境相互应答、和谐共进的平衡状态，在一定时间内保持结构和功能的稳定，以及相互间高度适应、协调统一的状态。课堂生态的平衡首先是动态的平衡，是师生之间及其与课堂教学环境之间的动态交互，平衡是就总态势而言的，局部的、时点的不平衡现象是教学的必然，也是教学的资源，是课堂灵动性、生成性的源泉；其次是演进的平衡，是在动态中不断适应优化，是以师生发展为目标和为课堂生态演进服务的平衡。

可持续性是课堂生态应具有的又一特点,它包括学生的可持续发展,以及课堂内外的、前后学段的、终身学习的发展,还包括教学的可持续发展、课堂环境的可持续发展等内容。在当前学习型时代背景下,课堂内容的可持续性、学生能力培养的可持续性、课堂组织形式自身的可持续性以及作为学习本身的可持续性等都是关注的重要方面。这也是课堂生命性、发展性指向要求的体现。

总之,与传统课堂相比,生态型课堂有系列的变化。教学目标从分裂与单一转变为整体与多元,师生关系从传统的权威与控制转变为和谐与共生,课堂教学内容从传统的既定与割裂转变为开放与整合,课堂教学方法从传统的机械与灌输转变为有机和参与,课堂教学环境从传统的过度与封闭转变为适度和开放,教学发展观从知本的眼前的任务型转变为人本的终身的发展型等。

(二)生态型课堂的指标与内容

生态型课堂并没有什么刻板统一的标准,只是为了更好地表述与梳理,表4—2就生态型课堂一般涉及的指标和内容进行了一个罗列,仅供参考。[28]

表 4—2 生态型课堂的指标与内容

领域	指标内容		要 点
课堂环境	内环境	物质环境	课堂自然要素对课程与教学活动的可持续发展的影响,包括教室的大小,物体的颜色,教室的采光、温度、湿度、噪声等
			教学设施设置与使用适合教学发展及人性化的需要,如包括课堂空间的组织形式、密度,或者说班级规模和座位编排方式等
			教学工具的准备充分,包括教材、教仪、挂图等教具,学习用品、学习工具等学具。材料对教学活动有效支撑
			辅助教学需要的满足,包括多媒体信息技术的开发与运用、网络环境搭建等
		非物质环境	课堂的有关规定制约着课堂教学的行为和发展趋向等制度因素
			对尊敬的人的赞赏、对异己意见的包容、对相同和相近意见的接纳等人际关系因素
			影响教师与学生教学的信仰、价值、观念、道德情操、习俗等内隐和外显的文化因素
	外环境		保持课堂对外部环境(包括校内校外)的开放流通,积极整合
			对环境资源利用有易操作、可持续的组织形式、制度设计或机制保证
			外在整体生态场对课堂教学提供优良、有力的支持性

续表

领域	指标内容		要　点
教师教学	教学资源开发	延展度	在知识整合的基础上向广度和深度延展，从课堂教学向社会生活延伸，为学生的进一步探究留下空间
		拓展度	纵向拓深度，横向拓宽度。一是跨学科整合；二是在知识深度上适宜地拓展，在技能上提高熟练程度；三是向生活延伸，加强知识技能的应用能力的培养；四是向学生精神层面的深度拓展
		整合度	善于开发、生成教学资源，整合来自学生的、生活的、生成的各种教学资源，建立资源库。资源利用效益高
	教学活动设计	重点突出	重点、难点的把握科学、得当，体现以学生为起点
		全面把握	全面把握整个中小学阶段的知识体系，明确各学段的具体要求，以及该知识点在整个知识体系中所处的位置。凸显知识"鲜活"的存现状态，发掘知识的生命意味
		目标完整	体现知识与能力，过程与方法，情感、态度与价值观三维目标，关注人的生命成长和可持续发展
		依据学情	与学生的原有经验和认知水平相适应，把握重点、难点和新旧知识链接点，巧妙设置问题情境。注意学生发展链式衔接
		关注差异	关注学生的差异，有层次性目标，有弹性的个性化练习
	教学技术手段		语言表达简洁清晰，生动有趣，有感染力
			运用生动有效的教学方法，突出学习方法的指导
			教具及多媒体手段运用合理，信息量合适
			熟练地处理教材，智慧地解决课堂教学中出现的问题
	教学组织方式		不以教师为中心，充分体现学生的主体地位，师生平等参与教学组织，学生参与教学积极主动，参与人数充分
			学生的思维被激活，给学生提供充足的自学、思考的时间和空间
			培养学生良好的学习习惯，教给学生学习的方法，培养学生科学的思维能力，激发学生的求索精神和创新思维，陶冶学生的情感和意志品质
			在课堂互动、交流、参与、竞争、协同等方面对学生产生有益的影响
			能为学生创设体验的场景，在体验中调动学生学习
	教与学的互动		学生思考并提出问题，敢于发表见解，学生具有学习兴趣和质疑、探索精神。学生思考与活动时长同课堂效率平衡
			教学具有亲和度、师生之间有愉快的情感沟通与智慧交流
			课堂教学民主、开放，教师与学生之间能够进行对话
			物质、能量和信息在师生间进行交流和传递顺畅有效
	教学氛围		健康积极向上，充满公平正义，有安全感，充满激情，有话语权，师生之间关系融洽
			能保护"异样"，鼓励创见
			课堂有强烈的生命意识，涌动生命灵性，体味生命感动，激发生命热情

续表

领域	指标内容	要点		
	指导调控	多方位指导	既有面向全体又有面向小组和个别的教学活动，是多维互动的课堂。重结果更重过程，学生有自主探究的权利，注重学习策略、学习方法的培养	
		适时指导	注重思维方式的引导，思维品质的培养，在学生思维迷茫困顿时点拨，在思维处于浅层次时引导	
		过程调控	根据反馈信息对教学进度、难度进行适当调整，合理处理面临出现的各种情况，应变机智	
		节奏把握	课堂教学安排张弛有度，既留有独立思考的空间，又提供充分交流的机会，把握学生发展的关键期	
		竞争机会	创造良性的竞争氛围，调动个体、团队的学习积极性	
学生学习	学习策略	学生习得一些相关知识的学习方法和思维技巧		
		学生的学习习惯、学习兴趣、自觉能力得到较好的培养，学会协同学习		
		学生的自主性强，自主学习能力得以形成		
	课堂活动	学生能够很好地掌握知识、技能，学生的求知、探索精神在逐步养成		
		学生参与程度	参与深度	能提出有意义的问题或能发表个人独特的见解，积极动手操作，参与研讨，愿意协作、分享，有合作意识，适当练习，有效参与
			参与广度	全员参与，有独立思考的时间和空间，活动的方式多样、时间充足，学生全员参与、全程参与
			参与态度	学习兴趣浓厚，学习态度积极，集中注意力倾听，能和同学、教师、教材进行积极对话
		学生能够获得练习和实践，让学生动脑、动手、动口，学生在互动中、在活动中学习		
	交流合作	信息传递交流具有多向性、互动性。既有师生交流，也有生生交流；既有个体交流，也有群体与群体、个体与群体间的交流		
		既有学习内容上、知识技能上的交流，也有过程和方法，以及情感、态度、价值观方面的交流		
教学效果	基础目标	多数学生能完成学习任务，每个学生都有不同程度的收获		
	发展目标	多数学生有良好的学习情意品质，能引发继续学习的意愿，能初步体味到学习在生命中的愉悦感，成长驱力充足		
师生评价	主体多元	有自我评价，有教师对学生的评价，也有学生之间的相互评价；有个体对个体的评价，也有个体与群体之间的评价		
	关注三维	不仅对学生的知识技能、学习结果进行评价，而且对学生的学习态度、学习的过程与方法等进行评价		
	多元动态	评价具有针对性，采用灵活多样的评价方式，语言富有激励性和启发性，对学生充满期待，同时体现动态性、发展性		

(三) 生态型课堂建构策略

1. 让课堂充满生命的灵性

生命的存在和发展是生态系统的最高目标。对生命的唤醒、点化、感染和润泽也是教学的核心所在。传统课堂强调以书本知识为本位、以教师为本位、以教案为本位、以任务为本位，学生的教学的主体性、过程性和情感性等多种体验缺失，根本上忽略了对学生作为"人"的生命存在及其发展的整体关怀，或者是说到了学生的主体，却没有做到以学生为主体，是一种"失范"的应试教育课堂。生态型课堂以生命的关怀为出发点，依据生命的特征，尊重生命的呈现，遵循生命发展的要求，不断地为生命的成长创造条件和培育引导。

(1) 尊重个体的生命独特性，在关怀中展现生命的灵性。生命具有活泼性、律动性、能动性、独特性，学生是一群有鲜明个性、生动灵性、充满活力的独特生命个体的组成。教师应敬畏与尊重这些独特的生命，相信和善于发现他们的"闪光点"，赏识和理解学生，让学生自由自主地成为心灵的主人；应包容学生，共同分享彼此对于生命意义的鲜活"诠释"，恢复生命的本真，造就心与心的感动，让课堂充满民主、宽容、和谐的气氛，使学生焕发生命活力，展现生命的灵性，成为课堂的主人；应鼓励和支持学生，允许他们有独特的选择，鼓励他们创造性地理解和表达，丰富生命的体验，成为生命自主发展的主人。

(2) 发掘知识的生命意蕴，在学习中沐浴生命的光辉。叶澜教授在《重建课堂教学价值观》一文中说："就是使知识恢复到鲜活的状态，与人的生命、生活重新息息相关，使它呈现出生命态。具有内在生命态的知识，最能激活、唤起学生学习的内在需要、兴趣、信心和提升他们主动探究的欲望及能力。"[29]在生态式教育视野中，教材和知识不只是"材料"，也是师生对话的媒介，甚至其本身也是一个"对话者"，具有激发、唤起和鼓舞的力量。从参与学生生命体验历程这一角度说，教材和知识也是"生命的一部分"，具有一定的"生命性"，教师应将结构化后的以符号为主要载体的书本知识重新激活，使知识呈现鲜活的生命态。其次，将教学内容放入具体生动的生活，建立书本知识与人的生活世界以及与人发现问题、解决问题、形成知识过程的丰富的复杂的联系与体验，使教学内容闪现生命亮色。再者，以学生生命的内在自然为本，关注教学细节的生命内涵，给学生以价值的引导、生命意义的点拨，使课堂教学展现生命的温度、深度和高度。

（3）施展教师的魅力，为课堂点染生命的炫彩。教师对教学要顺应生命的发展方向，全心投入、倾心设计，发挥自己的爱心与才华，调动学生的生命内驱力，激发真实深刻的情感和体验，使生命姿态得以自由绽放。教师要善待每一个学生，尤其是后进生、"问题生"，去掉他们外贴的优劣标签，回归到珍贵的生命、鲜活的个体、成长的权利，呵护他们，帮助他们。教师既要做人师，也应做仁师，要"眼中有人，心中有仁"，爱学生爱生命，用自己的智慧与才情，仁爱与付出，施展魅力，为学生的生命点染亮彩。课堂的生命性也包括教师自身的生命历程和价值的演绎。师生在共同的课堂体味中演奏生命成长的乐曲。

2. 在互动与合作中创生

课堂教学是教师、学生和课堂环境等生态因子共同参与、合作进行的活动，它们之间的交互作用促进生态型课堂的动态平衡。叶澜教授曾指出，人类的教育活动起源于交往，教育是人类一种特殊的交往活动。[30]《基础教育课程改革纲要（试行）》指出："教师在教学过程中应与学生积极互动，共同发展，要处理好传授知识与培养能力的关系。师生交往互动是教学过程中的本质特性，没有师生的交往互动，也就不存在真正意义上的教学。"由此可知，生态型课堂中的教学实质上可以看作一种交往教学。教学不仅是知识的授受，更是师生之间、学生之间在交往基础上的互动和对话，在此之中，课堂中的各生态因子之间构成一个相互关联、相互反馈的整体，而不是单向的、分割的，通过各种形式的互动，相互沟通、相互补充、相互影响，从而使师生共识、共享、共创、共进。

（1）师生互动。现代教学论指出，教学过程是师生交往、积极互动、共同发展的过程。在充满生命活力的生态型课堂中更是如此。师生互动是师生双方在教育活动中相互交流、相互影响的一种积极状态。这种互动，不只是认知信息方面的交流，也有平等的精神交往和情感交流，是一种信息和情感基于生命"底基"的互嵌和体验。因此，教师必须调整过去教学中的主控角色，变为对学生进行引导、交流，教学活动不再是依据固有模式"灌输"现成知识，而要应对学生活跃的思维和变化的情绪，不断推出有创意和针对性的教育策略予以应答、反馈；更多地运用参与式、启发式、讨论式教学；教师要不断优化自身的知识结构，掌握最新的学术动态，使自己的教学内容切合"境域"和学生，从而更好地引导学生，培养学生善于学习的能力；教师要善于营造师生活动、平等参与的教学氛围，让学生有充分的思维空间、充足的活动时间，敞开心扉，自由地做思维体操，将教学过程变为师生积极主动交往的过程。[31]同时，教师不完全是"施教者"，学生也不完全是学习者，因为教师与学生各自的经历不同，以及信息时代知识的快速更迭和无处不在，师生各有"个人知识"，甚至学生在某些方面会超越老师，而这种"个人知识"也是课堂中整体课程资源的一部分，通过互动，相互吸纳，实现"教学相长"。

（2）生生互动。在同伴中学习往往是最有效的。学生生命成长从一定程度上体现为学生对自我与外界认识程度的不断深入，学生之间的交流对话更具有适切性、体验性和融通性，是促进学生心理调适、思维发展、学习掌握十分重要的途径。教学中应创设教学情境或通过一定的教学活动组织调整，调动学生的智力因素和非智力因素，让学生互动合作完成教学任务，让这种互动影响学生态度、能力、价值观和人格健康形成，并学会用他人的眼光看待问题，获得更多的主动参与机会，培养主动性和创造性，弥补课堂上教师无法满足学生多层次需要的缺憾，拓展学生的思维广度和深度。[32]其次，通过交流探讨、合作学习、项目组任务等方式，实现同伴间的有效合作，学会互助合作、学会尊重理解信任他人，增强集体观念和合作意识，同时促进学生的自我主体性逐渐加强，自我认识和自我评价机制渐趋完善，以及认知结构不断调整、智慧水平得以提升和人际交往能力与社会化水平不断提高，对世界、生命意义的理解越来越深刻。此外，课堂教学中的交往与互动也显现出对外交往与对内反思的统一，其机制有观点采择、多元互补、碰撞超越、内化滋养等。[33]在课堂教学中，教师对生生互动应把握好适度性、方向性和实效性。

（3）合作学习，有序竞争。互动产生合作。合作学习实则是主动促进部分生态位重叠，促进师生共同参与同一专题或领域的学习探究以及资源的深层开发，达到在有限课堂尽可能丰富的教学效果。当前提倡的合作学习法是以异质学习小组为基本形式，系统利用教学动态因素之间的互动，促进学生学习，以团体成绩为评价标准，共同达成教学目标的教学策略体系。[34]依赖所选的策略，可以较好地处理师生角色和师生之间、学生之间的互动，促进教学理解，培养学生的沟通和团体互动技巧，凸显课堂教学的情意功能和生态属性。

在合作中实行有序竞争。合作学习将常模参照评价改为标准参照评价，将个人计分改为小组计分，形成了组内成员合作、组间成员有序竞争的新格局。小组内成员积极互赖、荣辱与共，通过个人努力都能为小组赢得分数、做出贡献，从而在这里获得集体归属感，获得自尊和自信，适当的组间竞争又能提高学习的自觉性和积极性。学生在学习过程中观察、阅读、倾听、讨论、合作和分享，既活跃了课堂气氛，又增进了情感交流。在实施合作学习过程中，教师要研究确立建组原则，注意帮助学生树立合作学习的意识，培养学生合作的态度，建立合作中的秩序，教给学生合作的方法和技巧，促进学习者积极参与、高密度交往，保证合作学习的实效性，同时及时发现合作团体中细微的问题并做出正确引导或及时调适。[35]要特别注意的是，学生的自主自信是合作学习的前提，应及早培育养成，否则，没有生命的主动性、积极性，合作只会流于形式，个体在合作中就可能会出现懈怠、游离、蒙混等现象。

课堂上师生之间、学生之间的互动与合作，丰富和强化了主体之间、主体与文本之间的对话及联系，促进了课堂的创生，但互动和对话不能被仅仅当作实现某种目的的手段，对它的重要性还应有更深刻的认识。因为对于教育而言，教育的目的就是在这种实质的、有深度的和自由的互动与对话中去实现的。"在教学中交往具有意义的自足性。它源于人的精神需要。发展不是外在于交往过程的一个目的，它存在于交往过程之中。交往的根本意义不在于获得某种认识论意义的'主体间性'，而在于展示、发现和发展自我，在交往中获得个人的完整性和全面发展。"[36]

3. 发展新型师生关系

联合国教科文组织的报告《学会生存——教育世界的今天和明天》中指出："教师的职责现在已经越来越少地传递知识，而越来越多地激励思考；除了他的正式职能以外，他越来越成为一位顾问、一位交换意见的参与者、一位帮助发现矛盾论点而不是拿出现成真理的人。他必须集中更多时间和精力去从事那些有效果的更有创造性的活动：互相影响、讨论、激励、了解、鼓舞。"（UNESO，1996）因此，师生之间的关系已发展为新型的关系：教师可以是设计者、组织者、激励者、促进者，也可以是合作者、共同学习者；学生可以是学习者、探究者，也可以是建构者、合作者等。师生在多种角色间根据需要而转换。这种新型师生关系主要有几个特点。

（1）"中心"消解。在生态型课堂中各种生态因子之间不再是一种"主体—客体、中心—边缘、控制—被控制"的关系，而是一种民主和平等的关系。通过对原有教师"中心"的消解，坚持完全、彻底的平等观，它的核心是把教师和学生看成真正意义上的"人"，即师生之间只有价值、人格和情感上的平等，没有优劣、尊卑之分，没有所谓的"中心"和"权威"，教师只是"平等中的首席"。[37]每一个学生都有要求被尊重的权利，都有表达的自由，都有同样参与和发展的机会。教师要从"独奏者"的角色过渡到"伴奏者"的角色，教师的任务不再主要是传授知识、塑造学生，而是对学生发现、组织和管理知识予以帮助和引导，以自身的"消退"，凸显学生的主体。教师中心的消解还包括以往建立在"知识圣坛""课堂唯一""师者权威"的僵化的师生关系的突破，师生非正式的课下的互动也会成为课堂的潜因素而发挥作用。"亲其师，信其道"，良好的师生关系也是课堂教学的力源之一。同时，"中心消解"也要求教学具有"移情性"，教师从学生的角度观察世界，理解学生的行为和内心世界，以做出适当的教育反应。

（2）互利共生。从生态学的视角看，教师和学生是共生性的存在，新型的师生关系是共生性的关系，共生性师生关系可以充分体现教学过程中师生双方作为人存在的本质和意义。传统师生关系存在着隔阂与对立、控制与被控制，是偏利共生的关系。偏利共生的关系使师生关系失去其本真状态，彼此都从自身的利益出发，把对方看成自己的对立面，彼此在损害对方利益的基础上达到自身的利益。师生关系要实现双赢，应从对立、控制转向和谐协同，从偏利共生关系转向互利共生关系。互利共生的师生关系体现了对师生的平等和尊重，体现了目的与手段的同一性。课堂教学活动是教师展现知识才能、实现生命价值的活动，是学生获得知识技能、培养情感态度价值观、提升生命质量的活动，教师以对学生的教导为手段实现自身的价值，学生则通过接受教师的教导、与教师共同参与活动来达到发展的目的。[38]互利共生性师生关系中教师的作用不是被抛弃,而是得以重新建构,从外在于学生情景转向与学生情景共存,教师是内在于情景的引导者,而不是外在的指挥者、专制者。

(3) 后喻对话。后喻是一种文化传递方式,即由年轻一代将文化传递给他们的前辈的过程,在国内也称为"文化反哺"。传统的师生关系属于典型的前喻文化,但目前新兴科技尤其是信息技术的发展和思想解放、民主进程带动的社会创造性增强、草根力展现等因素,使社会的知识创生和更迭能力大大提升,新知识新观念层出不穷,形成了自后向前、自下向上的文化传递新模式。在教育教学中,这表现为受教者对施教者反过来施加影响。因此,课堂教学需要在民主平等的基础上开展"对话"。师生之间的对话"不仅仅是指二者之间的狭隘的语言的谈话,还指二者之间的'敞开'和'接纳',是对'对方'的倾听,是指双方共同在场、相互吸引、互相包容、共同参与的关系,这种对话更多地是指相互接纳和共同分享,指双方的交互性和精神的互相承领"[39]。这是一种真正意义上的精神平等与沟通,消解了传统的师生二元对立的尴尬状态。"教师不再仅仅是授业者,在与学生的对话中,教师本身也得到教益;学生在被教的同时反过来也在教育老师,他们合作起来共同成长。"[40]学生通过与教师的交往和对话而成长,教师通过与学生的对话而充实,从而达到共享知识、共享智慧、共享人生的价值和意义。这是文化后喻在教育教学中的独特体现。同时,在开放、多元的时代背景下,教师个体的学识、经历、信息的"单一"与若干学生的生活多样、信息多维、家学渊源丰富形成巨大的反差,从教书育人、专业成长的职业使命来看,后喻的对话也必然会发生,并且在教师职业生命的发展历程中是极其重要的,应当引起教(授)者高度的重视,自觉顺应,积极利用。

4. 构建学习共同体

课堂学习共同体是由学习者和助学者(教师、专家、教辅人员、家长等)共同构成的团体,他们之间通过共同的课堂学习任务联系起来。在学习过程中,他们通过互相交流、对话、共享各种学习资源、互相协作、彼此欣赏,共同完成学习任务,从而在成员之间形成了一种相互影响、相互促进的人际关系。[41]它同通常谈及的合作学习并不完全相同,后者是它的一种形式。二者的主要区别有：合作学习小组的成员产生、数量、活动时空等有较明确限定，共同体则主要靠某一学习实践领域维系，并不明确限定；合作学习小组相互合作完成某项任务，但一般不改变课堂教学的节奏和轨迹，共同体则倾向于身份的认同和向社会联结；共同体中有合作但又不限于合作，成员之间的交往还包括如新手对专家、学生对教师的模仿以及同伴之间的争辩、妥协和认同等，这实际上就是个体在真实世界中与他人和环境交往中社会性交互和协商过程的体现。这种共同体的构建同课堂生态系统整体、开放、动态的特性是一致的。

（1）合异之同。"学习共同体"或以共同的爱好、兴趣为基点，或以共同面对的任务及问题领域为出发点，自觉自愿形成学习性组织，在相互争论中理清思路，在相互认同中坚定信念，在相互沟通中激发灵感，让学生自觉地理解共同体中的矛盾，热爱共同体中的氛围，在矛盾认识中激发和前进。[42]这是他们的"同"。但共同体的组成和实施却充满着"异"，是对异的有机整合。例如构成成分的异质同组、围绕课堂学习合作样式与程度的异型、评价标准鼓励相异以及变同步教学为异步合作等。应当注意的是，引入共同体概念必须和"独立学习"相结合，与学生的兴趣激发、自主学习相结合，而不能抹杀自我与自主。

（2）多样形式。构建"学习共同体"就是以"生态"为理念，以课堂学习目标任务及学生发展为中心，把"合作学习""探究学习""自主性学习""组织性学习""实践学习"等合理地建构起来，形成一个完整的生态教学系统，创设崭新的学生学习情境，以促进学生学习。除了课堂上常用的小组合作学习外，学习共同体还可以有以下一些形式："课上＋课下"，主要是开放式学习，面向环境，整合课堂、社会及其他外部资源；"现实＋虚拟"，充分利用信息技术和网络资源，将翻转课堂和小组学习结合等；"常规＋项目"，在常规的共同体中，根据问题或任务的具体性，建立灵活的项目组学习，使共同体在保持基本状况的同时，能机动拆分、组合；"自组织＋重构"，学习共同体的生态建构，可以打破甚至取消固有的班级等组织构建原则，通过"自组织"或者"合法性的边缘参与"等形式重构，从组织的生成意义上让学生建立自己的"学习共同体"。

（3）基本程序。学习共同体的构建可以有以下一些基本程序：主题的确定,主题应该是兴趣、爱好、专题等的链接以及真实的课堂任务或问题领域,具有一定的开放性、挑战性、复杂性,可以进行一些细类或侧面的分解;资源的准备,学习资源包括课程材料、相关知识库、原始数据库(内容或超链接)、工作平台的准备或开发、设计;组织成员,在自愿、认同的基础上,强调异质,可以采用对学生招募、申报,对老师、专家、家长或其他人员邀请或特聘等方式,具备基本数量后,进行扁平式组织架构;确立共同愿景,学习者和助学者一起根据目前学习的实际情况协商制定出清晰、现实的共同愿景以指引成员不断地向目标进发,给予成员持久的实现目标的信心;建立相应交互规范,学习共同体中,学习者和助学者都是主人,他们有权决定学习步骤、学习方法和交互规范等,因此要共同讨论、协商决定,从而形成共同的舆论氛围和行动规则;安排多元任务,根据成员不同文化背景、兴趣、性格、特长进行多元、适应的任务分配,每个成员在共同活动中做出多元的贡献;最后是评价反馈和总结生成。

5. 注重开放式体验式教学

生态型课堂要求突破传统课堂的封闭式、灌输式,在开放式教学场景中,充分实现信息、能量的交换、整合,实现学生自主体验式发展。为此,应从学生的实际出发,从学生的兴趣出发,建立良好的教学生态,重建课堂生活,体现出以学定教、多维互动、生活重建、活动建构、开放生成的教学特征。

(1) 多层开放。开放性是教育丰富性的前提、教学体验式的基础,也是课堂生态系统的重要特征之一。课堂生态的开放性具有不同的系统层级,包括课堂内师生之间、学生之间的开放,学校教学资源对课堂教学的开放,课堂教学面向自然、社会的开放,虚拟(网络、数字等)资源的开放等。课堂教学中,应根据学生发展的需要进行多层开放,搭建联系,拓展教育时空,整合教育资源,践行大教育观、大课程观理念。在开放中要注意以下几个问题:全面性,不管是课堂内外,还是主体之间、主体与文本之间,都应该充分地全面地开放,以丰富教学的资源和意义联系,促进学生的理解和体验;适度性,根据生态耐受度原理,资源对生物的成长必有一个合理的度域,过之或不足都会不良生长,因此,课堂开放应针对教学的目标、内容、学生实情等适度进行;自主性,对外部资源的搜索和接受,应突出师生的自主性,对教师而言,要把握好教育性的导向,对学生而言,既是增强自主学习兴趣、增强信息收集整理能力、提高对资料的感知熟悉程度,同时也是锻炼信息鉴别能力;教育性,开放以服务课堂教学、学生成长为总原则。

(2)情境浸泡。在开放的基础上,可以在课内外营造各种情境以促进教学。一是创设真实的教学情境,为学生学习和参与提供一个交流、互动与体验的"教育现场"。在教学过程中,师生通过进入或创设真实、生动、直观又富于启迪性的学习情境,将要学习的相关信息融合镶嵌于逼真的情境中,从而把抽象的知识变成一种具体化的生活实践,使学生在有意义的情境中学习,激发兴趣,激活思维。二是创设问题情境,善于启发诱导。教师要充分利用多种教学手段,结合学生实际,善于设计处于学生"最近发展区"的问题,创设问题情境,还要引导学生自己发现问题、质疑问难,以利于学生的学习兴趣向深层发展。创设了问题情境,教师还要利用教学艺术和教学节奏、循循诱导、巧妙启发,让学生动口、动手、动脑相结合,积极思维、善于表达,形成主动探究、积极向上的学习风气,使课堂兴趣盎然、充满生命活力。[43]三是创造性地使用教材,师生在教材中融入自己的探究精神和智慧,对教材进行创造性加工,把教材知识变活,对教材知识进行个性化诠释,形成各类主题化、意义化的情境。四是要给够学生思维、情意参与的时间和空间,保证情境浸泡的深度参与性。通过以上一些方式,使课堂教学情境化,让学生"浸入"其中,体验探究,促进其情智真实、深层地发生和发展。

(3)体验积淀。学生素质形成和生命成长与体验、内化紧密有关。体验是内化发生的前提条件,体验的过程就是内化和成长的过程。学生的体验虽然主要是个体的自主活动,但生态型的课堂仍必须将之作为重要的关注。体验首先是一种生命历程、过程、动作,课堂教学要尽一切可能为学生提供这种历程、过程和动作的展开。其次,体验是一种特殊的心理活动。"体验这种心理活动是由感受、理解、联想、情感、领悟等诸多心理要素构成的。在体验中,主体以自己的全部'自我'去感受、理解事物,因发现事物与自我的关联而生成情感反应,并由此产生丰富的联想和深刻的领悟。因此,从心理学上讲,体验是在对事物的真切感受和深刻理解的基础上对事物产生情感并生成意义的活动。"[44]从生命的视野来看,强调主体参与活动的体验性,实质上就是强调课堂教学中生命的"在场"。在教学中，体验一般可有如下过程[45]：一是进入情境，包括教育者的精心创设以及师生对教学对生活的全身心投入；二是会意，学生在课堂活动中或情境中的理解或领悟状态的出现；三是感悟，通过感悟，外界的东西转化为生命的一部分，对事物有逐渐深入的认识、重组、创新；四是忘怀，学生生命与活动情境自然融合而产生的一种物我两忘的境界，超越了眼前的课堂教学现实，身心获得了短暂的超脱和自由，于是学生的视野更加开阔，对知识的领悟更加透彻，对生活与生命的意义也有了更深入的理解和把握；五是积淀，学生在课堂生命活动中所获得的认识、体验与感悟的内化、沉淀与积累。

（4）反思生成。知识与技能、过程与方法以及情感态度价值观，是课堂教学的三维目标，从这一导向出发，教学的过程就不仅是知识、技能的习得过程，也是学生潜力发掘、思维激荡、情感体验的过程，是学生可持续发展的过程，是以反思促进生成的过程。在这个过程中，学生主动参与、亲身体验、自主建构，并且在经历了情境，积累了体验之后，理性审视、反观梳理，深刻体悟知识的内涵、情感的熏染、价值的启迪和能力发展的乐趣，进行反思性生成，丰富目标维度内容，为下一次体验沉淀一个全新的起点。在生态型课堂学习中，反思生成也是一个开放、循环的发展过程，由感悟体验，到理性分析，再概括提炼，再反馈验证，整个过程由生活出发，回归到生活，不断生成，循环发展，使学习得到不断提升，生命得到不断完善。

6. 始终从学生立场出发

"以学生为主体"已经是一个普遍的教学原则，也切实地改变了传统教学的诸多不良弊端，建立了民主平等、自主参与、合作学习的生本课堂。生态型课堂在此基础上做进一步的强调，认为教学应始终从学生的立场出发，展开自主探究和与外界交流，在真实的、鲜活的生命基点上，联系地、动态地、有序地发展。教师和课堂生态系统在此过程中也会发展演进，但其不是第一位的、目的性的，而是次位的、伴生的，在课堂教学中，最终都是为学生全面发展这一目的服务的。

（1）以学生为教学的起点。首先，只有以学生为起点，教学才是真实的、有效的、可持续的，参与式、体验式教学才可能落地生根。阳光再好，照不到植物身上，光合作用也无法发生；云雾再浓，不化为雨露，植物也享受不到润泽。教学的起点不在教师的意愿、外在的目标任务以及课程或教材，这些方面只能适当地整合于以学生为起点的过程之中。教学只有与学生的接受、体验结合，才是"有意义"的发生，也才可以为后续发展建立基础。其次，以学生为起点，既是教学的逻辑起点、情感起点，也是行为起点、评价起点。教学的设计、过程的实施、情感的熏染以及评价反馈，都应紧扣这一中心。第三，以学生为起点，意味着差异性的、异步性的、个性化的起点。课堂是差异的大合奏，要承认并适应学生的个性差异，尊重学生的不同认知水平和认知方式，注重教学行为的适切性，根据学生的需要选择不同的教学方法，采用不同的方式呈现教学内容满足学生的个体需要，让不同层次的学生主动参与，把课堂还给学生，让学生差异化发展，协同进步。

(2) 实行网链式动态发展。从生态的观点看，学生一方面是自主发展，另一方面又是处于一定的教学环境、"教育场域"之中的，处于开放多维的网状链式联系中的。第一，在生态系统中，主体和客体没有不可逾越的界限，每个生命个体都是生态网络上的一个节点，占据一定的生态位，并以相互关联而存在。后现代主义甚至不再将人看作实体的存在，而是看作关系的存在，认为人永远是处在与他者的关系之中，是关系网络中的一个交汇点，强调"关系中的自我"（self in relation）和"主体间性"。生态型课堂以学生为中心和基点，从师生关系、生生关系、师生与文本、主体与外环境到主体与资源等，构成了多因素网状、多网复合的结构，个体与个体之间、个体与网络结构之间、网与网之间形成多层互动。教学中需要着眼于这种关系式网络的特点，利用好其多维互动、资源整合、协同演进的长处，也应主动建构、优化、调适，把握好度域，以适应教学需要，发挥潜在于网络中的巨大能量，促进课堂效益提升和学生发展。第二，物质、信息和能量在网络中的传递，是通过链式联结动态实现的。生物系统中主要就是体现为食物链、能量流联结。它有三个主要特点：一是这种链式传递具有一定的序列性，环环相扣，级级相进；二是链接越多越复杂，则生态系统越稳定越发展；三是能量递减，上一级能量向下一级传递有较大比例衰减。这要求生态型课堂在教学中应以学生为中心，梳理好网链关系与结构，从学生出发，基于学生的实际，把握好知识、信息、能量、资源之间的内在联系，链接传递，促进消化、接受、生成、积累，同时，尽可能地去丰富链接、缩短链长，要使信息流在最大限度上通达每一个学生，建立扁平结构、交互结构，减少传递层次，努力使学生成为"初级消费者"，增强学生在网链中搜索、获取资源以及利用网链的能力，让学生掌握学习的主动权，高效发展。需要特别强调的是，这种网链式结构的展开，是以学生成长为中心、为教学的开展和学生的发展服务的，绝不是限制、约束学生的工具。

7. 学与教的重构

生态型课堂中学与教的关系主要是"学以自主，以学定教，学中施教"，力图在发挥学生自主作用、主体因子间互动作用、主体因子与环境交互作用等方面实现集成、整合、建构，促进学生优适性发展。

（1）自主地学。生态型课堂应充分发挥人的灵性，尊重学生的个性感悟，尊重学生的独特体验，调动学生的内在驱力，构建以学生自主学习为标志的自主课堂。为此，教学中应注意以下三个方面：第一，激发学生的学习动机，培养学习兴趣，激发学生学习内驱力，充分展现学生在学习中的主体精神和生命能量；第二，更新教学模式，培养学生主体的积极性、主动性、自觉性、独立性和创新性，让学生真正成为课堂的主体、学习的主人，开展发现式学习、探究式学习、创新性学习，达成以自主学习为基础，合作、探究相结合的学习方式变革；第三，注重学习策略指导，培养学生自主学习的能力，包括学习者的态度、习惯，以及学习方法和学习控制等，因人而异，个性指导，持续发展。

（2）"支架"地教。教师在不同的学习任务、教学环节中所扮演的角色是不同的，可以是学生学习的合作者、指导者、促进者、协调者和帮助者等，为学生的学习提供各种形式的支持，而在这些支持中，教师的"支架"作用是尤为突出的。[46]教师通过搭建适当的学习支架为学生学习新知识提供支撑，使学生克服自主学习的零散式、碎片式的缺陷，引导学生逐步完成学习任务，使学生顺利穿越"最近发展区"，能力从一个水平提升到另一个新的更高水平，逐步学会对学习任务的管理与认知技能的建构。其一般包括搭建构架、进入情境、独立探索、协作学习、效果评价几个环节。实际教学时应注意以下问题：适时性，支架的提供有个时机问题，应针对学生在学习过程中任务完成情况，适时地调节，再进行支架的提供或拆除；适度性，学习支架的提供要注意阶梯性,既顺应程度和阶步的特点给学生予适当的支持,又给学生留有恰当的发展空间,避免过犹不及;个性化,根据学生的学习风格和水平差异性提供,尽可能通过个性化的支持实现教学发展的全面化。应该指出的是,在生态式学习共同体的框架下,"支架"含义不是专指教师,而是一个多重的"支架群",有能力的助学者均可搭建,这自然包括学生群体自身和其他外部资源。

(3)学中施教。生态型课堂的教学模式是较多的,如自主式、情境式、体验式、活动式等,但在生态型课堂中,主要应体现"以学定教""学中施教"的原则以及情境性、开放性、动态性等特点。其中,将"教"置于"学"的活动中,"学中施教"是很重要的生态型教学方式。在此方面,结合建构主义等理论,有以下一些教学模式值得借鉴。

抛锚式教学。它是使学生适应日常生活,学会独立识别问题、提出问题、解决真实问题的一个十分重要的途径,其主要目标是创建能够使学生和教师进行持续探索的有意义的问题解决情境。它有如下一些要点[47]:其一,学习与教学活动应围绕某一个"锚"来设计,所谓"锚",指的是支撑课程与教学实施的支撑物,它通常是一个故事,一段历险,或者是学生感兴趣的、包括一系列问题的情境;其二,教学模式的内容包括有利于学生进行探索,进而解决问题的丰富资源(如交互式录像、影碟、网络资源等);其三,基本阶段可分为教师介绍学习目的、呈现学习内容,将不同类型的"锚"呈现给学生,学生识别问题、分解问题、制订问题解决计划,将学生分组,进行合作式问题解决,以及师生进行整体评价。此教学方式可以较好地契合生态型教学启发性、主动性、建构性、生成性、激励性等特点。

认知学徒模式。即将专家实践同学生培养活动相结合,通过允许学生获取、开发和利用真实活动中的认知工具的方法,来支持学生在某一领域中的学习。强调经验性、现场性、环境性在学习中的重要性,揭示学习的真实本质是学习者跟知识以及知识得以产生的活动、情境和文化适应、互动的结果。其基本原则是学习需要社会性的互动和合作,学习是在知识镶嵌于其中的真实情境中进行的,在情境学习中学习者无意地、偶然地、边缘性地参与是应当的;教学内容除了学科知识外,还包括启发式策略、控制策略和学习策略;教学方法有建模、教练和搭建脚手架、清晰表述、反思和探究等;在交互式网络的支持下,认知学徒模式可以虚拟现实学习情境,使学习者可以进入"真实的"工作场景,并通过网络与工作现场的"师傅"进行交流与合作,体现了更大的优越性。[48]这种方式可以对生态型教学的场境性、真实性、丰富性、实践性、交互性等特征加以体现。

应变式。在动态、开放的生态型课堂中,现场、即时、随机的生成性是一大特点。这要求教师在尊重学生自主学习的基础上,灵活机智地予以应答、诱导、点拨,应变式教学互动,这也是生态系统及时反馈原则的体现,是对涨落现象加以利用的体现,将课堂的随机变化作为新鲜的教学资源,灵活调控,积极应变。师生在课堂上的思维激荡和情意流淌,不是预成、确定的,而是具有非线性、自组织性、非平衡性、突发性、间跃性、潜隐性、一次性、非预测性等特点,具有过程性生成的功能,教学中应注重这些特性功能的发挥,使教学成为一种不断发展和自我超越的过程,同时,应敏感地捕捉把握课堂生态环境里的"干扰信号",注重课堂教学细节以及偶发性、隐蔽性信息,充分挖掘和利用其中的有益价值,果断决策,调整重组,为教学所用,促进即时生成。此外,应变式教学需要增强课堂合作与互动,培育友好型、活跃型、机智型、建设型课堂教学文化氛围。

8. 改进课堂管理

在生态型课堂管理中,不仅重视课堂中现有良好秩序的维持,而且更加关注课堂管理活动能否最大限度地满足课堂主体的需要,促进课堂的不断生成和学生、教师的生命发展。可持续发展的促进性目标是生态型课堂管理的发展方向和最终价值追求,把课堂管理从注重秩序规范性目标转向发展促进性目标。

(1)动态平衡。生态型课堂需要动态式的平衡,在这种动态的平衡中,教学目标得以实现,可持续发展得以实现。一是主体间性的平衡。师生之间、学生之间,在课堂上都发挥积极主动的作用,这种作用需要学生主体的多样性之间、学生主体与教师主导之间的关系动态平衡,体现民主、平等、和谐的课堂管理主体状态。二是教学的平衡。包括目标的平衡,知识与技能、过程与方法、情感态度与价值观三维整合的教学目标的整体贯彻;内容的平衡,学科门类与知识的搭配、课程或教材静态呈现与动态生成、课内内容与课外内容的平衡等;方式的平衡,讲授与探究、自主与合作、共性与个性、教师风格与学生的认知或学习方式等方面的适应与平衡。教学平衡的管理是课堂管理的核心内容。三是系统平衡。课堂教学小系统同教育大系统之间的动态平衡，包括课堂与学校、家庭、社会生活世界以及课堂教学需要同外部资源整合等之间的关联度、合作度、效益度的平衡。课堂应打破传统的封闭式管理，积极与家长、专家、社会资源整合，实行开放式、合作式管理。

（2）无痕管理。生态型课堂最理想的境界是实现"无痕管理"，在这种课堂状态下，教师以卓越的个人魅力和平等的教育理念巧妙地运用教学艺术，育人于无痕之中，让学生感觉不到置身于"管理"之中，而是徜徉在人性关怀的呵护下，在润物细无声的教诲中发挥其主动性和创造性，充盈其生命。[49]一是营造自然、和谐的课堂文化氛围。让课堂人际平等、相互尊重、共同悦纳、自然本真、协同共生、和谐流畅，充满浓郁的人文情意。二是给予学生时空。唤起学生的主体意识，让学生变被动学习为主动学习，给学生留足时间、空间，为学生提供广泛的参与机会，使其全身心地投入学习，体验思维和心灵自由，品味课堂秩序的美感。三是建立适度的课堂规范。规范应以"为学生生命发展服务"为原则，建立规范是为学生服务而不是为教师完成任务服务的，更不是为了限制学生的；要充分相信和尊重学生，规范要适量适度，且应该在与学生民主商议之后再建立；规范本身的包容性要强，宜宽不宜太细，在保持基本方向的前提下要具有一定的弹性；实施规范时要重视学生的个别差异，多用精神性、活动性的鼓励，避免形式化；规范应内化为学生的观念体系和行动习惯，运用中应避免强制性。四是自主管理，无为而为。培养学生自主管理是重要目标，应首先让学生有课堂管理的自觉意识，然后上升到自理层次，以各种积极的行动来实践课堂的自主管理，最后上升到自为层次，能够主动和有效地支配、调节自己的行为，积极参与，与他人进行协调、合作，以适度的方式实现被大家共同认可的课堂管理目标。在此之中，课堂管理的"无为"并不是一无所为，而是"不妄为"，不随意指挥和干涉；不是"人为而为"，而是"自然而为""习性而为"，以有利于学生的教学参与和自然发展。

（3）调适课堂节奏。课堂是动态持续的过程，以学生的"学"为基点，把握好课堂生态系统运行的结构和速率，因材施教，整合因素，调整节奏，选择最佳的教学策略和手段，使课堂教学充满生机活力，可以更好地提高系统运行效率和促进主体发展。这主要包括以下一些方面[50]：

其一，时间节奏。根据学生的实际及学习的需要，合理安排好教学时间节奏，如讲与练、读与思、课堂实验操作与课堂学习、户外实践时间与课堂学习、课堂中动与静的时间频次与比例等。学生的自主参与和心理耐受度是教学时间分配的主要依据。

其二，语言节奏。语言节奏即教学中的语音、语调和语速变化。一般地讲，在一般性陈述或过渡性表述时可用中低语调交替讲解，语速可稍快；讲述关键问题时，或需要强调某个问题时可提高语调，语速放慢；当发现学生出现疲惫时，应及时调整语音、语调和语速，使其重新兴奋起来；在讲述富有情感的内容时，可放缓语速甚至适当停顿，达到"无声胜有声"的效果。在生态型课堂中，民主亲和、诙谐幽默是较好的课堂语言风格。语言节奏的快与慢、高与低、严肃与轻松要有机交替，为课堂营造突出的感染力。

其三，教态节奏。教态节奏即教师的举止和表情。教师可根据学生的表现情况和教学内容的情节来调整教态节奏，适当地在教室走动，严肃的表情、兴奋的表情、赞赏的表情、倾听的表情等应有机地交替变化。对于需要鼓励或提醒的学生可以用适当的眼神或表情表示关注，或走到其身边、轻拍、低语等等，动作和表情都要做到自然、适时、有效。生态型课堂注重以"对话者"的姿态开展教学，教师应让学生感到轻松、自在、投入。

其四，视听节奏。视听节奏是指用图像和声音交替显现使学生的视觉和听觉发生变化。可通过课堂的对话、实物或图片展示、多媒体教学设备及信息技术的运用等变换学生的视听感受，增加教学的直观性、形象性、活跃性。

其五，进度节奏。进度节奏即教学进度应有张有弛、有快有慢，进度快会使学生处于紧张状态，进度慢又使学生有所松懈。一节课中的重点内容应放慢速度使学生处于紧张状态之中，一般性知识则可以使学生在松弛的状态中快速完成。

其六，氛围节奏。氛围节奏即课堂教学中冷与热的交替。一般地说，纯知识教学和理性分析是冷，易造成枯燥、沉闷的课堂氛围；趣味教学、激情表达和活动展示是热，能活跃课堂氛围。有时候也应注意学生前后课程之间的氛围对比，加以调整，如体育比赛后的数学课，同平常一般的数学课上法和节奏调控就应有所不同。课堂中应利用移情原理，注重生态因子之间的联系，注意观察学生实际，积极进行氛围调节。

其七，形式节奏。个人自主学习、小组讨论、合作学习、活动展示等多种教学形式，在课堂中也应根据学生的实际情况和教学实际需要进行节奏调适，注意运用的频次、时间的长短、内容的多少、活动的难易和快慢等，体现生态适应，突出课堂实效。

9. 实施多元评价

传统的或当前实际中的大量教学评价，往往流于单一、封闭的弊端，挤压课堂生态空间，使得学生个体生态位严重重叠，导致学生恶性竞争、畸形发展以及课堂中群体生态的失衡。因此，教学评价应以生态系统的多样、独特、整体、开放为方向，本着"以评价促发展"的原则，由功利性行政型评价转为发展性科学型评价，由单一封闭的静态评价转为多元异质的动态评价，由以他评为主的总结性评价转为以自评为主的发展性评价，由群体选拔评价转为个体内差评价，真正促进学生全面、生态地发展。评价中应注意以下几点。

（1）动态评价。与传统的课堂评价不同，生态型课堂评价是一种动态评价。其一，课堂的生态因子和系统是变动的、互动的，并且存在非线性的扰动，因此不能静止、绝对地评价。其二，课堂教学是一个动态生成的过程，生态的评价不是一次性完成的和一劳永逸的，而应该贯穿于实施的全过程，多次、及时反馈，强调的是评价的过程和过程的评价。其三，就个体而言，学生的主体发展，关注生命个体的价值体验，关注与外界环境的互动，重视生命个体的知识建构，是动态的进化；就群体而言，存在主体的关系互动和系统的优化，也是一种协同演进的动态呈现。这些都体现了生态型课堂动态评价的特性和内容。

（2）综合评价。同传统课堂的单一性评价不同，生态型课堂中评价的目的并不在于甄选，评价的主体也不限于教师，评价的手段不只书面检测，评价的结果也非只看分数，其评价主张是多元综合的评价。评价目的是为了真正实现学生的自由、健康和整体发展；评价内容的丰富，智力因素与非智力因素、学业性与非学业性、当前性与可持续性的结合等，重视综合素质的发展，特别是创新、探究、合作与实践等能力的发展，以适应社会发展的需要；评价方法与手段也是综合的，比如形成性评价和终结性评价相结合，量的评价与质的评价相结合，外部评价与自我评价相结合，绝对性评价和个体内差评价相结合等。这种综合评价实际上是以尊重生命的整体性、发展性为前提，要求尽可能地对学生状况以全面而客观的反映，避免片面性和主观性，从而更好地呵护和促进学生的成长。目前在教学质量评价上，上海提出的绿色指标、成都提出的生态综合指标，都是这种尝试。

（3）发展性评价。与传统的终结性评价相比，生态课程以成长为目标，强调评价的发展性功能，认为评价的功能主要在于促进学生的全面发展。传统的课堂评价只重视学生掌握了多少知识，智力达到了何种程度，培养的是"知识人"，而生态型教学评价则强调学生的整体发展、身心的和谐状态，培养的是"自主人"，这种发展性评价关注的是学生身心的全面发展，不仅关注学生的知识和技能的获得情况，更关注学生学习的过程、方法，以及相应的情感、态度、价值观和生活适应能力、可持续发展能力等方面的和谐发展。[51]生态型课堂观发展性评价的价值取向，要求评价一是着眼于学生发展，二是促进其发展。要通过多种方法，如激励性评价，为学生发展提供内驱动力；差异式评价，为学生提供发展机会。同时，通过评价进行发展方法指导，促进学生可持续性发展和创新性能力提升。

10. 优化课堂环境

课堂环境是课堂教学生态系统的支持平台，虽然生态型课堂的概念并不局限于某个固定的课堂空间，但一个和谐、共生的基础性课堂环境仍是当前教学的主要形式，是师生共同演绎生命意义的舞台，是师生完整生命得以自由成长的前提。为此，应从营造良好生态场域的角度出发，不断优化课堂环境。

（1）优化物理环境。生态型课堂中的物理环境主要指空气、光线、温度、湿度、颜色、声音、气味等方面的自然因素和桌椅、仪器、图书资料等设备设施因素以及时间、空间因素。作为教室的建筑应符合国家标准，大小适宜，具有良好的通风采光条件，宜人的色彩搭配，尽可能消除噪声的干扰，实现人性化的配置。教室的格局布置要利于学生的主动式、参与式、合作式教学，体现师生民主、和谐。[52]同时，还要注意将物化的环境同学生的内心体验更多地联结起来，调动学生的积极性，结合班级特色，让学生自己动手参与设计和布置,以增强学生的归属感、责任感,以及同环境的亲近度。

(2) 优化文化环境。课堂中的文化仍然包括物质文化、制度文化和精神文化几个方面。对课堂文化环境的优化既要注意教室布置、设备设施、教学资料等物质文化的"显性"体现,尽可能多地凸现人文性和人本性,更要重视制度文化和精神文化的"隐性"效用,尤其是课堂教学氛围、师生间的融洽度、课堂教学制度以及学生群体的相互关系和精神风貌等,这些方面对学生个体与群体的个性品质、知识结构和思想境界的发展具有深潜而持久的影响。生态型课堂应调动各类文化的积极作用,综合地、浸润式地给学生影响,将课堂构成一个生命温馨、多元对话、催动成长的文化空间。

(3) 优化行为环境。课堂中,主体的多样行为构成课堂复杂的行为环境,其中可能会合作与矛盾互现、促进与冲突交织,协调这些行为并使之朝向有利于整个系统的目标方向发展是生态型课堂的重要内容。在课堂的行为系统中,主要的是教师行为和学生行为:教师行为一般包括组织行为、启迪行为、讲授行为、演示和演算行为、辅导行为、沟通和交流行为等;学生行为主要包括感知与认知行为、意识与非意识行为、保持行为、渴求行为、沟通行为和竞争行为等。[53]在传统的课堂中,师生之间、学生之间的行为关系有较多的紧张和压力。在生态型课堂中,由于教学目的、师生关系、学教方式发生改变,教学不再单纯指向竞争和成绩,学生也不再是被指挥着学习,学与教融通统一,课堂行为需要呈现出和谐共生的生态状况。优化这种行为环境的关键是确立课堂生命发展的向度。教师把课堂经历作为生命历程的一部分、作为生命价值的体现;学生把课堂作为知识的学习和学会做人、人际合作的结合。在此基础上辅以必要的制度提醒和习惯养成,使师生之间、学生之间的课堂行为协调、共融,使课堂走向和谐、共生。

(4) 优化心理环境。营造一个轻松、自由、安全又充满进取的心理环境是生态型课堂环境的重要的方面。要做到这一点,首先得明确教育目的,即培养身心健康、全面发展的人。身心健康发展是教育的出发点,也是教育的目的之一,忽视了这一点,教育就会坠入异化和偏歧。其次,对学生期待上要把握一个"度",要注重个体的差异性,不要给学生过高、过大的压力,这种压力会产生"心理传递",使学生心态失衡,须知,让学生做一个健全的人要胜过一个只会学习的"好学生"。其三，教师应注重与学生的情感交流，营造积极向上的课堂气氛，如创设问题情境、善于启发诱导、倡导合作学习、开展有序竞争、采用激励式评价、让学生体验到成功的欢愉等。教师对学生有深切的关怀和饱满的爱意，学生对教师和教学有真切的欢喜，课堂和谐交融。其四，必要的心理辅导。对师生的各种心理问题要及时疏导，消除在萌芽状态，师生也应主动提升自身人生观、价值观和世界观等，增强心理调适能力。

（5）应用现代信息技术，优化交互环境。随着科学技术的发展和信息社会的到来，现代教育技术不断涌现，教学手段日益现代化、数字化和信息化、虚拟化，课堂教学要及时因应、变革，以增强教学状态的多样性、丰富性、灵活性和交互性，这也是生态型课堂的内在要求。首先要更新教学观念，积极使用现代化的教育技术和教学手段，将学生课堂学习的主体性同信息技术环境的多样性、直观性、情境性相结合，激发学生学习的兴趣，增强课堂的交互性，提高教学的效率和效益。其次，以信息技术促进学教方式的变革。信息技术在课堂的运用，较大程度突破了时空、虚实的限制，使学习具有更大的自由性、情境性，学生自主探究、合作参与的可能性、积极性更高。同时，也为开放教学、协作学习、小组教学和个别化教学提供了更好的条件。教师必须积极使用，善于应用，将信息技术与课程整合、与资源整合，启迪学生思维，增进交流互动，促进学教方式的变革，更好地培养学生的创新能力和实践能力。现在倡导的"未来教室"、数字化实验室、微课教学、翻转课堂、虚拟学习共同体、MOOC以及"创客空间"等都是较好的尝试。

本章注释

[1][2] 范国睿，王加强. 当代西方教育生态问题研究新进展［J］. 全球教育，2007（9）.

[3] 王牧华，靳玉乐. 综合课程研究的生态主义观［J］. 中国教育学刊，2002（12）.

[4][6][9][10][11][13] 于泽元. 后现代主义课程理论研究［D］. 西南师范大学硕士论文，2002：38—45，63—64，71，94—95，101，77.

[5][7] 王牧华，靳玉乐. 生态主义课程研究范式刍议［J］. 山东教育科研，2002（4）.

[8] 王牧华. 生态主义课程研究 [D]. 西南师范大学硕士论文, 2001: 26.

[12] 郑晓梅. 我国基础教育校本课程开发的取向 [J]. 教学与管理, 2003 (11).

[14] [20] 李臣之. 后现代主义课程理论试探 [J]. 教育科学, 1999 (2).

[15] 缪秋芹. 浅议隐性课程在职业英语教学中的开发和利用 [J]. 科教文汇, 2011 (1).

[16] 孔企平. 对西方学者课程目标模式讨论的述评 [J]. 华东师范大学学报: 教育科学版, 1998 (4).

[17] 陈建华. 论协商民主视野中的学校教育 [J]. 南京社会科学, 2010 (1).

[18] 马云鹏. 课程实施及其在课程改革中的作用 [J]. 课程·教材·教法, 2001 (9).

[19] 刘钊. 30年以来我国基础教育课程观念变迁研究 [D]. 华东师范大学硕士论文, 2011: 54.

[21] 刘红军. 探析如何提高英语教学的有效性 [J]. 语数外学习: 高中英语教学, 2014 (6).

[22] 埃德加·莫兰, 著. 复杂性理论与教育问题 [M]. 陈一壮, 译. 北京: 北京大学出版社, 2004: 26.

[23] [25] [26] [38] [49] [50] 李广华. 化学生态课堂研究 [D]. 广西师范大学硕士论文, 2008: 9, 10, 10, 22—23, 41—42, 40—41.

[24] [51] [53] 管月飞. 论生态课堂及其构建 [D]. 安徽师范大学硕士论文, 2007: 25, 35, 39.

[27] 周士勤. "生态课堂"的基本含义、特征及认识 [J]. 教育科学论坛, 2007 (1).

[28] 杜亚丽. 中小学生态课堂的理论与实践研究 [D]. 东北师范大学博士论文, 2011: 33—36.

[29] 叶澜. 重建课堂教学价值观 [J]. 教育研究, 2002 (5).

[30] 陈爱金. 新课改背景下高中思想政治课堂生态化探析 [D]. 福建师范大学硕士论文, 2008: 23.

[31] [32] 陈爱金. 课堂教学生态化的缺失与建构 [J]. 太原大学教育学院学报, 2007 (9).

[33] [45] 张凤青. 基于学生生命成长的课堂教学研究 [D]. 山东师范大学硕士论文, 2008: 34, 32—34.

[34] 王坦. 合作学习——原理与策略 [M]. 北京: 学苑出版社, 2001: 7.

[35] [43] [52] 窦福良. 课堂生态及其管理策略研究 [D]. 山东师范大学硕士论文,

2003：35，35，30—31．

[36][37] 肖川. 论教学与交往 [J]. 教育研究，1999 (2).

[39] 金生鈜. 理解与对话 [M]. 北京：教育科学出版社，1997：131.

[40] 保罗·弗莱雷，著. 被迫者教育学 [M]. 顾建新，等，译. 上海：华东师范大学出版社，2001：31.

[41] 南腊梅. 试论课堂学习共同体的建构 [J]. 现代教育论丛，2010 (2).

[42][47] 贾文岩. "学习共同体"的生态建构初探 [J]. 当代教育科学，2012 (4).

[44] 陈佑清. 体验及其生成 [J]. 教育研究与实验. 2002 (2).

[46][47][48] 王文静. 基于情境认知与学习的教学模式研究 [D]. 华东师范大学博士论文，2002：54，66—69，89—94.

第五章
生态型科研发展

学校教育教学科学研究（简称"科研"，此处包含学校通常所说的"教研"）是提高教育教学质量，推进学校教育全面发展的重要助力。但是，在现实的学校工作中，应景式科研、形式化科研、虚假式科研层出不穷，教育科研不是为政绩增彩，就是为评职添光，科研过程中作假敷衍，完成后束之高阁，充斥着生长失根、生态失衡的乱象。对学校科研的生态应加以分析重建，使之"从教育而来，为教育而用"，达到真实、有效、可持续的良好生态状况。

一、系统分析

将学校科研视为一个动态的生态系统，是因为这个系统中同样具有能量流动、物质循环、信息传递和自我调节的功能，具有生态系统的特征。生态型科研发展就是按照科研发展规律和生态学原理，为实现既定目标，通过科研过程的各个环节对科研活动中的人、财、物、时间、信息和效果等内外部因子进行动态协同、平衡、调控、促进，使系统达到最佳发展的一种组织活动。其涉及的生态因子复杂而相互关联，是由构成影响和制约的人、事、物所形成的一系列自然的、社会的、规范的、生理的、心理的因子综合形成的。其主要方面包括师资、人才、团队等科研人力因子，目标、经费、动力、运行等机制性因子，科研支撑氛围、学术风气、与教育教学其他工作的关系等学校小环境因子，以及家长、社会、各级教育主管部门、学术协会、国家教育政策和国际教育研究发展状况等校外社会大环境因子。学校生态型科研系统如图5—1所示。

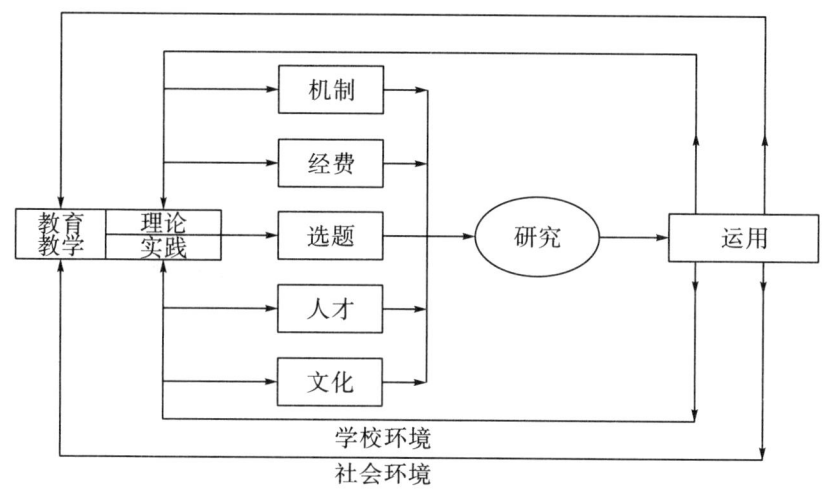

图5—1 学校生态型科研系统模型

二、生态型科研的主要内容和策略

（一）合理组建团队

从生态的视角看，系统的活力很大程度来源于其生物的多样性。因此，在学校科研团队的组建中，也应注重多样化的路径，提升团队的活力。首先，结构应异质化。群体的结构一般分为同质结构和异质结构。同质结构是指群体成员在年龄、知识、经验、能力、性质等方面比较接近；异质结构是群体成员在年龄结构、能力结构、专业结构、知识结构（职称结构）、信念结构、性格及观点结构等方面有较大差异。[1] 不同的群体，由不同的结构因子和方式组成，其功能会有所不同。一般说来，同质结构在完成比较简单的任务时效率较高，而异质结构在完成比较复杂的任务时效率较高。科研工作是一项高创意高协调的复杂工作，以异质化为上。但异质化的结构也会增加管理的难度，因此需要发挥激励因素、规范因素、功利因素和协同因素等影响，通过协调这些因素发挥其作用，使成员产生安全感、力量感，增加自信、自尊和自我确认等，形成团队，提升工作效益。其次，注重结构交叉性。生态学边缘效应指出，在两个或多个不同性质的生态系统交互作用处,由于某些生态因子(可能是物质、能量、信息、时机或地域)或系统属性的差异和协合作用,而引起系统某些组分及行为(如种群密度、生产力、多样性等)的较大变化。边缘效应以差异和竞争开始,以和谐的共生结束。合理的人才交叉与流动,不断进行学术交流和知识更新,可使学科处于异质的动态的学科环境之中,避免"近亲繁殖"的趋势。注重与外校的人才交流或不同学科之间的交叉与渗透,在不同的研究风格之间形成边缘效应,使大家充分发挥自己的特长,互相促进,形成"动态异质系统",利用边缘效应的有利条件和协同作用,培育出研究型人才,获得高质量的研究成果。第三,增强团队活力。利用"鲶鱼效应",让掌握最新研究技术、富于想象力和创造力、风格独特的研究者加入科研队伍中来,在科研队伍中注入新鲜的"活水",使学校的科研队伍富于生机与活力,促进研究工作的进展。最后,注意梯度性结构。在发挥团队集体力量的同时,应注意领军人才、骨干人才和后备人才这三类人才的培养,形成团队发展的梯度,以使学校科研工作可持续发展。[2]

(二)调适限制性因子

限制性因子作用是生态系统的重要特征之一,即最小因子定律和耐受性定律。在生态型学校科研中,要调适好高低两类限制性因子,保障系统的最优化发展。首先,从内容上来说,国家教育发展政策、学校的科研制度、科研经费的投入、学科的生态位、研究的手段和方法、实验条件以及教师的数量、质量、梯队及人才的配置等诸多因子都可能是研究的限制性因子,在具体的研究实施中,要根据研究目标和任务,仔细筛择,尽可能准确地把握。其次,从作用上来说,主要的限制性因子是能量流和信息流,在学校科研中,主要就是人才(能力)和经费,这两类因子往往成为学校科研的瓶颈或短板,制约着研究工作高质量、实效性开展。第三,主动调控。研究限制性因子的作用机制,就是为了更好地调控它们,主动地创造条件,积极反馈调节,变限制性因子为非限制性因子。对高限性限制因子,要把握好量度,避免"过犹不及";对低限性限制因子,要尽力配置,同时创新工作思路,积极寻找替代因子或补充因子,保证研究系统的有效运行。如拓宽经费渠道,与公益基金、赞助资金结合；充分利用家长资源、志愿者资源，借用或外聘人才等。

（三）与实践相结合

学校的科研不是纯粹科研院所的基础性研究，它必须同学校的教育教学工作实际相结合，同时学校科研也只有在同实际很好地结合中，才可能获取营养、走向真实、取得实效，否则就是"无根之木"，是假科研、伪科研。首先，定好生态位。从纵向的整个教育科研系统和横向的学校实际工作状况两个维度，定好研究的生态位。定位不准，资源的获取和利用效益就会很不理想，研究就很难有效发展。要明确学校科研的主要目标是促进教师专业发展，提升教师职业境界，改善教育教学状况，促进学生的全面、终身发展，促进学校的可持续发展。第二，在实践中汲取营养，丰富研究收获。生物个体或群体若离开生态环境，就难以维持其生存和发展。同样，如果学校的科研局限在传统封闭或半封闭的体系中，脱离现实生活的教学生活与实践，坐而论道，闭门造车，也会产生负面的局部生境效应。[3]因此，学校的科研应与实际工作结合，多元拓展研究源，深入教育教学一线，直面问题，将问题转化为课题，拓展研究思路，同时，结合实践展开研究，以实践中的丰富资源支持研究，并积极在实践中运用，以反馈修正研究。第三，主动适应研究环境。上级的政策、规划，各级的管理制度，研究工作与日常工作的矛盾冲突，科研与教学、德育、后勤等学校多项工作的协调等，都需要主动协同，动态调整，以不断适应和优化研究环境。第四，采用合适的研究方法与手段。学校科研方法与手段要符合教育伦理及师德规范，根据研究需要，与实际工作结合，促进研究和教育教学工作实践的交融发展，如选用调查法、观察法、案例法、行动研究法等。

4. 适应性的制度建设

制度能够约束和规范教育科研工作，能够激励和管理研究人员，能够使教师明确教育科研的行动要求与方式，具有一定强制性，但是制度同时又应具有适应性。第一，制度同人的适应。学校教育科研工作开展，必须制定规范的教育科研规章与制度体系，但制度不能提升行动标准，随着人的惰性与制度激励作用的消减，制度的驱动力会变得有限和不可持续，这对于无时不需要激发研究人员的激情、能力和创意的科研工作来说是极大的挑战。因此，制度的建立应与教师的发展和人文关怀相适应，既要用健全完善的规章制度约束规范教师的教育科研行为，又要对教师充满尊重、信任、关爱和理解，让教师在心情舒畅和不断超越自身的氛围中努力实践、研究和生活，自觉地行动，保持和提高科研热情。[4]第二，制度应同学校的科研发展生态阶段相适应，与学校教育科研发展状况和管理内容相适应，以发挥切实的应用功效。制度建设是一个动态过程，呈现出明显的阶段特征，应充分关注其阶段性，以针对性、适应性加以调配和管理。[5]（1）制度创建阶段。科研工作刚起步，各方面条件都不是很成熟，科研制度管理的重点是把教育科研工作纳入学校工作的常规，加强对教师参与教育科研的意义、作用的阐释和宣传，开展科研方法培训，培养教师研究的信心、兴趣和能力，以及建立激励机制，引导教师参与到科研中。此阶段制度建设的主要特征是：生成方式上，主要通过移植、借鉴、改造，自上而下形成制度条文，强制推行；内容上，体现基础性，确定学校教育科研基本组织形式和基本研究方式；作用上，主要是导引和宣传。（2）制度规范阶段。学校良好的科研氛围逐步形成，教师研究已形成常规，初步显现出研究的主体意识。科研的对外联系加强，共同合作探究初步形成，学校教育科研的整体水平有了很大提升。此时科研制度管理的特征是：重点在于制订教育科研发展规划，加强科研的统筹管理，并定期总结经验教训，提升管理的有效性和适切性；做好科研服务，实行全程跟踪管理，创设交流、展示平台，公平竞争，激励先进；打造各类研究共同体，开展系列化研究，出高质量成果，有重点地组织对研究成果在学校和区域层面进行推广应用；制度建设凸现出自我发展、自我完善，更加民主化、人性化和富有弹性，体现出自上而下和自下而上的协同，制度具有一定层次性和内在逻辑性；制度的作用主要是规范和激励。（3）制度软化阶段。学校科研氛围浓厚，富有特色的科研文化逐步形成，教师在教育教学实践中也形成了各自的研究风格、研究成果，科研不再是额外的负担，而成为教师自觉的工作方式。此阶段科研制度管理的特征是：重点由规范管理转向文化管理，约束功能减弱，服务功能增强，更多体现人文关怀，制度与文化互动对话，良性循环；制度建设具有生成的自然性，约定俗成，不但有外在的静态的形式，更有内在的动态的心理认同；内容简约和隐性化、人性化；制度功能生态化，给教师更大的弹性空间，提升优秀科研文化的影响力和辐射力。

（五）自主与协作研究

传统教科研一般是自上而下的运转模式，从课题的选择到研究计划的确定，从过程管理到课题结题，均是以行政管控为主，教师只是作为一个执行者，被动地遵照上级指示行事，尚未进入有目标、有计划的"研究主体"角色。[6]生态型科研应发挥研究者的主体性，采用自主与协作相结合的方式进行。（1）课题申报，民主平等。参与学校课题或教育教学研究，是每个教师的权利。学校在研究的起点就应还权于人。学校主干课题全面公示、自主申报，在不过度浪费人力物力等资源的情况下，甚至可以实行"一题多组"，适当竞争；微型课题、个人课题，则应充分尊重个人，鼓励积极参与。（2）自组团队，集中智慧。科研团队由各项目组在广泛自我申报的基础上自主形成，可强强联合式，可异质互补式，可校际结合式，可网络组合式等，以使之团结协作，集中研究资源，提升团队效能。（3）自主发展，适度帮助。团队自主发展，指的是自主制订研究计划，自主确定研讨活动形式和活动次数，自主开展研讨活动，自主负责团队管理，自主确定通过何种方式展示研究成果等等。但同时学校行政和项目研究主管部门应根据项目和团队的需求，适度帮助，为其总体把脉、出谋划策、解决困难、提升总结，完成指导、服务的职责和任务。如此既激发了自主研究的内部动力，为教师提供了展示个性、才华和创新思维的空间，又较好地把握了研究的进展状况，使研究质量更有保障。（4）协作演进。学校科研生态系统是一个由多要素、多主体、多种联系形成的集合体，是一个典型的复杂系统，系统内部各子系统之间存在着协同和竞争，构成演化的动力。从整体上，学校科研生态系统的协同演化过程，一般是从竞争性协同演化向合作性协同演化发展，以促使系统稳定、平衡和功能优化。因此，学校科研团队之间应尽量强化合作互惠效益，弱化竞争抑制作用，提倡科研项目组之间资源共享、节点交融、体外循环等多种形式的协同合作，以实现学校科研生态系统的健康可持续发展。

（六）互动融合式发展

学校科研生态是学校内部和外部环境多因子综合的系统，其发展是多因子的互动融合式发展。第一，与外部多因子的互动。学校科研体系中，有教育行政机构、教育科研管理和研究机构、各种教育专业协会机构、大学教育研究院所等多种外部因子。学校一方面要接受这些机构和专家的理论指导和引领，另一方面要主动争取到他们的支持和帮助，请他们协助诊断学校发展、学科教学和教育科研中存在的问题，以及开展双方适当的研究合作，广泛互动，有效整合，资源共享。同时，重视家长和社会资源在学校科研中的开发、互动与整合。第二，部门之间的互动。学校内部方方面面形成了一个有机联系的学校生态群落。学校教育科研管理部门不仅要将日常研究工作融入其他部门的日常工作中展开，还要将教育科研工作理念与研究项目分化、渗透到其他部门及其活动中，让他们主动承担起课题研究任务，使教育科研与学校日常工作及课题研究融为一体，进而带动全校教育教学质量和科研水平的全面提高，带动教风、学风的不断提升。[7]第三，要实现动态平衡。从教育科研的角度看，一定时期的教育科研目标是与学校发展阶段性目标的建设要求相匹配的，不存在脱离具体工作需要的学校科研任务或纯科研目标。因此，在学校规划目标体现时效性的背景下，学校的教育科研也必然呈现匹配融合、动态发展的特征。同时，学校各部门、学科组、年级组之间的发展是不平衡的，有的整体教育科研能力强，有的则可能较弱，这种不平衡会导致在教育科研的开展上形成差异；即使在同一个部门（组），也有新教师和老教师、普通教师和骨干教师、实践型教师和理论型教师等区别，形成教师之间发展的差异性。[8]这些不平衡和差异是处于动态发展的状态中的，因此，学校科研应动态地与之适应，通过建立教育科研制度、创设教育科研机制、不断深入开展教育科研活动等，营造资源集成、交叉合作的动态平衡的科研生态，促进学校科研更好地发展。

（七）改善科研评价

科研评价是学校科研的导航仪和风向标，是推动科研管理创新，优化研究资源配置，推进科研发展的重要内容。科学合理的科研评价对树立良好学术风气，提升研究质量和创新能力，维护科研的权威、纯洁和科学，形成有序、公平、合理的科研竞争机制，引导教师正确对待科研工作，促进学校工作整体全面发展有重要作用。[9]生态型科研评价应注意以下方面：一是真实性。从根本上说，中小学教育科研的目的在于通过研究解决教学中的实际问题，来实现教学行为的有效改进，大多是原生态、应用性研究，因此基于实践的真实就尤为重要。可以说，真实性是学校科研的"生命基础"，无根之木必难存活生长。在评价中要关注成果，更要关注成果获取的过程，看其是否同真实的教育教学实践相结合，还要关注成果的实用价值，是否真实有效地促进了教育教学进展，把研究成果和提高教育教学质量结合。二是成长性。生态式的科研是系统开放、动态演进的，教师、学校、科研系统都存在发展变化的过程，并为学生、教师和学校的成长服务。因此，应完善评价的质量标准，不只是看静态的研究成果，还要看其中教师和科研系统的演进，是否促进了其成长性发展，以及是否促进了学校工作的进展，同时，不以结题为终点，而是以之为一个新的起点，实行开放性评价，在实践中运用、反馈、完善，强调科研成果的动态转化和推广，以及课题自身的成长和持续跟进。三是协调性。应注意数量和质量的辩证关系，以创新和质量导向，合理运用恰当的评价方式，把握评价对象的不同特点，坚持同行评价和社会评价相协调、定性评价与定量评价相结合、过程评价与结果评价相衔接、当前评价和长远评价相补充，增强评价结果的科学性和公平性。

（八）营造良好氛围

学校科研除了积极适应校外大环境外，还应努力营造一个校内的好的科研氛围。一是搭建好学校科研工作平台，包括教师申报项目的科研平台、合作互助平台、成果展示平台、成果推广转化平台等。同时加强科研宣传，给予经费倾斜，建立激励机制，将科研同实际工作结合，激发教师的主动研究意识，形成广泛参与、"我要研究"的良好科研风气。二是重视科研道德建设，纯洁科研氛围，构建生动活泼、健康有序的科研生态环境。所谓科研道德，是从事科研的主体在进行创造性研究活动的整个过程中，处理个人与他人、个人与社会、个人与自然之间关系时所应遵循的原则和规范的总和，其核心内涵是遵章守纪、诚实守信、公平正义。[10]对违背科研道德的不良科研行为要坚决抵制，包括成果的粗制滥造、低水平重复、东拼西凑，隐匿科研源流，抄袭他人的成果，伪造资料、数据，一稿多投等。这些行为对科研形象与发展、教师积极性甚至社会公正有极坏的影响。在教育科研中，还必须遵守教育性和师德要求，以促进而不是损害学生的身心健康全面发展为根本原则，同时必须符合师德的特殊规范。因此，学校应加强思想道德观念引导，在广大教师中深入持久地开展科研道德教育，倡导一切从实际出发、实事求是的精神，与时俱进、勇于创新的精神，追求真理、捍卫正义的精神，坚持公平、公正、公开的精神，并注重制度约束机制建设和个人道德自律培养，从他律的外在约束转化为自律的内在约束，从社会的客观道德要求转化为主体自身的道德需要，为学校科研营造一个纯洁、健康、可持续发展的良好生态氛围。

（九）创新形态模式

学校生态型科研组织模式大体有平铺式、骨干式、树状式、网络式、点花式五类，它们各有特点，在实际的科研工作中，应根据学校实际工作、科研项目特点、条件具备状况等灵活运用。[11]第一，平铺式。即一个科研任务全面铺开，全校人人参与，或者学校人人有课题有研究，无明显轻重主次之分。其优点是参与面广，适合层次较低，内容较浅，起始性、普及性的科研状况。但或是由于同质性太强，个体任务缺乏针对性、区别性，故而研究往往缺乏热情，是应付的、肤浅的、浮躁的；或是由于没有差别地配置资源，没有层次和梯度，故缺乏连续性、系统性、深入性和完整性，研究成效也是微薄的。此类情况，应加强发展规划指导和专业引领，树立典型，提供良好的制度保障，形成导向性、激励性的管理机制，力争推进整体进步。第二，骨干式。即由部分骨干承担一些项目的研究。其优点是研究力量集中，有较统一的规划，目标明确，组织有力，可有效地连续深入下去，研究过程完备，适合于较有难度、尚不适宜大面积铺开或者"探路式"研究。其缺点是参与面窄，对教师群体专业发展作用较小，过程性成果分享度弱。此类情况，应加强课题组对外交流与联系，发展外线梯队，融合非正式团队，多层次整合，共研共享，及时公布研究进展，增强科研成果辐射。第三，树状式。即学校通过主干课题、次干课题、枝叶课题的全方位分层次组织，树状结构，整体推进。学校主干课题以学校发展决策研究、学校教育改革发展中大问题的综合研究、教改实验研究为主。在主干课题的基础上，分解、派生出次干课题，同部门、学科、小组工作相结合，既支持了主干课题研究，又细化了研究块面，也利于落实深入以及实际工作的推进。同时，进一步形成枝叶的微型课题，课题以教师自身教育、教学、教改实验研究、教学方法改革研究为主，是对次干课题的深化、丰富和支撑，以此来形成不同的研究角度，促使不同研究领域的结合。其优点是点面兼顾，主次共进，层次性、逻辑性、结构性强，能较好地体现整体效应。其不足是对组织水平、协调能力要求较高，层级之间资源易分散割裂，对个体来说，仍主要是任务式的，差异性、主动性表现不足。此类情况，应在基于教师的个性、尊重教师成长的差异性的基础上，加强制度和机制建设，建构和积淀科研文化，营造良好的科研氛围，培育全体教师的科研自觉，主动投入。第四，网络式。在树状式的基础上，构建动态、网化的科研组织形态。主要包括两方面含义：一是内部各层级各条块之间，打破行政和组别限制，自主、动态地进行研究组合，同时积极发展跨组式组合、边缘交叉组合、非正式组织等，以其灵活的结构形式，增强科研活动的关联性以及物质流、信息流、能量流的流转，体现多维、动态的网构性质；二是学校科研与外部之间，可以建立基于互联网的虚拟科研组织，实行远程互动，以及挖掘家长、社区、社会相关机构的科研资源，有效整合，形成内外联结的网状结构。此种类型能较好地体现生态型科研的开放、动态、自主、生成等特点，资源的利用效益也可不断优化，但也有过程考评、绩效认定、组织整合较难等问题。应进一步顺畅运行机制，发展科研文化，完善科研评价，在发挥个体主动性的同时，促进协同演进和绩效提升。第五，点花式。即通过自组织的方式，教师个体或小组、部门之间，自动形成多点布局的自主科研态势，如"天女散花"一般在校内开展。它们可以是由相关群体面对共同的问题出发，也可以是从共同的兴趣出发，自发自动地自组织形成。其形式可以是项目式、专题式、沙龙式、临组式、团会式等等，不拘一格，没有固定的规制、人数，甚至没有完整的结构。其优点是充分激发研究者的主体性，为更高层更深入的研究积累视点，丰富资源，活跃研究氛围，促进高质量团队生成发展。其不足是研究缺乏规划、不够系统，零散、动荡，但这种态势如果长期坚持，形成风气，往往可能孕育创新性优质成果。因此，学校应开放包容，积极支持，从政策、条件、经费、时间等方面帮扶，更好地推进学校科研活跃生态的形成。总之，学校科研的生态状况和环境总是处于不断的变化之中，应遵循适应性原则，选择、构建适合学校实际的科研组织形式，进行不断研究与创新，以推进学校科研工作高效、生态地发展。

三、生态型科研能力指标

为更好地理解和细化学校生态型科研的管理与发展,下面从教师科研能力和学校科研能力两个方面列表对一些指标进行分类梳理,作为参考。教师生态型科研能力指标体系见表5—1[12],学校生态型科研能力指标见表5—2[13]。

表5—1 教师生态型科研能力指标

总指标	准则层	一级指标	二级指标	三级指标
教师生态型科研能力	态	科研基础	教师基本素质	学历水平;学位结构;职称状况
			创新品质	创新个性;创新思维;创新意识
		科研成果	科研课题	主持和参与研究课题数目、级别
			学术论文	发表论文数目、级别;论文被引用次数;论文获奖情况
			著作与教材	著作与教材数目、级别
			研究报告与其他	研究报告数目、被采用级别;发表教育教学案例、课例、叙事、反思、随笔、日志等数目;课程获奖数目、级别
	势	学习能力	自学能力	知识主动获取能力;知识领悟能力;知识理解能力
			接受能力	注意能力;记忆能力;逻辑思维能力;整合能力
		科研实践能力	发现问题能力	整理和分析资料能力;选题能力;调研能力;想象能力;信息获取能力;问题定向能力
			分析问题能力	信息传递能力;信息评价能力;判断推理能力;分析比较能力;研究方案设计能力;研究规划和组织能力
			解决问题能力	团队协同能力;组织协调能力;信息处理能力;知识运用能力;语言表达能力;研究实验能力;研究操作能力;研究方法运用能力;研究成果运用及开发能力;反馈验证能力
		科研创新能力	创新支撑能力	创新环境;创新投入;创新知识
			创新集成能力	知识集成能力;技能集成能力;组织集成能力
	效	成员成长	自身成长	研究热情;观念理念;工作能力
			团队发展	团队氛围;协作机制;可持续发展
		工作推动	研究工作	实际问题解决情况;工作成果获得
			延展影响	带动作用;辐射作用;宣传推广

表5—2 学校生态型科研能力指标

总指标	准则层	模块层	指标层
学校生态型科研	生态位占有能力	管理资源	机构设置
			规章制度
			运行机制
		人力资源	专业团队数
			创新团队数
			省市级优秀专家数
			县级以上骨干教师、学科带头人数
			中高级职称教师数
			博士、硕士教师数
			外联、特聘人才数
			教师总数
		经费资源	纵向课题经费
			横向课题经费
			科研仪器设备经费
			科研场所经费
			科研经费总额
		信息资源	馆藏图书
			数字化资料
			网络性资料
		环境资源	对外合作研究单位数
			学校在区域教育的影响力、关注度
			学校与社区的联系度
			网络研究协作机构数
			校际联盟数
			家校合作项目数
	生态位适应能力	科学研究能力	县级以上课题立项数
			横向技术性服务项目数
			中文核心期刊论文发表数
			CN、ISSN正式刊物论文发表数
			学术著作、教材出版数
			教材、教辅材料推广范围
		人才培养能力	县级以上年度送培人数
			参与科研项目人数
			青年教师参与研究人数
			获县级以上科研成果奖人数

续表

总指标	准则层	模块层	指标层
生态位提升力		战略整合力	人才资源整合力
			物资资源整合力
			与社区及主管部门的资源整合力
			与行业协会、高校、网络的资源整合力
		文化融合力	价值观念的融合力
			行为准则的融合力
		学术影响力	参加县以上学术会议人次
			县以上学术会议发表论文或专题报告数
			主持县以上学术会议次数
			合作单位优评度
			科研工作来访人次
			受邀外出做报告人次
		科研创新力	成果获奖数
			研究填补国内空白数
			成果鉴定数
		持续发展力	成果运用效益度
			成果推广或引用频次
			引发深入研究项目数
			科研团队成员巩固率
			科研团队新成员增加率

本章注释

[1][2] 王大为. 教育生态学在高等师范院校科研管理中应用的初步研究 [D]. 东北师范大学硕士论文, 2006: 26－27, 28－29.

[3] 任科. 教育生态学的原理对教师评价的启示 [J]. 教育科学论坛, 2008 (9).

[4][7][8] 彭才根. 高职院校开展生态型教育科研的策略研究 [J]. 职业教育研究, 2009 (10).

[5] 金遂, 李哉平. 中小学教育科研制度建设的阶段特征 [J]. 上海教育科研, 2013 (10).

[6] 于星华, 杨晓光. 以实为本, 以效为重, 构建"相互依附、互促共进"的教育科研生态环境——山东省乳山市"经济实用型"教科研的实践与思考 [J]. 中国教师, 2007 (8).

［9］范松仁. 高校学术道德的缺失与重振［J］. 高等职业教育：天津职业大学学报，2005（8）.

［10］范松仁. 试论大学科研道德的生态危机及其治理［J］. 宜春学院学报，2007（10）.

［11］夏鸿菊. 学校教育科研的生态描述与管理优化［J］. 上海教育科研，2007（4）.

［12］王猛. 基于生态位态势理论的教师科研能力评价指标体系设计［D］. 南京师范大学硕士论文，2011：57－58.

［13］欧阳旻. 生态视角下的高职院校科研能力评价指标体系研究［J］. 职业时空，2012（11）.

第六章

生态型教师发展

教师是学校教育发展的关键。在生态型学校发展中,由于较为强调民主性、主体性、能动性,所以教师的作用更加重要。但在职业现实中,教师往往面临着一系列的问题,如教学工作的结构性破碎、个体封闭孤立、陷于片面竞争、内心幸福缺失、依赖外部动机、身份认同低以及职业的倦怠等等。因此,对教师的生存和发展状况,应该从生态性的角度加以考察,促使教师发展的生态型转变,为学校的发展提供有力的保证。

一、系统分析

生态型教师发展系统涉及内外环境和多重因子的影响,具有整体、复杂和动态的特征,如图6—1所示。[1]

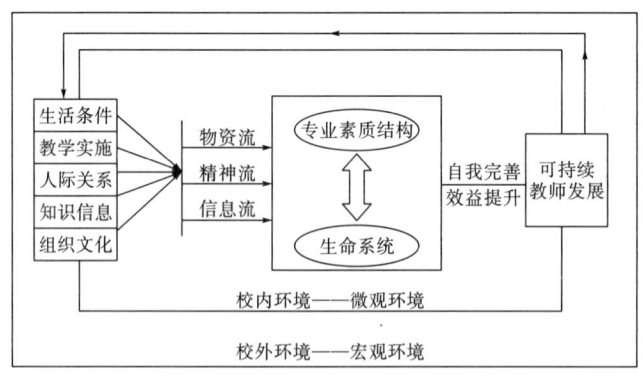

图6—1 生态型教师发展系统模型

结合图 6—1，可对生态型教师发展系统做简要的分析。首先是教师发展的生态环境分析。教师发展系统的生态环境就是以教师发展为中心并对其发展产生控制或影响作用的多维空间和多元因子的环境。从层次上看，既包括宏观的校外环境因子，也包括微观的校内环境因子。校外因子包括教育政策因子、社会舆论因子、社会情境与文化因子等；校内因子包括学校组织文化因子、学校管理因子、人际因子、物质条件因子等。其次，教师发展生态系统又是一个复合生境，教师的发展与其生态环境间存在着一种相互推动与制约的互动性，其间物质流、能量流、信息流的交换及相关因子链接互动发生多重的复杂关系，使教师发展的生态系统得以保持其结构和功能的相对稳定性。生态主体与生态环境是生态学研究的基本视角。从狭义的生态环境来看，将教师的发展置于学校环境这一生境中，学校设施、课程与教材、教学常规条件等构成教师职业活动的物质条件；教育事件、组织文化、人际关系等构成教师职业活动展开的精神条件；知识传递、价值启发、能力转换等构成教师职业发展的信息条件。以上几方面作为生态因子构成了教师工作和发展的生态圈，共同作用于教师发展。从主体来看，教师是发展的主体，其生命系统是其发展的基础和内生态，它包括了发展主体的生理和心理状况。在生命系统中，人的生理发展是心理发展的物质条件，是人的全面发展的前提，同时，教师的心理素质和心态是教师发展的一种十分重要的生命系统内生态，其主要包括智慧、智力与智能，群性、群育与群化，品德、道德行为与自制力以及情绪与性格等，并且人的生命系统是一个开放系统，它具有的体能、智能、情感能不断地与外界进行物质交换与能量交换，是动态平衡的。[2]教师的发展，只有在良好生命系统的基础上，才可以构建优良的专业素质结构。最后，教师发展生态系统的功能主要包括对内自我完善的功能和对外促进教育效益提升的功能。系统中能量流、物质流、信息流的联系和贯穿，彼此之间的相互关联、相互作用和影响，以及输入输出的反馈，促进着整个教师发展生态系统的运转、演化和完善，表现为知识系统的更新、能力系统的开发、行为系统的转变等。同时，教师各方面素质的提升会相应地促进教育质量的提高和教育效率的提高，表现为学生学习的进步、人才培养质量的提高、学校发展水平的提升等。以上功能又综合地、反馈地促进了教师的可持续发展并持续促进系统发展，形成了良性的动态循环。

二、教师发展与教师专业发展

（一）教师发展

教师的发展既包含着教师的专业知识、专业技能、专业情意、专业自主、专业价值观、专业发展意识等方面逐渐提升，也意味着自身在职业实践中对完美职业角色形象的探究和实践，在思考与行动中自身生命价值的不断提升。[3]因此，教师发展不仅包括作为职业的专业发展，还包括作为生命的人的发展。其中，最为人们关注和强调的是教师专业发展。

现代以来，教师发展为世界各国所重视。英国专门成立了师资培训署（简称 TTA），主要形成了以中小学为基地，密切结合中小学实际的校本培训模式；美国成立了教师专业发展学校（简称 PDS），形成了融合教师职前、入职、职后培训为一体的培训模式；日本通过教育立法使教师培训制度化，形成了分层化、多样化、注重实践体验、职前职后相沟通的培训模式。可见，美、英、日等发达国家的师资职后培训的共同特点是政府重视，注重培训的针对性、专门性、实践性和职前职后一体化。

从现实的工作状况来说。教师发展却面临着一系列难以克服的阻碍因素，存在非生态的问题，从而使之缺乏专业的幸福感和人的发展的完整性。首先，教师发展日益表现出封闭化、隔离化和孤立化等无机化的去生态化特征。我国的学校大多是采用科层制的管理模式，这是一种自上而下的金字塔组织结构，信息是单向流动的，这种管理模式非常重视建立规则或规章，但对于人性的关注却较少。其次，学校治理思维的单一性。"求同存异"是我国传统的重要管理理念，过于追求标准化，因此学校对教师的管理普遍存在着"一刀切"的现象，"一视同仁""不论谁都一样"就是这种管理思维的反映。[4]这往往会忽视教师的个性化发展。再次，教师发展中合作文化的缺失。教师中"事不关己，高高挂起"、合作意识淡薄、视界狭窄、貌合神离的现象较为突出，影响了生态式的交流互动。这些问题都需要以生态的理念加以改进。

根据生态学的原理和学习组织的理论，教师发展可以采取生态型培养的方式进行，应营造一种促使教师成功的生态环境，使得其中的每一位教师都能在群体氛围的感召下，将个人的职业生涯设计与学校的发展目标自觉、有机地结合起来，从而追求一种不断成长的动力，进而推动学校不断发展。营造促使教师成功的教育生态包含三个维度：第一，提高教师的工作质量，增加教育教学工作的科学含量；第二，提高教师的生活质量，增加教育教学工作的快乐含量；第三，提高教师生命的质量，增加教育教学工作的人文含量。[5]为此，教师发展应转轨到生态化全质性发展形态上来，科学全面地认识和把握生态化发展的完整内容，合理建构和推动教师生态化发展的完整模式，以支持的、积极的气氛，促进个人的专业成长。

综上而言，生态型教师发展是指在一定的社会大环境及特定的学校组织环境中，创造一种有利于学校生态系统中生态主体（包括教师、各级管理者以及职员）自身发展和相互协调作用的机制与文化，从而造成一种类似于自然生态的整体和谐（既有共性要求，又相对保持个性差异）的组织环境，使学校成为一个"健康的有机体"，尽可能发挥学校教职员工的自主性与合作性，以实现学校人员发展和任务达成的双重目标，同时，生态型教师发展既重视专业能力的发展，也重视营造良好的生态组织环境，如文化、社群、合作与背景等，尤其是尊重生命、和谐共进的组织文化，更是关注的核心。在这种情境下，组织是充满活力的循环系统，也是富有创造性和高效率的团队，教师在这样的组织中必然更有利于自身的专业发展，能更好地从事教育教学工作，更好地体验生命的价值和成长的幸福。[6]其主要包括建设教师终身教育体系、教师教育研究与教学实践的一体化、丰富教师能力的培养、促进教师职业成功和生命幸福、注重教师群体与教师个体的共同发展、注重群体生态结构的平衡等内容。

（二）教师专业发展

20世纪80年代以来，教师专业发展这一课题成为教育研究的热点。从本质上说，教师专业发展是教师个体专业不断发展的历程，是一个教师素质内化、专业自我形成的过程，是教师不断接受新知识，增长专业能力的过程，是一个终身教育的过程。教师要成为一个成熟的专业人员，需要通过不断学习与探究的历程来拓展其专业内涵，提高专业水平，从而达到专业成熟的境界。可以说教师专业发展是一个以教师素质提高为指向的动态的发展过程，其内容包括专业知识、专业能力、专业道德和专业情意的全面发展。

对教师专业发展规律的研究主要是基于教师专业发展历程及表现的阶段理论。西方对其研究的成果有"关注"阶段论、职业生命周期阶段论、心理发展阶段论、教师社会化发展阶段论、综合阶段论等，我国学者在总结西方教师专业发展阶段理论的基础上也提出了自我更新取向的理论，强调教师的自我发展意识和能力在其发展中的重要性。[7]从这些研究可以看出教师专业发展有以下特点：一是教师专业发展有很强的阶段性特征，不管是从终身发展的角度划分，还是从教师专业知识和能力的角度划分，或者从心理发展和社会发展的角度划分，都体现出明显的阶段性；二是教师的专业发展中需要适时有效的外界条件的支持，若单纯依靠教师自在自为的自发发展，其发展的速度和水平会受很多限制，而外界持续的有效的外力促进和适时的引导，会促进教师个体和群体的有效发展；三是教师专业发展的内容不是单维的专业知识和专业能力的发展，还包括心理的发展和教师个体社会化的发展。这些特点实际上已经包含有生态型发展的阶段性生长、开放性、互动性、整体性、主动性、关联性等生态性因子。

同时，在推动教师专业发展的进程中，形成了三种教师专业发展取向，即理智取向、实践－反思取向和生态取向的教师专业发展。不同取向在教师专业发展上的立场和观点不同，对推动教师专业发展的力量的关注也不同。理智取向强调教师知识的习得和教师技能的形成；实践－反思取向认为教师专业发展不是被动接受或获得知识，而是通过"反思"理解自己的实践并不断丰富教师实践性知识；生态取向用一种整体的、情境的、关联的视角来看待教师专业发展，以更开放的视野关注教师专业发展的社群、背景、合作和文化（如表6—1）。[8]

表6—1 教师专业发展取向的内容与实施途径

教师专业发展取向	关注内容	教师专业发展途径与方式
知识取向	教师个体知识的增加与技能的形成	外部培养与训练
实践—反思取向	教师个体教学实践行为的改进	教师个人或合作的反思探究
生态取向	教师群体的相互学习改进	构建合作的教师与教学文化

从综合的角度看，生态取向的教师专业发展理论从更宏观的角度进行审视，强调教师所处环境特别是组织环境中长期积累下来的文化对教师的工作产生很大影响，认为教师的专业发展并不完全依赖于自我，通过建立合作的教师文化来促进教师专业发展是根本的途径。它超越了理智取向、实践－反思取向中主要关注教师本身的局限，更加强调教师发展其专业知识和能力并不完全依靠自己，而是向他人学到许多，教师也并非孤立地形成和改进其教学的策略与风格，而是更大程度上有赖于"教学文化"或"教师文化"（环境）为教师的工作提供支持和身份认同，倡导合作的发展方式，这种方式的主要注意力不是学习某些科学知识或教育知识，也不是个别教师的所谓反思，而是构建一种合作的教师文化，这种教师文化在内容上包括教师生态环境中社群之间相互分享的态度、价值观、信念、习惯及做事的方式，在形式上则包括成员之间的"关系模式"与"组合形式"等。[9]关注重点不再集中在"知识""技能""实践"或"反思"等，而是教师所在的"文化""社群""合作"与"背景"，其形式包括校本培训小组、教师沙龙、教师专业发展学校、专业发展共同体等。

（三）教师素质与发展

1. 教师素质的构成

我国的教育法律法规，如《教育法》《教师法》《中小学教师职业道德规范》等，以及教育学、心理学等学科，都对教师素质的构成作了原则性、一般性的规定或描述，从这些规定和描述中我们可以发现，教师素质的构成一般包括以下几个方面：（1）思想道德素质，包括职业思想和职业道德；（2）文化科学素质，包括一般的基础知识、专业知识和教育科学知识；（3）职业能力素质，包括教育能力、教学能力、组织管理能力等；（4）身体心理素质，包括身体素质和心理素质。从总体上说，教师素质的构成有其稳定性，但不同时代对教师素质的要求又有其发展性。由于教师专业素质是教师发展的关键因素，许多学者及机构对此进行了大量具体的、富有启发意义的研究，一些有代表性的观点如表6—2所示。[10]

表6—2 关于教师专业素质结构的代表性观点

研究者	教师专业素质结构
叶澜	①专业理念；②知识结构；③能力结构
艾伦	①学科知识；②行为技能；③人格技能
林瑞钦	①所教学科的知识；②教育专业知能；③教育专业精神
饶见维	①教师通用知能；②学科知能；③教育专业知能；④教育专业精神
姚志章	①认知系统；②情意系统；③操作系统
唐松林	①认知结构；②专业精神；③教育能力
白益民	①教育信念；②知识；③能力；④专业态度和动机；⑤自我专业发展需要和意识
教育部师范司	①专业知识；②专业技能；③专业情意

在表6—2的列举中，专业理念、信念、精神等既包括作为一个现代社会成员和合格社会公民的要求（如社会文化科学知识修养、遵守社会规范与伦理准则、竞争与合作的态度与意识、改革意识与创新精神等），又包括作为教师的基本情意素养（职业理想、对教师职业的热爱、对学生的爱、维持专业动机积极性等）；专业知识既包括显性的知识（专业学科知识、教育理论知识、一般教学法知识和学科教学法知识、有关学生的知识），又包括隐性的缄默知识（个人对显性知识的理解与实践性的知识）；专业能力既包括一般的能力（智力），又包括特殊的教育教学专业能力，即与教学实践直接相联系的能力（语言表达能力、组织能力、课程的开发与组织能力、实践操作能力、信息技术能力等）和有利于深化对教育教学实践认识的教育科研能力、创新能力等。[11]

2. 后现代主义观念下的教师素质观

后现代主义具有较强的生态意识，其观念下的教师素质观具有以下独特之处。[12]（1）构造主义。后现代主义的教师素质观更强调的是构造主义的、非线性的，即通过教师的教学行为与其个性的自然融合而形成，而不是通过那些预先设定好的"教师必须是……的教育者"的框架来形成，也不是通过发出与遵循命令的方式来形成，而是自发地构造的。（2）享受快乐。后现代主义观念下教师职业道德有一些新的含义，尽管有些人选择教师这个职业是因为这是他们能够谋生的唯一途径，但是后现代主义观念下的教师从事教育的原因已告别了现代主义观念下的教师"自我生存"的现实需要以及"奉献自我"的牺牲精神,更多的是因为这份职业能给他们带来快乐。(3)民主沟通。教师与学生的平等对话,要求教师具有与学生民主沟通的素质,在后现代主义的教育观念中,教师的角色变成了"一个学习团体中平等的成员",在这个团体的对话中,隐喻比逻辑更加有用。(4)多元包容。后现代主义观念下的教育培养具有批判能力、认可多元文化的社会公民,强调建立一种与社会环境和睦相处的社会文化背景,培养学生探求世界奥秘和保护生态的激情,教师必须具备多元包容的职业素质。可见,后现代主义观念下的教师素质观更多地强调"自由""宽容""快乐""多元性"和"自然而然"等特点。这些也给生态型教师发展的素质观以极大的启示。

3. 当前应特别注意的几项素质内容

(1)职业信念与职业能力。教师职业信念与职业能力是教师职业素质中两个相辅相成的关键性因子。在生态型教师发展中,要注重思想价值观的培养和引领,使教师深刻认识到职业的价值与内涵,增强职业认同感、幸福感和意志力,提升职业能力发展的动力,同时又以职业能力的发展为职业信念的坚守提供有力的支持。教师的职业特点决定了必须经常与人交往,因此,在职业生活中克服人与人之间的主客体关系,形成交往的主体间关系,以使职业信念的形成和保持有良好的环境氛围和基础保障,而交往本身也是职业能力发展的内容和途径之一。在当前,思想多元化、社会对教师职业地位的认识尚未完全到位、教师生存状况尚有诸多缺憾的状况下,对职业信念的强调,是专业素质和能力发展前位的要求,从生态角度看,这是主体内系统品质的体现。生态文化理论框架下的教师信念分为从外向内的四个层次[13]:一是文化、价值观情境下教师关于教育、青少年发展及其文化背景的信念;二是国家、社会情境下教师关于职业、教育政策、标准和问责制的信念;三是即时情境下教师关于学生、课堂互动和教学内容的信念;四是教师的身份认同和教学效能感、愉悦感。这四个层次既说明了教师信念的内容,又说明了影响教师信念形成的因素,对实际的教师职业信念培育有积极的指导作用。

(2)实践性知识。教师知识构成的分类较多,比较主要的是认为包括学科知识、教育科学知识、教师实践性知识和一般文化基础知识。其中实践性知识应格外加以重视。实践性知识的研究是从弗里曼·艾尔贝兹(Freema Elbaz)

开始的。她认为教师拥有一种不清晰的、广泛的能够引导其工作的知识,在面临工作任务的时候,他们利用各种知识资源加以解决,这种知识既不是抽象的,也不是理论取向的。她将这种具有一定的模糊性的知识称为"实践性知识"。[14]其后,多位学者对其进行了深入研究,指出教师的实践性知识是产生于教师自身的经验的结果和对经验的反思的知识,是教师建立在对个人生活史的评估和反思基础上的,被教师认可并在日常教育和教学活动中实际使用的、与情境相适应的动态的观念体系;是教师在教学实践中探索研究而获得的、与教学情境密切联系的教学经验,以解决所处情境问题的功能性知识,也集中体现了课堂情境中教师的决策和行为的本质,反映了课堂教学的复杂性和互动性特征。实践知识受教师个人经历的影响,这些经历包含着个人的打算与目的以及人生经验的积累效应,这些知识包括丰富的细节,并以个体语言而存在。教师实践性知识是非常丰富、复杂的,需要相对宽松、模糊的概念将其完全包容。这些方面也在平常的专业提升中有所涉及,但未能上升到自觉思辨的层面加以挖掘、凝练。在生态型教学实践中,复杂性、随机性、生成性、适应性是基本的一些特征,现在的教育和课堂,早已不是"设计好的刻板流程",其需要情境、对话、灵动、模糊,但鲜活、真实、深层的经验参与。实践性知识具有高度的生态特征,同教师专业的生态型发展密切相关。

(3) 教育中的信息技术能力。在当前信息时代,新技术发展迅猛,为其自身以及教育提供了无限发展的可能,影响着整个教育生态的结构和演变进程。这无疑对当下的教师专业发展提出了新的要求。因此,应加强培养教师的信息化教学能力,这并不仅仅指以技术提高教学效率,更重要的是信息技术中知识与思想共享的理念和情境与交互方式教学设计的策略应用,同时发挥信息技术"知识管理"的机制,构建的共享式知识社群。以博客或微信为例,其实质不仅仅是言论或作品发布平台,而是知识的构建与管理,是师—生、师—师、师—社共享的信息平台,表达互动共生的关系。它也可以同翻转课堂结合,催生教学方式的变革。同时,信息技术背景下,虚拟性、多元性、工具性有所强化,教师应具备人性关怀的能力,以对学生的爱和人性关怀为根基,打破媒介和机器的冰冷,在师生间建立人性化对话关系,寻求共同价值和文化认同,护佑学生在信息时代广阔、多元的空间健康成长,并且把握信息文化的精神,在

"创造性破坏"、个性的张扬以及多元文化影响中,既带领学生体验"信息冲浪"和无限创造的快乐,又能以自身具有的文化判断力为表率,正确引领学生。此外,教师还应提高信息化下的导学能力。导学能力已经成为信息化背景下教师的专业核心能力。在课堂上,将信息技术和手段与导学活动融洽地结合起来,发挥学生主体性,提高课堂教学效益,而不是将技术手段作为新的"灌输"工具,应用"导学"的理念引导技术的运用;在远程情境下,利用信息技术手段导学将越来越广泛,对教师的要求也越来越高,如学情诊导、个性特导、团队构导、反思评导、任务定导等,是一种多维的导学能力。这些都是信息技术条件下对教师素质的新要求。

(4) 学习能力。教师面对的服务对象、所处的信息环境、自身的教育教学水平等都是处于不断变化、更新的,学习是教师终身的主题。教师的教学能力不是在模仿专家知识、能力结构的过程中发展起来的,而是在基于自身特点和自身环境的实践过程中建构生长起来的,是需要运用生态的观点注重和强化学习能力的提高的。教师的学习是自我导向式的内部的学习,是人格化的经验参与的学习,是以问题为中心、以提高绩效能力为目的学习,也是团队的学习。这种学习以阶段的方式展开,不断地持续、进展,又同教师的工作紧密关联,同所处的环境紧密关联,教师应以实践和学校为基本,丰富和发展自己的能力,同时,教师学习能力的提升也应基于合作性,注重与同事之间交互影响的机会和学习,特别是强调专业性的学习,以专业水准为指向,力求成为专业人士和成功学习者。只有具有良好学习习惯和较强学习能力的教师,才会在职业发展中适应与进步。这既是生态型教师发展生长性素质的要求,也是当前知识性、学习型社会对教师终身学习能力的素质要求。

三、 生态型教师发展的主要内容和策略

(一) 发展定位

在生态学中,竞争是一种群中物种间的重要关系,若是生态位重叠较多且竞争激烈,就可能不利于物种和系统的发展。此时,应该实行生态位分化发

展,即促使竞争个体各自从其部分潜在的生存和发展区退出,从而消除生态位重叠,实现稳定的共存。"生态位分化"与教师的成长和个体之间求同存异的个性化发展紧密联系。因此生态型教师发展,首先应把握好发展生态位,准确定位,合理规划。

1. 自身定位

一是关注自我意象,清晰自身定位。自我意象就是自己在自己心目中的认识、分析和定位,即你自己觉得自己是个什么样子。自我意象代表着个体对自己的评价、要求以及自我价值的认定。教师发展必须关注教师自身的自我意象,必须思考"教师是什么""教师应该是什么""自己应该如何"等问题,并在学习、生活和工作中不断形成、完善关于自己的"教师形象"。教师关注自我意象首先就是教师关注自己的身份认同感和职业认同感,其次在考虑自我意象时必须把自己放在与同事、与学生、与一般人的生态关系中加以审视,从自己出发,找准自己,再协同外界。[15]改善自我意象,就是挖掘、拓展个人生命意义和职业潜能的过程。

二是优化个性特长,养成独特教学风格。生态本身就意味着多样和差异,生物体都有自身独特的优势和生存方式。多元智能理论也告诉我们,每个人都有优势,优势也体现于不同方面。因此,教师发展应充分尊重个体差异,为其提供最适合自己发展的空间。同时,教师本身是生态的主体,是从多年经验和生活中形成的具有不同性格和习惯的人,教师要能按照自己的个性特长去创造自己的教育世界。只有异样才有机遇,只有不同才能生存,只有创新才能发展。教师在专业发展中要客观而理性地审视自己的优缺点,不断"优化"自己的性格、习惯和能力,积极挖掘自身的优点,并加以打磨、实验,大胆尝试,反思总结,逐渐形成一种具有个性化的、独一无二的、具有别样风味的个人特色及教学风格,创造自己独特的教学"生态位"。

三是悦纳缺陷自我,做一个快乐的生态个体。在教师生态角色定位中,应看到教师也是普通的有着各种不完美的自然人,要有生长与发展的观点,定位好自己的角色。社会和学校也应该给予教师更多的宽容和理解。生态的教师角色应该是教师首先要把自己定位成一个自然的人、真实的人、生态的人,会犯错,会有自己不知道的东西,有自己的想法去生长,去生活,有自己的喜怒哀乐，有表达自己想法的权利。在符合教师基本职业要求的基础上，不过分拔高能力要求及社会责任，要接纳一个有缺陷的自我，要承认自己有不足和做不到的地方，头上的光环是一种责任感，是一种职业感，但不要让这种责任感和职业感束缚自己的理想和生活。按照自己的个性幸福地生活，这正是构建生态式发展的重要内容。同时，教师整体感受到的职业压力是共同的。如果教师能够从生态位理论正确认识自我，错开生态位和生态位互补，确立自我发展空间，彰显个性，悦纳自我，就能把职业压力转化成积极奋进、自觉投身科研和教学改革的动力，稳定发挥，淡化和消除职业压力对教师产生的负面影响。

2. 结构定位

其一，目标的层次性。发展目标是确立发展内容和形式的依据。现有的教师发展往往采取统一的培训内容和培训形式，其根本症结就在于把所有教师的培训目标定为一个水平标准。与此不同，生态的教师培训，注意目标在主体与环境之间的适应性、层次性，认为每个教师有着自己独特多样的能力目标，所有教师的能力目标可划分出不同的层次类型，发展目标需要灵活多样的发展形式。为此，学校对教师发展的第一要务是根据主体与环境开放性、适应性原则，发挥主管部门和参与教师各方的能动性，梳理、定位教师发展的层次性。为此应做好以下工作[16]：教师的分层、分类，从教师专业发展层次看，教师可分为新教师、合格教师、骨干教师、专家教师和待退教师等层次，从专业能力的倾向特征看，教师可分为学科型、技能型、应用型、创新型和综合型等类型；为不同层次类型的教师提供能力标准，建立多维度、多层级、多类别的能力标准体系；与教师协商并形成双方认可的能力目标；指导不同层次类型的教师制订实现能力目标的行动方案，明确学校或培训部门与教师之间的分工合作、交流反馈、评价改进等事项；尽可能多地提供多方法、多形式的目标达成活动；建立灵活多样、层次动态、路径变通的评价体系，包括自评、考评、现场抽评、发展过程随评、学生评价、积分认证和评价转换等。

其二，路径的多样性。教师发展要适合层次，因人因地而异。新教师把主要精力用在钻研教材、熟悉教法、寻求课堂教学的有序操作和有效调控上；中青年教师可在教育教学的有效性上下功夫，开展行动研究，开展教育科研，总结经验，撰写论文，反思提升；老教师可利用丰富的经验和特有的优势，帮助青年教师成长，不断深化自身专业成果。对于科研型与教学型、特色型与全能型教师也有不同的培养策略路径。此外，教育生态还具有区域性，不同的区域构成了不同的教育生态，体现了教育生态的特殊性，因此，也应从区域性角度分析生态型教师发展路径策略。这主要是教育与环境的互动结合中，对教师发展的目标、内容、实践途径等多方面的针对性、差异性体现，如城、郊、乡教师或经济发达与欠发达地区教师在发展上的差异性等。

同时，教育管理机构应制定相应的政策，用以促进处于不同生态位的教师获得发展。如建立教师资格分级别认定制度、定期注册制度、特色教师登记制度等，确立不同的生态位构成；适当地引进竞争机制，培养教师占有和提升生态位的竞争能力，增进其生存与发展的活力与能力，从而加速教师的专业成长，促进教师群体和个人的可持续发展；最大限度地分离和发挥教师的优势和特点，减少生态位的重叠现象；构建和谐发展的学校文化氛围，确立团结协作的生态位互补群体等等。

其三，布局的整体性。教师发展工作在整个学校工作中的生态位要做好结构性布局。一是在教学、科研、管理和后勤服务等平台的功能、运作等方面建立适合教师发挥自己的优势和特点的生态平衡体系，主动开放，动态参与。任一部门的发展都有其特定的资源生态位，成功的发展必须善于拓展资源生态位和需求生态位，同时结合教师需求与特点，为教师发展搭建宽阔平台。二是改造和适应环境。在适应环境的同时，争取对环境的能动改造作用。这种能动作用集中表现在对外在环境的选择和开发利用的开拓上。只开拓不适应，缺乏发展的稳度和柔度；只适应不开拓，缺乏发展的速度和力度。三是从学校整体、系统的视角，结合教师发展实际，有合理的生态位分布，实行时段错位、空间错位、任务错位、层次错位等方式，优化生态位结构。如果在整体布局上没有合理的生态位结构，就会产生许多无序的竞争，导致内耗和浪费，不利于教师团队的建设和发展。

（二）发展模式

1. 树立成长理念

传统的教师发展模式多是课堂式、讲座式的，更多是关注技能和知识，培训过程也多局限于展示环节、分派工作和终结评估，采取的发展措施主要在于传递信息、提供观念和训练技能。实际上，教师发展是根植于教师生活时间的连续和空间的统合情境之中的，其动力主要来自于教师自身。因此，应当建立一种基于教师生活情境，以专业发展和终身教育思想为核心的新的"成长"观念。突破传统"培养、培训"的藩篱，体现主动性、终身性、全面性，做到显性的素质和隐性的、缄默的知识、体验结合，形成从环境整合发展资源的能力，促进教师发展向终身化、一体化的方向转变。

生态型教师成长，首先将教师发展理解为现代人的成长。这就要求教师要养成作为一个现代公民应有的基本素养，还要具有自我发展意识和自我发展能力，能够掌握发展空间和机会，具有健康的体魄、健全的人格、创新精神、实践能力、科学与人文素养以及终身学习与成长的能力等。其次是职业素养的培育。教师的专业素养，是适应时代而变化的。这些素养分为显性的专业素养结构和隐性的专业素养结构。显性专业素养结构是外显的，易于观察和测量，也较易通过学习与训练而获得的知识和能力。隐性专业素养结构包括服务态度，如职业理想、对教师职业的热爱、维持专业动机和积极性等；个人对显性知识的理解、体验、实践、情感表达；在日常教育生活中深刻影响到教师教育教学行为的"教育常识"或"教学常识"；教师在对教育工作本质理解的基础上形成的关于教育的观念和理性的信念等。这样的素养比较内隐，不易测量，却是教师素养发展深刻化、个性化的重要方面。隐性专业素养结构难以通过训练获得，需要专门的隐蔽课程或精心设计的教育环境，在实践中情境中陶冶中通过个体体验而养成。[17]再次，生态视域下的教师发展，在专业发展的同时，还注重教师的自我发展和人格完善。教师在专业发展过程中与环境积极互动，又不断内省积淀，实现内在的自我发展、自我超越及人格的完善，充分体现出成长的主动性、主体性。教师发展不是通过单向传递来形成的，而是通过自开放、自生长、自完善等方式建构起来的。

2. 阶段式发展

教师的发展既然是一个生态的生长的过程，就体现为一定的阶段性，应结合阶段特点实行培养、发展。大体上，可以将教师分为新教师、经验型教师和专家型教师几个阶段，各阶段各具特色。[18]新教师是指教龄在5年以下的教师。其特点是教学经验欠缺、教学问题较多、没有成型的教法等。因此其学习研究的主要内容是课程体系、教学方法、学生的特点和学习、教育政策法规、优秀教师的教学活动、教学基本技能等。学习研究的主要方式有微格教学、组内研究、观摩分析优秀教师的教学活动、跟岗学习、师徒结对、教学设计研究等。经验型教师指教龄5—8年、对教材体系熟悉、学生把握到位、教学套路规范的教师。其主要特点是教学风格定型、处理教材熟练、有丰富的应变能力和经验。经验型教师学习研究应主要致力于转变或树立自己的教育观念、修正或完善自己的教学方法、掌握新的教学手段、提高教学质量和效率。学习研究的主要内容应是新的教育理论、新观点下的专业知识、教育科研方法、新的教学方法、教育改革信息等。学习研究的主要方式是培训新技术、参与教改科研活动、学习教育政策法规、教学案例研讨、组建讨论沙龙等。专家型教师指教龄较长，教学经验丰富，教学研究透彻、理解独到的教师。其特点是有教学专长、有丰富的组织化的专门知识、善于创造性地解决教育教学中的问题、有很强的洞察力、教学效率高等。专家型教师学习研究的主要内容是现代教育技术、现代教育理论、新观点下的专业知识、教育政策法规、教育发展趋势等。专家型教师学习研究的主要目的应是致力于构建自己的教育思想和教育体系，探索新的教学方法和特色教学，尝试理论联系实际的新方法、新途径，解决实践中带普遍性的教育问题等。专家型教师学习研究的主要方式是组织教改科研活动、提炼自己的教育思想和教学经验、指导其他教师的教育教学活动、推广自己的教学方法和教学经验等。

因此，生态型教师发展不仅要注重阶段的针对性，使内容、方法、模式等同教师在其发展的不同阶段的不同需要相匹配，而且要注重价值观引领下的教育理念和专业精神的不断重构，使教师在各阶段葆有强烈的成就动机和职业信念，自主推进专业发展，学校也营造奋发向上、互助与欣赏的组织文化氛围，使教师顺利度过不同的阶段，获致良好的发展成效，不断提升专业水平，并可持续发展。

3. 模块式培训

构建合理的教师发展体系，应根植于教师的工作和生活实际，兼顾教育工作的需要和教师个人发展的需要，符合终身教育的特性，有助于教师拥有终身学习的能力，促进教师的生态式持续发展。为此，教师发展培训应体现多元化和模块化，针对不同层次、不同阶段、不同类型、不同目标需求，设置不同类型的课程，既有课程必修模块，也有人文与科学修养模块、现代教育技术模块、教师课程领导力模块、教师个人魅力提升模块、教师职业幸福提升模块等，以供教师自主选择。

教师发展模块化构建应注意以下指导原则[19]：其一，资源整合化，将教师教育机构的教育资源、专业资源、理论课程资源和学校的实践资源以及课程环境资源充分整合，形成集成式建构式模块群，为教师发展提供多元、完备的资源组合，使学习者找到自己需要的专业与职业发展的整合内容与形式；其二，自主化，学习是一种反思性实践，应让对象成为模块建构的自主参与者，教师集课程的学习者、行动研究者、课程模块的研制者为一身，使理论与实践相结合，以一种批判性的研究的眼光解决实际问题，创制模块，自觉、主动地促进自己的专业发展，进而养成自我发展的意识与能力；其三，动态化，每种课程内容的立足点不是知识点，而是一种情景、一种文化，在文化哲学意义上，课程实质上是人的学习生命存在及其活动，学习者通过这样的活动，获得一定的知识经验，从而发展自己，超越静态知识的传输与接受，而成为一种动态的情景意义的建构与生成，模块式构成的动态化，相对于不同的学习者，可以根据需要进行必要而自由的组合，以动态的灵活性获取生态的适应性，获得课程的切实帮助，促进教师全面发展。

在实施中，应以教师的能力建构为主线，进行教师发展模式体系的构建。主要有以下几点[20]：一是内容模块化。研究表明，内容模块化有利于知识技能的整合、迁移、建构，也便于灵活地安排使用，还能提高学习的控制感、效率感。因此，应打破知识内容的线性逻辑体系，按照能力结构来组织，构建发展内容立体化的模块组，如设置公共素养模块、基础能力模块、教育理论运用模块、教师职业技能模块、学科专业操作模块、教育实践环节课程模块、教育研究模块、心理辅助模块等。以课程设置为依托，构建多元化教师发展模式，如师徒帮带式、现场观评式、专家指导式、微格教学式、双线（理论、实践）交叉式、自主研修式等。二是模块分级化。根据多维度、多层级、多类别的能力标准体系以及教师发展阶段理论，对内容和程序模块的某些要素和结构依次进行增减或扩缩，形成分级化、系列化的模块组，以适合不同水平层次和不同阶段的教师发展需要。建立教师素质提升模式的过程中，利用生态整体关联概念及多目标规划方法可以较好地处理教师成长个性化和多元目标优化的矛盾。如建立"自我反思—同伴互助—专家引领"的校内教师业务研修模式、"校际—区（县）域—市域—网域"联动发展模式、"实践体验—案例分析—预操作与后分析"多位一体的操作培训模式，以及教育实践活动的岗前教育、课程见习、合作试讲、跟师活动、教育实习、自修沙龙、教育调研、教育论坛等系列化教学模式等，使教师发展培养模块分明、层级清晰，更好地提高教师发展的效果。三是模块的适配化。在生态型教师发展体系构筑中，不同模块内外和各要素之间都会有信息的传递和转换。在横向的模块结构中，一方面要注意各要素的层次和结构关系，分清主次；另一方面更注意信息的反馈和控制，使教师素质成长的各种活动与管理工作、教学实践工作等形成一个环路的、可控的、不断向前发展的系统，自动地反馈信息并进行不断调整、协同，以保证整个教师成长生态良性循环。在系列化的内容模块上，要使之与分层分类的教师发展适配，应注意明确适配规则和适配关联结构，对不同层次类型的教师提供适配导向，根据教师的反馈意见进行适当协商或调整等，体现模块组合的动态性、适应性。

4. 完善发展制度

完善的教师发展制度，是实现生态型教师发展的保障，对学校教师发展有导向和支撑作用。当前教师发展的制度体系建设尚存在一定的差距。一是缺乏生态的教师发展观，没有对教师发展的长远考虑和规划，也没有看到教师发展的"生长性"机理，更多的是体现为"管理"功能；二是经费保障不到位，教师发展的培训、进修、实践、科研等政策难以落实，陷入生态"最小因子定律"陷阱；三是非中心任务干扰严重，教师承担过多的教学外任务，专业和素质发展的时间和精力难以保证，突破生态耐受性幅值；四是错位引导，过于注重成绩分数，考核和评价制度视界偏狭，影响了教师良性自然的发展。因此，建设生态型的教师发展制度，首先要确立生态型的教师发展观。要专业内容的发展，更要教师整体素质的提高、人格的完善以及生命质量的提升，关注教师成长的历程，以战略的眼光长远考虑和规划。其次，完善和落实各种配套政策和服务。健全制度，鼓励教师在职进修、学历提升、参与学术交流活动、进行教学研究活动等，保证教师学习提升时间；以成本分担制、专项经费制、联合培养制等保障教师培训和进修费用；推行教师学术休假制度，鼓励教师运用学术休假从事学习及科研活动，促进教师可持续的、更高层次发展。此方面国外有许多先进的经验可以给我们借鉴。如英国教师一年的工作日是两百天左右，其中有五天是教师进修日，规定不上课，各校开展形式多样的进修活动，新任教师可有五分之一的时间用来进修，正式教师可以每隔七年轮流脱产进修一次；法国在《继续教育法》中规定每个中小学教师，每年都有权享受学习进修假两周，总计一生中有学习进修假两年；发达国家普遍实行休假进修制度，即中小学教师服务六七年后，可以获得半年或一年的休假时间，留职带薪参加学习，对参加各种继续教育的教师给予资料、交通、食宿等方面的补助。通过这些措施，发达国家中小学教师接受在职教育的义务和权利得到了统一，使教师受到极大的激励，调动了教师发展的积极性。我们也可以借鉴这些经验，由政府在制度上给予教师参加各种培训的时间和资金上的保证。再次，应在教师发展制度的建设中体现生态性机制的作用。在范围方面，除学校内部的校本研修制度、教育科研制度和教师评价制度等制度外，还应完善对外合作的培训制度以及学校或教师在教师发展中与环境互动方面的制度。在机制方面，创建教师发展有机导培制，注重"项目－过程"展开的有机性，即发展项目的有机生成、过程的有机构建、项目与过程的有机融合，同时过程中融入多种方式的指导和引领，把管理过程与评价过程相互融合，变管理过程、评价过程为"管理－评价"综合过程，变"管理－评价"过程为持续支持的"多导"过程，实行"心态诊导—问题指导—过程督导—标准查导"等多重导培，体现发展制度建构的整体、有机、互动的生态特性。

5. 创新发展形式

从一般情况看，教师发展方式可以归为三类模式：信息传递模式、行为修正模式、开发研究模式。[21]信息传递模式就是通过对教师提供知识和信息，以促进教师提高，如再培训式、讲座式；行为修正模式就是以行为心理学原理为指导，通过不断修正和改进教师的教育教学行为，以促进教师的提高，如研讨式、反思式；开发研究模式是指通过教师直接参与课题的开发研究，从而得到发展和提高，如自学式、科研式。在发挥这些模式的优势的同时，结合时代特点和生态原则，对教师发展模式，还应进行积极的创新。近年来国内外在此方面有诸多实践，下面仅举一些例子说明、借鉴，对于其中相对较重要的发展共同体和学习型组织建设方面的内容则在后面单列讨论。

（1）PDS。PDS（Professional Development School）即专业发展学校，是20世纪80年代末在美国兴起的融教师职前培养、在职进修和学校改革为一体的学校形式。一般由一所或多所中小学与所在学区的大学，特别是大学的教育学院之间进行密切合作，提供教育理论与实践相结合的平台，共同培养新教师、促进教师专业发展、提高学生学习成绩，与大学合作并与之建立合作伙伴关系的中小学被称为专业发展学校，其根本目的是促进教师专业发展、提高教育的整体质量，这体现了学校对生态环境资源的积极利用。大学与中小学合作以及中小学教师在其中采取的活动有多种形式。[22]一是大学与中小学教师合作的方式，这包括：其一，信息沟通，以大学教师为中介，使大学和中小学双方就教师培养等方面的信息及时沟通；其二，共同决策，双方就教学实践、课程安置、教师培训、学校改革、教师发展规划等共同协商制定合理、科学的政策；其三，针对中小学实际问题与改革发展需要进行合作研究。二是中小学教师在其中采取的活动方式，这包括：其一，参与研究或行动小组活动，依据教师兴趣或共同任务而组成各种行动或研究小组，中小学教师在小组活动过程中发现、界定并分析研究学校改革或自身发展进程中存在的问题；其二，参与各种会议、集会，在PDS中，中小学教师拥有相当大的"专业自主权"，拥有参与各种决策的机会和权利，主要体现在中小学教师可以在学校指导委员会组织的会议或有关的决策会议中发表自己的观点与见解，并可能被学校管理层所采纳，另外，中小学教师还可以与同事、其他学校教师在各种学术性会议或集会中相互交流经验，讨论共同关心的话题，对教学甚或学校改革进行探讨等，体现出自主发展的生态自觉；其三，参与"原野旅行"（field trip），即中小学教师可以与大学教师、实习生等成员一起访问、考察其他学校，在这种方式中，中小学教师可通过观察所访问学校的环境、查阅文件记录、拜访教师、观摩课堂教学以及大学教师的专业活动开展等方式学习先进经验，并结合本校的改革与教师发展要求制订恰当、合理的发展方案，促进自身与群体的进一步发展；其四，教学活动，教师展开自身的教学实践并同指导教师积极沟通，改进教学活动，促进教师发展。

（2）工作坊。"工作坊"是一个相当流行的教师发展模式，是一种介绍新理念和新方法的有效手段，可与其他专业发展策略配合运用，优化效果。通常由师资培训者精心设计，将某项新的教育理念或教学技巧融合在工作坊活动中，让参加培训的教师了解并基本掌握该理念或技术。由于工作坊有明确的主题、精巧的安排，因此能够在有限的时间里完成既定的任务。但由于教师在工作坊中学会的东西往往是脱离具体教学情景的，通常要花费大量的精力将这些外在理念或具体教学策略本土化，效果却不一定是正面的，也并不必然保证教师会在日后的课堂教学中运用工作坊中学习到的教育技巧，因此，教师在参加工作坊或研讨会之后需要进一步跟进和帮助，以使他们在工作坊所学的内容能够适应性地落实到课堂教学中，同时也需要提供给他们反思自己实践的时间和机会。总的来说，工作坊对于"发展意识"和"建构知识"两个方面是很有效的。[23]工作坊可以有单场、系列、自主搭配工作坊等形式。活动角色分别为参与者、专业者、促成者。活动程序一般为：首先，资讯的分享，将基本资讯共同分享，参与者将所持有的资讯、已有成果互相分享，让大家在平等的立场下共同讨论、交换意见；其次，小组提案设计，利用分组讨论的方式，让参与者互相讨论、互相交流意见、激荡脑力、共同创造，拉近参与者之间的关系，以利后期活动的顺利；最后，意见表达，各小组就共同讨论出来的成果，和其他小组互相交流，利用各个小组的价值观与立场的不同，客观地分析事情，沟通协调，共同思考出一个最适合的方向，延续伸展至之后的活动上。

（3）沉浸式活动。沉浸式是从语言教学实践中借鉴的方式，其设想为在一个相对封闭的环境中，受训者全方位、全时间段投入受训内容，从而阻断其他干扰，在短时间内形成对目标任务内容的思维习惯和良好体验。从认知心理学的观点看，知识的自我建构、情境化学习才是最有效的。因此，教师应该自己去学习有关教学的新方法，建构自己的知识以及自己的学习。从这个角度而言，参与探究或解难等沉浸式活动就成为教师直接面对和运用教学新策略的一种方式，也是教师发展训练的一种方式。对于教师学习来说，仅仅坐而论道，空谈新的教学方法是不会产生任何实际效果的，教师必须沉浸其中，亲身实验，在做的过程中调整甚至改变自己传统的信念和观点，而且通过这样的沉浸活动，教师自己会去对比灌输式教学与指导学生自己建构的不同，教师还能获得一些具体的促进学生学习的提问技巧和策略，该策略对于教师发展中"建构知识"最有效。[24]同时，沉浸经验带来的自我肯定，会促进参与者的后续学习行为。沉浸体验的发生伴随着几个因素：每一步有明确的目标；对行动有迅速的反馈；挑战和技巧之间的平衡；行动和意识相融合；摒除杂念；不必担心失败；自我意识消失；时间感歪曲；行动具有自身的目的。[25]沉浸式活动充分地体现了生态型发展的情境化、体验式、潜移性等特点。

（4）师徒式。师徒式是资深教师与新教师在教师发展上的合作模式，它有三个前提：双方内在需要、高度自愿以及外部条件满足。在过程中，新教师接受资深教师的指导，并观察、模仿、学习资深教师的教育教学活动，结合自身实践理解、感悟，从而丰富专业知识和智慧，提高教育教学技能，促进发展。资深教师也在指导、示范中反思、审视、总结自己教学经验，并接受新教师可能的有益信息影响，进一步提升自身的专业水准。师徒之间的密切合作，相互观摩，共同切磋，分享与发展，传承与创造，促进教师之间互动和多样教学见解的共识与共享，促进合作教师文化的生成和发展。很多学校的"师徒结对""青蓝工程""特聘导师"等都是这种形式。更广义的师徒制还包括不固定的经常性或阶段性的辅导和指导。这些方式整合与利用校内专家的特长和智慧资源，为教师发展提供即时性的、点对点的帮助和支持。实践中，教师在进行变革创新时，常常会遭遇各种困难障碍，需要专家教师的鼓励和及时帮助，以获得勇气和思路启迪，而专家教师在此过程中也获得教学变革新思维的启示以及与同事分享经验的机会。师徒式的发展方式，不仅是作用于教师专业发展，其中，资深教师对新教师的职业信念、工作风格、人际态度、师德水准等都有明显的影响，对于促进新教师"整体性发展"有重要的示范、指导和引领作用。

（5）校本研修。校本的教师专业发展主要是以学校为基础的教师专业发展，它有两层含义：一是在学校范围内；二是以与教师发展互动、改善学校和教学实践为目的。它是指由学校和教师共同发起与组织，以学校教育教学发展和改革所面临的各种实际问题为中心，充分利用校内外的各种资源，注重教师教、学、研的时空统一，有效实现教师专业发展的培训活动。在校本研修中，学校和教师享有充分的自主权，从校情出发，充分挖掘校内外的各种有利资源，自主发起、组织、实施各种形式的培训活动，以满足学校和教师的实际需求，达成学校和教师的共同发展，将教师的专业成长与个人的教学实践和学校发展需求相结合，促成了教师专业发展从"人工"情境到"生态"情境的回归，调动了利于教师专业发展的良好环境因素，使得教师专业素质的发展可以直接有效地转化为教育资源，更符合教育生态的动态、系统、平衡的理念。[26]校本研修可采用丰富多样的形式开展，如采用专家讲座、课堂研讨、课堂观察、案例分析、经验交流、主题沙龙、优秀教案共享、观点报告、信息通报、专题讨论、课题研究、课例引领、教学反思等。但在学校操作中应注意内容和方式的系统性、适切性，对内容和方式要尽可能地整合组织，形成系列，长期坚持；要了解学校教师现状，分析教师发展存在的主要问题，找准研修的切入口，明确重点培训内容；尽可能给教师选择权，让其自主选择学习内容与学习方法，调动能动性，促进其主动建构；要考虑教师的差异性，注重培训的实践性、针对性，采取分层培训、分类指导、分步提高的方式；要充分挖掘本校资源，体现校本特色，尽可能多地实现知识和资源的共享；学校可根据本校实际情况发现问题、搜集课题或素材，开发科研项目或组织科研活动，以推动全体教师研究性学习。在校本的教师专业发展活动中，教师的发展目标和学校的发展愿景是一致的，教师们形成了共同的知识和规范，教师个体知识的增长促进了学校组织共有知识的增加，不仅成为教师发展的强大推力，也成为学校发展的重要推动力量。

（6）网络学习。网络学习使教师发展方式突破时空的限制，方便教师与校内外同行、专家的广泛交流，便于教师即时享用校内外各种资源。在网络环境下，通过应用博客、QQ群和微信等工具为教师搭建自我反思与交流的平台，借鉴MOOC、"创客"等新模式，通过丰富的教育教学资源库（如教学素材、教学课件、网络课程、虚拟课堂、虚拟实验室、电子书籍、微课集成等），突破教育环境的时空限制，实现个体与群体的资源共享、优势互补、反馈互动、有机演进。为此应做好以下几点：一是端正教师参与网上学习交流活动的态度和动机。网络学习状态下，教师的学习态度和动机会同原来状况发生变化，可能会增强，也可能会减弱，应针对教师的具体表现，结合网络特点采取多样化的激励策略，提升积极性和成就感。二是营造良好的人文环境和合作学习氛围，培育良好的网络学习文化生态环境。网络学习中，"人－人"交流更多变成了"人－机"交流，教师学习的孤独感会增加，人文关怀有所缺失，应积极营造网络态浓郁的学习氛围，组织学习小组，开展多样活动，缩短信息反馈时间，将反馈的形式多样化，激发教师对网上群体的认同感和归属感，优化学习文化生态。三是积极开展深度主题活动，提升网络学习思辨力。团队成员之间除建立跨区域信息交流、经验共享机制外，还应举行沙龙式的深度会谈，提倡无拘无束地发表意见，产生思维互动，实现生成性和建设性，也可设立思辨式的讨论专题，利用资源的异质性和辩论的对抗性，促进学习的全面性和深刻性，增强学习吸引力。四是发挥好平台效益。教师发展网络平台具有一定的平台积聚效应，通过成员在平台的交流和知识表述等活动，既实现了聚合与共享，又促进了个人与群体、显性知识与隐性知识的互动和转化，促进自我专业发展的循环演进。五是加强专业引领。教师发展中的网络学习，要紧扣专业核心。建立名师或专家的合作机制，加强专业引领，提高学习效率。发挥网络快节奏、大范围的传播优势，使参与者获得更好的专业智慧和专家指导，并在对话与协商中，共享群体的创造，建构专业的理解，促进自身的成长。六是制定切实有效的制度和规范。做到规范与引导、激励与评价并行，保障网络学习健康持续发展。

（三）发展共同体

1. 共同体及其特点

教师发展共同体是在教师发展过程中由学习者与助学者（包括教师、专家学者、顾问甚至学生）等所构成的正式或非正式活动团队，是基于教学实践中问题解决而自行组织的，以分享和创造为精神、以对话和协商为机制、以合作和互助为手段的，旨在促进教师认知成长、职业进步和身份发展的一种学习生态系统。[27]该模式中的教师专业发展活动在全面的互动与合作基础之上建立起来，具有自发性、自愿性。生态型教师发展共同体的理论基础是生态的"边缘效应"和协同进化规律。根据这些规律，以特定的生态结构边缘因子为基点，创造条件，促成两个或数个不同性质的生态系统（比如边缘学科内部因子之间，或边缘群体与其他群体生态因子之间等）的相互作用，由于这些生态系统中的某些生态因子的异同而产生的互补或协同作用，形成所谓共同体，引起边缘部分某些生态因子结构及组合的变化，改善个体或群体依存的生态，促进相互发展。其中，作为主导因子的教师思想和行为的变化，便体现着教师的成长。从实践的角度看，共同体应以认知成长和身份发展为双重目标，以教育教学中的问题解决为基础，以具备共同愿景的共同体组织为载体，以情境学习为学习方式核心，以协商的意义建构为文化背景。从生态角度看，教师发展共同体的主体应该是具有共生关系的，包括整体的学习力、共同愿景、合作互动、知识共享、异质互补等，并且是主动建构的，包括深度对话、主题探讨、头脑风暴、协同教学和反思、自主建构等。

有学者将教师发展共同体同传统学校中的教师团队进行了列表分析，较好地体现了两者的差异性特点。如表6—3。[28]

表6—3 教师发展共同体与传统学校中的教师团队之间的比较

传统学校中的教师团队	教师发展共同体
人们一同工作，人际关系淡漠	人们相互信任，关系融洽
人们封闭个人的感受与经验	每个人都能公开表达自己的感受与经验
人们回避或激发矛盾	矛盾得到充分认识，并不断得到化解
封锁或被动接受信息	信息得到交流和共享
目标不清或个人化	大家有共同的目标
缺乏合作与支持	重视合作，在相互支持中学习成长

2. 合作共同体的意义

全面合作的共同体模式作为一种新型的教师专业发展模式，主要有以下一些积极意义。

（1）观念上。通过合作学习，教师教育观念得到部分或完全的重组，体会到合作学习的意义和价值，形成自然合作的理念，促进合作型教师文化良性发展。

（2）知识上。使教师职业知识丰富和结构趋于合理。合作的探究学习中，本体性知识、条件性知识、实践性知识都得到较好的发展，结构优化，合作中学到的情境性、个体性和经验性的知识，更利于教育教学素质和能力的提高。

(3) 实践与反思上。合作学习提高了实践效能，也促进了整体性反思。共同体提供的环境，为教师的实践和反思提供多层面的支持及参照的基点，有利于在群体的对话与评价中树立反思的意识和习惯，使反思背景更为广阔，并为教师反思积极创造条件和组织氛围，突破个体反思的局限，体现出整体效应。

(4) 成长途径上。在共同体活动中，个人与个人，个人与学校，乃至家校、社区间的互动合作、交流与学习都得以大幅度增加，教师的个人学习机制和协作共享的团队学习体制共同合力，促进教师群体创新，丰富成长途径，提升教师专业化水平。

3. 教师发展共同体的建构策略

对发展共同体的了解，使我们认识到个人的知识建构和身份形成同一定的共同体有紧密联系。因此，我们应该突破原有层面上教师专业发展的培训模式，梳理一些基本框架，实行"大愿景、小步调"的整体策略，促成"共同体"的理念从理论状态转化为实践状态，更好地促进教师发展共同体的建设，使教师共同体进入制度化的发展道路。

(1) 建立组织。组织的建立有三个重点：愿景、团队和合作。其要点如下[29]：其一，确立清晰的共同愿景，形成凝聚力。制定共同愿景要特别注意整体协调，操作中，一般可以分三个阶段进行，即各自表述阶段、文字汇整阶段和愿景定案阶段。同时，尽力与每一位教师沟通，鼓励教师之间交流和合作，汇集愿景，动员大家参与学习共同体的创建，并形成凝聚力。其二，组建多元化的教师团队，提供基本组织保障。在组建各类教师团队的过程中，要注意以下几点：在各个水平上寻求有待解决的实际问题，并根据问题组成各种团体，具有明确的问题、目标和任务的导向；为教师的学习提供必要的支持，包括时间的使用、沟通的程序、人员的规模、教师专业发展计划等结构条件，积极进取的教师态度、互相尊重、信任以及团队内积极的关怀、爱护的人际关系条件以及必要的物质条件等；形成教师之间合作与交流的良好机制，沟通方式可以采取定期反思性会谈，也可以是讲座讨论、合作研究等；注重引领教师的价值观，帮助教师树立科学的教育理念，营造有利于教师成长的氛围。这样才可以真正造就一个能够滋养教师的教学知识和实践智慧的专业共同体。其三，由人为合作走向自然协作。人为合作通过一系列规定的、具体的步骤让教师团体重视，形成暂时的、过渡性的、初始阶段的协作关系，可以起到共同体组织从低级形式向高级形式迈进的桥梁与沟通的作用。要达到长久的自然协作的理想状态，一般须经由个人主义、派别主义和人为合作引领教师走向教师间的自然协作。此时，教师之间形成的约定俗成的互助、支持、信任和通达，不受来自行政命令的外加，也不受学校或团体意志所迫，而是源自教师内心深处的个人所需，是一种自我的愿望，其合作体现于教师的日常工作中，并以教师的教学活动为中心，教师之间形成共同的价值观和共同利益，激发着教师的认同感和责任感，形成群体的合力和自然的、开放的、动态的文化环境，从而促成教师逐步产生强烈的使命感，自发地、主动地进行自身和团队的发展。

（2）确定共同的核心主题。教师发展共同体将学习与实践融合，基于教师日常教学工作的真实活动，因此，我们必须充分关注教师个体或者教师群体所处的日常生活世界，要在教师所处的日常生活中去发现问题，在真实性背景的活动中去确立问题，形成主题，使学习和实践背景紧密结合，从而解决问题，获得发展。教学、研究、学习是现代教师在嵌入式情境限定的实践中的三种基本职业生活方式，据此可以形成三种不同的教师主题实践活动。如常规教学型教研中的教师实践共同体——以集体备课为平台；研究型教研中的教师实践共同体——以课题研究为平台；学习型教研中的教师实践共同体——以培训学习为平台等。同时，可多采取自下而上组建团队的方式，由教师们自主申报教育教学中感兴趣的主题，自由选择彼此认同的同伴，推荐共同体负责人，集思广益地制订学习计划。只有在这种真实的日常教育实践中，通过互动，教师才能发现"有趣的"现象和困难问题，形成共同体真实的主题和学习任务，而一旦确定了共同体所关注的核心主题，就会成为教师开展活动的出发点，共同体成员就是要围绕这个核心主题去为彼此的学习与研究提供支持服务，最终达成共同体的目标。[30]

（3）促进成员互补互动。教师发展共同体是一种松散型组织，人员也并不固定，这与学校内传统的教研组等规范性组织不同，其成员对共同体内涵和使命的理解也是大有区别。为此，既应通过活动帮助教师们加深对共同体目标和理念的认识，激发每位共同体成员参与的热情，为后续开展的教师共同体的实践活动奠定基础，确保每一位共同体成员都能够并且乐于参与到共同体的实践中来，又应高度重视差异性资源，避免同质化结构，促进成员间的互补互动。差异是团队中重要的"天然财富"，并且这种资源不同于自然资源，它不会长期存在，也没有固定量值，极具有活性，对它开发得越及时越充分，它的量值就越大、价值就越大。教师差异资源的存在有利于学校多元生态环境的形成。在此背景下组建的共同体中，尊重并依据教师个体差异性，以及不同教师对专业发展的不同需求，扬长补短，实行互补性成长方式。同时，差异性互动也是教师集体人际和谐、优势催生和功能优化的要因，只有当教师的个体差异成为集体的互动资源而非扰动负担时，优势互补的、整体大于部分之和的、主体相互作用的有机统一的教师专业共同体才有可能成为现实。因此，在教师发展共同体中，既要倡导差异，鼓励求异求特求新，鼓励独树一帜，又要差异适度，确立底线，互补互动，融通共进，使教师个体和共同体整体都得到最优的发展。

（4）合理发挥专家和骨干成员的作用。教师在发展共同体中的成长主要体现为教师在共同体学习中发挥的作用和表现，而不是传统意义的知识或资历，为此，应在共同体中树立专业的维度，以评鉴、指导和保障发展。共同体中并没有明确的组织层次和等级关系，专家和骨干成员是作为共同体一种重要的协调力量而存在，他们不一定直接参与教师实践共同体的讨论交流，也不会主导整个共同体活动的进程，其主要作用在于丰富共同体结构性学习资源，保障共同体差异性和专业性，以一种"参与者"或者"问题解决促进者"的角度加入共同体的实践活动，为教师和共同体的困境突破、互动交流等提供援助性的措施，以适当的点拨，启发思维，鼓励教师反思与合作，实现专业引领。同时，教师个体的成长与发展往往离不开教师群体组织的影响和推动，要发挥骨干教师在教师团队中的引领作用，放大骨干教师在教师团队中的榜样与教育作用，推动群体正面影响力提升，促进教师开展多种形式的合作，鼓励骨干教师围绕共同目标，持续不断学习，自我超越，引领前进，构建以教师实践反思、教学创新、科研创新为核心的组织，建立整体协调发展的共生机制。在专业力量的支持和引领下，全体成员不断学习，体验生命的价值，焕发生命的活力，在共同体中进步和发展。

（5）真实深入透明地开展活动。在一般的教研情境中，教师间由于多种原因，往往不会坦率地交换意见，一些研讨活动也流于形式，这种非健康的教研生态削弱了教师之间的经验交流和信息共享，阻碍了教师的良性发展。在教师共同体中，则是把公开教学实践视为一种同伴互助的重要方式，辅助与发展教师的成长。在这个共同体中，并不存在考核、评比和竞争，赞扬是真实可靠的，批评是真诚可信的，大家自然交流，积极分享成功的经验和失败的教训。有经验的教师对该共同体的目标和所解决问题的认知程度和能力相对较高，在共同体中发挥着主导作用，新手教师要在真实情境中观察熟手教师解决问题的过程，亲身经历以及模拟熟手教师如何思考，慢慢地获得教学技巧，帮助改善其心智模式及解决问题的思维决策模式，从而逐渐增强对共同体的参与性，成为最终意义上的共同体核心成员。这里的"新手"和"熟手"是以主题问题和技术熟练程度为依据划分的，一个老教师对多媒体教学的问题也可能是新手。因此，教学活动环境不要封闭、隔离，而是要引导教师敢于敞开自己的课堂，开放教师的实际工作场所，教师可以在教育教学各方面得到同伴教师的帮助，通过持续地观察、练习、尝试、反思、概括、实际应用等方式进行学习，并大胆展示自身得失，接受共同体意见，从而促进教师在实践活动中的真实性参与。[31]这种真实、透明、开放、深入的教学实践活动，并不是应付或"作秀"，而是一种重要的教师实践共同体建构途径。

（6）开辟交流空间，丰富交流形式。时间的保障和资源的获取是教师发展共同体的两大限制性因子，为了更好地促进共同体的发展，可开辟更多的交流空间，丰富交流形式。[32]首先，正式学习与非正式学习的搭配整合。充分重视和发挥学校现有教研组、科研组、备课组等正式集体学习组织的作用，将教师发展共同体的运作理念渗入教师学习的过程当中，鼓励教师利用听课、评课等方式积极地交流、讨论、合作和学习，努力改变传统教师集体学习单调、低效的方式和面貌。其次，积极搭建活动的平台。可以定期或不定期地举办一些论坛、研讨会、沙龙和经验交流会等。这些活动平台大都带有较为明确的知识传播性，使得教师有机会吸收新的知识并与现有的个人知识整合，有利于实现共同体知识的共享与创生。第三，充分利用网络信息技术，为共同体的活动开展提供强大的虚拟交互平台。在网络学习共同体中，每位教师的身份都是平等的，彼此之间相互分享对方的观点，充分利用社会教育的有利资源，在相互帮助中提升教师发展的"整体效应",最终促使教师专业共同发展。信息化环境下构建教师发展网络共同体的途径很多：可以利用 QQ 群、微信、微博、BBS 等开展教师之间的交流；可以通过视频会议、现代远程教育等方式发展教师的专业技能；可以通过电子邮件方便教师快速获取校外教育资源；以及在新创立的各类学习网站平台交流讨论等。教师通过网络学习共同体为教师专业发展搭建的平台,共享实践智慧,共同提高实践能力。

（7）积极营造良好氛围,培育合作文化。共同体的持续有效运行,需要合作性的群体文化为支撑,它渗透在教师们的日常生活中,自发自然、开放信赖、平等协商,引导教师共同体民主、合作地发展。其一,树立共同的观念,正确认识合作。共同体是需要共享资源、相互依赖来提升共同观念,维护参与者之间的相互信任,建立起良好的人际关系,增强成员的认同感和使命感。但同时每位成员都应认识到真正的合作,存在于有差异的个体构成的群体,消解了个人差异性、独立性的合作,是不真实的、低效益的合作。因此强化教师合作意识的同时,同样要倡导独立和创新的文化,避免成员对权威和集体的趋同和盲从。其二,主体平等对话,提升教师协作精神。共同体要营造成员之间协商与理解的氛围,创造平等对话的氛围,消除身份壁垒,发挥主体精神,调动每个成员真心参与的积极性。做到尊重是前提,对话是形式,经验是内容,行动是核心。以此促进共同体的发展以及教师协作精神和人格的培养与完善。其三,加强基于专业的合作。共同体的合作有赖于一种崇尚专业价值的文化。缺乏专业的感召力,合作也只能是流于形式,难以具有深层次的、价值性的内在意义。形成一种良好的专业文化,在合作中突出专业的价值,让教师倾心于专业并拥有较大的专业自主权,可以激发教师的热情与动机,充分释放他们的潜力。实际上,在变革中,人们试图单独实施革新时,往往是很困难的,只有促进形成"专业性＋合作性"的文化才能有利于个体和整体的变革与发展。

（四）自主性实践性学习

1. 自主性学习

教师作为独立的成人个体,有自己的价值体系,有自律自主观念和责任意识,在学习上具有较强的自主性,能"诊断"自己的学习需要,确定自己的学习内容并评价自己的学习效果。这也是教师发展主体生态性的突出体现。因此，在生态型教师发展中，要重视自主的特性和功能发挥。

（1）创建自主性学习型组织。许多研究都将教师所处的工作情境视为影响教师专业发展的重要因素，并在此基础上，构建教师学习社群和网络，即学习型组织，为教师发展提供支持。学习型组织在本质上是群体的自主学习或个体自主学习的群体化，它包括正式性的机构组织和非正式性的自组织。在生态的境域下，特别强调教师根据个体的、局部的学习需要自主地展开学习群体自组织，以满足多元化、即时性学习的实现。创建自主性学习型组织基本的办法是：其一，理念先行，应明确教师发展不是从课程或外在规定的组织入手，而是从铸造教师的生活情境和经历入手，应放手让教师自行探索，倡导教师在经验中反思，在生活中学习，树立学习的新理念；其二，自定目标，自建组织，自主性学习型组织给了教师学习群体组建极大的自由和空间，从目标、愿景的择定，到组织人员的召唤、形式的约制，都充分体现自主自为的自组织性，实现个人发展目标与共同目标、价值观和发展规划的协同整合；其三，制度支持，根据实际情况以及组织构建的不断成熟，逐步设立系列化的制度，保障"不断学习"的实现，做到"终身学习""个别学习""全员学习""全过程学习""团队学习""合作学习"的结合和落实；其四，强化行动跟进，注重学习与实践的互动，注重诊断与改进，实现"发现—纠错—成长"与"个体—群体—集体—团队"之间的共振共进。

（2）自觉发展。教师学习的调控者只能是教师本身。教师要发展专业，形成特长，卓越成长，需要有强烈的自觉发展意识为支撑。教师"自觉发展"在实质上是一种内控式的专业成长形式。从个体来说，自觉发展主要是思想上"自觉"、策略上"自主"、行动上"自发"；从群体来说，主要是形成一种自觉的发展文化和发展的文化自觉。这种自我导向式的自觉发展能够根据自己的需要、特点，进行自主的和自我反思的学习。同时，教师具有丰富多样的、人格化的、充满个性化的经验，应自觉地予以充分的尊重和效用发挥。在自觉发展中，清晰正确的教育思想理念及教育价值取向、较强的自我发展策划能力、基于日常研究性教育变革实践的学习研究与反思重建能力、自我对职业的认同度等都是教师自觉发展应有的素养。

（3）自我规划。教师是专业性极强的职业，社会及教育的变革又使教师的专业结构和要求处于不断变化演进之中。因此，教师必须对自身目前专业发展的状态、水平有清醒的认识，将外部推动转化为自我发展的需要和意识，并做出适切的自我规划，才能真正实现可持续发展。在制订自我发展规划时应注意以下几点：其一，教师的职业发展是有阶段性规律的，每个阶段发展的内容和发展需要不同，从教师的自身基础与阶段需求方面思考，根据教育改革和教学专业的需求以及学校、学生的状态特点，通过成长规划设计的专题研讨，自主设计具有个性化、阶段性的发展目标；同时，教师的专业发展目标的制定要与学校发展目标和教师全体发展规划的方向一致，才能得到环境更好的支持。其二，自我规划的制订并不排斥团体力量。教师个人可能会将规划制订得很好，但如果划分群体梯队，规划组群之间的差异动力，汇集群体智慧，共同确定目标，规划就具有更高的质量和可行性。其三，在自我规划时可寻求专业的指导，以制订既有一定理论高度又适合自己和学校的实际及操作性强的发展规划。

（4）自主管理。对教师发展而言，价值动力和差异动力要靠自主的力量去推动体现，而良好的自主管理是其重要保障。教师是生态型发展自治的主体，发展的目标、决策、规划、责任都统集于自身，是自身学习与发展的"操纵者"和"管理者"。因此，教师应以终身学习的观念为引导，通过系统思维的规划与自我督促、自我评价、自我激励、自我调节等方式，养成热爱学习和学会学习的习惯，促进自身学习方式的变革。同时，教师发展同教师自身日常性工作实践紧密结合，做到"学习工作化、工作学习化"，也高度依赖自主的协同管理。教师发展与行为变革单纯依靠外部知识来影响是不够有力、不够具体、不够持久的。教师发展归根结底还是要落实到教师的内生式的自主管理。制订规划、养成习惯、持之以恒、定时反馈是自我管理的几个关键环节，教师可以采用阶段检测、教学反思、教学随笔、成长档案等多种方法加以促进。生态取向教师发展关注教师发展的背景及其中各因素之间的关系，在强调自主管理是发展主要因素的同时，倡导合作发展，学会自我与他人合作，获取关系资源，这也是自主管理的内容及能力之一，自主管理与合作发展要协同展开。

（5）生态的自我学习。自然、自主、自觉，这些都体现了自主学习明显的生态特点。从生态基本原理来看，自我学习的生态化还需要注意以下几点：一是生态思维与素养。树立生态思维，要求教师提升自身的文化素养，站在一种科学的、理性的、生态学的高度上，去审视发展，研究教与学的关系，探究师生间和谐共处，积极地对生态和生态学的内涵、意义、价值、作用进行解读和思考，并同自身发展和工作实际相结合。当教师在思想理论方面有了一定的感悟，懂得教学与发展本身是动态、开放、平衡、和谐的生态系统，懂得自己在这个生态系统中所处的重要的生态角色时，教师才会把理解的精髓作用于教学与发展中，潜移默化地应用在生活中，影响自己的行为方式，解放自己的思维，拓宽自己的视域，构建自我、重塑自我、生成自我、发展自我。因此，在观念上树立一种生态性新思维，是构建生态发展的必要基础。二是生命自我的追求。教师是一个完整、丰富的生命个体，教师的工作也是对他人（学生）生命状态的影响和生命价值的培育。教师应跳出职业的刻板和事务的烦琐，挖掘体悟工作中的生命意味，丰富自己的精神空间，不断追求教学的卓越。因此，在生态性的自我学习中，教师领悟和创造出新的教学生活意义和生活样式，使自己始终处于新的生活状态中，完整理解学习与工作的意义和享受其中的欢乐，提升生活质量和幸福水平，促进自身生命发展，不断走向自我实现。三是动态平衡地发展。教师的知识和能力作为其发展生态系统中重要的生态因子，是在动态运动中实现自己可持续发展的，这离不开外界环境的影响和促进，教师要不断自我更新，自主建构，以适应这个飞速发展的时代，不断了解最新信息动态，更新教育观念，完善知识，提升能力，平衡自己的知识与能力结构。此外，教学相长、与学生关系的动态平衡，也是教师生态式学习与专业发展的重要部分。

2. 实践性学习

中小学教师的学习与发展是以实际问题为导向的，这也是发展的原动力。因此，在教师发展成长上，应重视与教师职业生活实际相关的环节与因素，重视缄默知识、教育叙事、关键事件、教师个人生活史与经历、课例研究、行动研究、反思性实践等内容的研究，使其在实践中推进教师学习与发展。

（1）重视实践性知识的生成。教师实践性知识作为教师专业知识结构的重要组成部分，对教师的日常工作和发展成长起着重要作用。教师实践性知识包括教师的教育信念、自我知识、人际知识、情境知识、策略性知识和批判反思知识等,是教师在一定价值观的指导下,在既定知识体系中参与教育教学实践,根据实际情境的变化做出相应的反应,并对教育教学过程和结果进行反思,发现和洞察自身实践和经验之中的意蕴,融合自身的生活经验以及个人所赋予的经验意义,逐渐积累而成的运用于教育教学实践的知识,它涵盖实践、情境、知识、反思和价值观等方面,这些知识不是先定的、预成的,也不是固定的、已经成型的,而是向未来开放的,是不断生成的,是在教师主体能动性与客观环境的相互作用下形成的,要经历从无到有,从少到多,显性和隐性交替演变的过程,是一个在实践中主客体统一的生成的过程,其生成的影响因素,在横向上,包括课堂内的实践、课堂外的活动、个人的课余生活等方面,在纵向上,贯穿于教师生命的始终,受教师以前的知识经验、生活史的影响,也受目前工作所处的学校文化、教育法规、工作经历的影响。[33]因此,我们一方面要关注教师的职业发展动机、自身的教育经历以及人际关系等内部影响因素,另一方面也要关注学校文化、传统的师培方式、社会的教育氛围等外部影响因素,将教师实践性知识生成放在整体的环节和环境中加以关注推进。

(2)行动研究。行动研究是教师实践性学习的重要方式,它有三个基本的特征[34]:第一,是以实践为中心的研究。教师是教育理论的实践者,其研究也是基于和植于实践的,研究的目的,不是为了理论的推演,而是为了改进教师教育教学实践活动本身。第二,是以问题为中心的研究。行动和研究围绕问题展开,行动者和研究者共同参与计划、行动、反思以及评价,并且将研究成果运用于实际工作中,以解决实际问题。第三,是以学习为中心的研究。行动研究的环境就是教师工作的环境,从事研究的人就是要运用研究结果的人,研究活动的内容就是教师的行动内容,双重身份集于教师一身,使得行动研究的过程实际上就是教师的学习过程。从生态学的观点看,教师在行动研究中不断与教育环境进行着物质、能量和信息的交换,一方面同环境的资源进行整合,另一方面自身也受其影响发生变化,促进自身专业知识积累、专业能力提高和专业情意内涵丰富,并实现动态平衡和协调发展。行动研究强调的是在研究中采取改革行动,在行动中实施研究。进行行动研究需要教师分析教学实践中具体发生的事件,系统地搜集数据,分析问题,关注经验,提出改革方案;需要教师描述自己的教学，并分析和讨论研究所得，以及对自己实践的反思；在实践行动中将实际工作中的问题提炼为专题，将有价值的专题转化为课题，自主参与、协同合作加以研究解决，是其基本的思路。

（3）反思性教学实践。教学实践过程是否能进行反思，在很大程度上决定了教师专业化成长的水平。反思是促进教师专业发展的手段，也是教师专业发展的目标，是教师实现专业发展的重要品质。教师反思的意识和反思的能力决定了外在环境促进因素对教师专业发展影响的产生及程度。所谓教学反思，是指教师以自己的教学活动过程为思考对象，对自己所做出的行为、决策以及由此所产生的结果进行审视和分析，它是一种通过提高参与者的自我觉察水平来促进能力发展的途径，具有实践性、反省性、过程性、研究性等基本特征。[35]在内容上，教师的自我认知、教材资源、实际问题、教学习惯、教学过程、教学评估、师生关系等都是应该经常反思的。在方法上，教师要与他人进行批判性对话，构建反思型文化，以对话中多种视界的沟通、汇聚，产生"视界融合"，激活思维，拓展思路，催生新知；要进行自我反思性对话，成为批判反思型教师，真诚地面对自己，客观的审视自己，反思和批判自己原有的教育观念和行为模式；坚持反思记录与总结，撰写专业发展笔记，帮助教师产生同复杂问题情境的有意识的交互，形成、深化教师的实践性知识，帮助教师更好地认识自己，了解自己在未来工作中的优势、弱点，并扬长避短，积累经验，从而提升教师的整体知识水平，促进教师发展。

（4）实践性学习的管理。要使实践性学习切实有效，真正促进教师发展，应予以一定的管理保证。一是交流制度的建立。主体上，实践与反思不是单个教师自己的事，而是一种群体活动，需要各方面的大力支持，形成一种开放的、和谐的、合作的生态环境；内容上，不能让教师实践性知识一直被排斥在制度性交流体系之外，被所谓的规范化、标准化内容边缘化；方向上，不能长期封闭，缺乏与外界交流，形成"近亲繁殖"的现象；组织上，要积极建立学习共同体帮助教师共同成长，让优秀教师带动所有教师，发挥差异资源的互补效应，个人研修与集体交流相结合。二是学习方式的改进。要改变讲座式、灌输式、理论型的传统学习样式，加强实践课的学习，采用行动研究法、分析性思维实践法、个案研究法、人物志研究法、辅导法、反思日记法、课堂活动与讨论法等方法，促进教师实践与研究能力的提高以及反思能力的培养和反思方法的学习。三是培养自由、民主的学校文化，为教师实践性知识的生成提供保障。要尊重教师的个体差异，为教师创造学习条件、提供发展空间，允许教师进行创新，给予教师充分的学术自由，树立教师的主体意识，鼓励他们经常反思性、批判性思考，为教师发展营造民主的文化氛围。四是科学地评价指导。对教师实践学习活动及工作质量要给予客观性、诊断性评价，比较准确和具体地指出其中的优缺点，以促使教师有针对性地加以发扬或改进，同时也保持一定的宽容和弹性，为教师尝试性实践留下空间。五是实施教师实践性知识的专门管理。教师在实践性学习中，知识的获取、组织、储存、分享及应用和更新需要利用一定的技术和方式进行专门的管理，以延展其效用。可以利用共同活动促成交流，实现知识共享和创新，比如会议、网络、人际的交流以及专题小组、师徒结对等活动；可以利用技术性的帮助，加强外显知识和内隐知识的转化，使组织成员的内隐知识得以表达、显化，如在专家的帮助下将教师的内隐知识以概念、命题的形式表现出来或自身利用可视化技术加以分析、梳理等，然后加以传播与共享；还可以建立资料室、数据库、教师专档等，系统地记录、分析和引导教师发展等。六是注重"专业引领"。让具有教育研究专长的人员通过他们的先进理念、思想方法和先进经验，在教育实践中引领教师开展探索、研究和学习，促进教师实践性学习和学校内涵式发展。专业引领不是专家、优秀教师、培训者的单边引导，而是先进理念和实践经验的取长补短、共同引领，是全程介入实践的过程性、发展性、生成性指导。

（五）职业幸福

1. 教师职业状况调查

2011年9月，人民网教育频道与《现代教育报》联合推出"教师的幸福指数"调查，在参与调查的13973人中，67％的教师对工作感到疲惫不堪，在影响教师工作中获得幸福感的原因中，近五成是学生能否取得较好的成绩，18％的教师是源自对职业的热爱，而对教师这份工作的感受，47％的人认为是一般或者喜欢，25％的人选择厌倦。2005年教师节前夕，中国人民大学公共管理学院组织与人力资源研究所和新浪教育频道，曾公布了对近9000名教师进行

"中国教师职业压力和心理健康调查"的结果。结果显示：有82.20%的被调查教师感觉压力大；有29%的被调查教师出现了比较严重的工作倦怠；有38.50%的被调查教师的心理健康状况不佳，只有28.80%的被调查教师心理健康状况比较好；有49.20%的被调查教师的生理状况比较好，但也有20.70%的被调查教师的生理状况不是很理想。此前，国家中小学心理健康教育课题组对辽宁省14个市168所城乡中小学的1191名教师进行了抽样调查，结果表明：51.23%的教师存在心理问题，其中有32.18%的教师属于轻度心理障碍，有2.49%的教师已经构成心理疾病，还有16.50%的教师属于其他心理问题。教师的心理问题发生分布较为均衡，列首位的为强迫和人际关系，其次依次为躯体化、抑郁、焦虑、精神病性和其他。以上调查和研究，说明教师的生存状况，包括压力、工作倦怠、心理健康等各方面的情况不容乐观，而且由来已久，是一种长期性现象，这对教师和教育的优质、可持续发展是一个重大的障碍。

从教育生态的角度来看，教师的身心健康问题不仅仅关乎教师群体的生存状态和职业幸福感，而且直接影响到整个教育生态的建构。因为教师身心出现个体问题，是对学校生态系统的扰乱，而一旦出现群体性问题，整个教育生态系统就可能会阻滞、失衡甚至功能失调，受到严重影响。

2. 影响教师职业幸福的原因及其分析

教师职业幸福是由多因素决定的。从总体来看，导致当代教师生存状态较差、职业幸福缺乏的原因主要有生态环境原因和生态主体教师自身原因两个方面。

一是生态环境方面。其一，社会地位。虽然"尊师重教"已提倡多年，但现实中教师社会地位认可度并不高，甚至伤害教师、侮辱教师的事也屡有发生。教师职业定位的工具性、单纯性和封闭性，使教师身份易被社会边缘化，也使教师对自己职业地位的认同感不强。其二，社会压力。社会上无限拔高教师的育人作用，将学生成绩、安全的"链子"简单地套在教师身上，将一些教育系统性甚至社会整体性原因导致的不足与失败归结为教师的过错，并以"人梯""园丁"等高尚的标准定义教师，一味强调教师的牺牲精神，"神坛化"教师的职业属性，忽视了教师作为"社会人""生存体"的基本需求，教师在忍耐和奉献中也增加了沉重的精神负担。其三，学校管理。学校往往把来自外界（社会）环境的评价压力、升学压力、校际竞争压力转嫁给教师，教师被逼迎战，无法自主发展，导致追求成功而害怕失败的压力感长期困扰着教师，而学校管理大多又较缺乏人性化，常常视教师为"工作体而非生命体"，不太关注教师身心健康，缺乏对教师的关爱和呵护。

二是生态主体教师自身的原因。其一，调节能力。面对重重压力，许多教师缺乏正确的认识和必要的心理调节能力，心理压力偏重，常常处于疲惫、烦躁状态，对工作和生活热情消退，身心病患增多，也存在情绪衰竭、成就感低落、职业倦怠等现象。其二，适应失衡。面对快速的教育变化改革以及教育教学中出现的新事物、新要求，教师常常会有担忧和迷茫、定式和失落的心理以及不适和惰性的心理，对变化的适应失衡。其三，心理秉性。教师的身份决定其较多具有"知识分子"的秉性，追求完美、期望尊重、自我实现的需要较强，看重职称、选优、评比、声誉等价值验证问题，自我期望和定位较高，而心理压力承受力又较弱，摆脱困扰的心理防卫机制又较为缺乏。

总之，教师身心生态失衡、职业幸福感缺失日益凸显，且呈不断蔓延恶化的趋势。其原因是多方面的，既有工作性质、职业特点、学校管理等客观因素，也有对教师的心理问题和职业幸福问题社会关注度不高、干预措施不力、心理健康福利机制缺失以及教师自身心理调节不力等主观因素，甚至有崇尚经济至上、看重社会地位、知识价值低落、人文情怀淡漠等外在大环境失衡的因素。因此，教育应当回归生命、关注生命。学校应将管理思考的视野从教师工作领域转变到生命领域，将教师的发展目标由工作层面提升到生命层面，实现生态型的教师发展幸福观。

3. 教师职业幸福感提升措施

提升教师职业幸福感应注重教师自身职业价值的认识、自我价值的实现及师生和社会的认可、丰富的精神生活等因素。围绕这些方面，追求生态型教师职业幸福的实现，可以采取以下一些措施。

（1）构建现代学校制度，营造良好的教育生态环境。实现教师职业幸福，首先需要理顺学校内外环境的关系，以现代性的学校制度构建，为教师发展营造良好的生态环境。从外部来说，要充分落实"科教优先"和"尊师重教"的方针政策,建立政府与学校新型的互动关系,协调好学校与政府、社会的关系,以人为本,良性发展,实现学校与社会相互容纳和促进;要加快社会体制改革,尤其是教育体制改革,切实解决教育文化管理体制中的弊病,积极通过多重渠道来为教师提供全方位的回报,提高教师经济和社会待遇,为教师各项工作的开展创造一个生机盎然的制度环境;积极营造尊师重教的、充满人文主义情怀的良好精神氛围,充分利用一切机会向社会进行正确的人才观、科学的教育观及教师劳动特点的宣传,争取得到社会的理解和支持,建立社会支持网络,优化学校生态环境,让教师拥有理想的"栖息地";要发挥家－校－社等因素的协同作用,更多地以宽容心、平常心看待教师工作,为教师的工作、生活营造一个宽松、健康、和谐的环境;要依法治教,建章立制,切实维护教师合法权益。从内部来说,要构建和完善学校制度体系,加强同外部环境的良性互动,有力整合各方资源,以制度化的保障促进办学效益的提升和教师职业幸福感的增强。

(2)改进学校管理,营造和谐上进的工作氛围。一是注重激励。学校要善于将满足教师需要所设置的目标与学校的目标密切结合起来,尤其应特别注重教师较高层次需要的满足,以防止"受挫－回归"现象的发生。从学校管理来说,一方面要做好激励的基础性建构,包括政策制定、日常管理、薪酬待遇、工作条件、人际关系等教师生存安全和心理安全的基础方面;另一方面,也要强化提升性的引领,如校园文化、社会责任、工作成就、体验分享、学校氛围、自我激励、协作激励等方面。以此构建多维立体激励的机制,使教师在职业经历与活动过程中,既较好地实现工作目标,又较好地满足个体精神需要,使生命质量得到提升,始终保持健康、积极、愉悦的心理状态,生成自主自发的工作风貌,不断追求更高的事业成功和职业幸福。二是提升管理活力,关照教师心理需求。教师的生存状态、心理状态,是学校高效管理的基础,更是管理活力释放的前提,反过来,学校管理活力的提升,也可以更好地对教师生存状况、心理状况予以优化。两者应该良性互动。学校管理者要以人性化管理为导向,提高教师待遇,改善工作条件,丰富校园活动,尽可能为教师的工作、生活创设温馨、舒适的氛围。同时,突破僵化的行政管理,倡导管理的平等、自然、灵动,尊重教师的情感需要,回应教师的心理需求,关注教师的感情世界、价值追求、心灵感受和生命状态，以包容、弹性的管理方式，为教师拓展心灵自由的空间，体现职业管理和生命关怀的和谐融合。此外，应充分激发民主活力，发挥教职工代表大会制度的作用，真正保障教职工行使民主权利，维护教师合法权益，确保教职工当家做主的主人翁地位，增强教师的归属感和职业认同感。三是开放教师自由实践，挖掘工作自身快乐。教师工作一方面具有较强的单调性、重复性，易使人倦怠；另一方面又具有极强的变化性和挑战性，为教师的自主探究、自由实践提供了较大的空间。因此，在教育实践中，应尽可能地发挥后者的积极作用，鼓励教师尝试自由实践，挖掘工作中的快乐。自由实践尊重人的个性自由，着眼和谐发展，它以"异质性""宽容性"和"开放性"的态度，顺应教师的个人抱负和自我选择；它能更好地激起教师对工作的情感而充满快乐的体验；它承担的不是学校任务或社会义务，学校管理和教育行政部门对此应该多些尊重，少点强制，多点信任，少些疑虑，多点自由，少些"不准"，给教师一个自主发挥的平台，让教师充分挖掘和体验到工作的快乐，自由发展，自主成长。

（3）突破生态困限，增进身心健康。生态最小因子定律和耐受性定律表明，生态困限会对生态主体的发展造成极大阻碍。教师发展生态系统同样如此，价值观、精神状态、身心健康等生态因子的缺欠，会对职业幸福的状况产生极大的影响。因此，应主动出击，超越教师自身发展的生态困限，给职业幸福的获得补足"营养"。

一是树立理想信念，回归生命的价值。信仰和信念是职业精神的"维生素"，也是支配行为的内驱力，是教师在压力下维持心理生态平衡的重要保证。因此，教师首先应培养坚定的职业热爱和信仰。同时，教师还应从生态的角度对职业信念重塑、提升，丰富对教师生命的完整理解，将工作和职业作为生命体的社会定位，作为生命的演绎和表达，生命价值的展现，并借鉴生态位理论，正确认识自我，错开生态位和生态位互补，确立自我发展空间，彰显个性，把职业压力转化成积极奋进、自觉投身科研和教学的动力，坚持终身学习，拒绝超过耐受性导致失衡。二是消解精神"赤字"，走向自我实现。积极面对精神的生态缺欠，不断提高自我效能感和自尊，养成积极思维的习惯，培养主动型人格特征，通过不断努力，以绩效和成就的收获强化自身的自尊感、效能感和价值感。改变消极归因模式，努力转换心情，让思维富有建设性，能始终对自己充满信心，使自己愉快、振作起来。在群体中，应主动对外联系，获取各种支持资源，尤其是同伴之间的心理支持，营造宽松的心理氛围，纾解自己精神的困限。三是身心一体，健康调节。身心健康是超越生态困限的基本保障，应充分关注，积极调养。身体的健康同心理的健康是一体联系的，情绪失当会导致生理疾病的产生。如长期处于焦虑、忧郁、恐惧、愤恨等情绪，胃酸持续增高，会产生胃部疾病；过度的情绪紧张，可能使内分泌失调，胰脏分泌机能受到影响，导致血糖、尿糖增高甚至糖尿病等等。可见，情绪的调节对人的精神面貌和整体的健康状态有极为重要的影响。因此，要建立教师身体健康发展的策略。定期进行常规体检，积极参加体育锻炼，保证足量休假休息，养成良好的生活习惯，树立科学的健康观，协调处理好工作、生活和健康的关系，提高生活的质量，可持续地健康地生活；同时，树立健全人格，既要有远大目标，又要立足现实，淡泊名利，完善自己，有较好的心理调节能力，保持身心一体的协调健康。四是改善保障，实行心理健康福利。在身心可持续发展的过程中，心理因素是极易被忽视的，也是当前影响教师职业幸福极重要的困限之一。由于对教师心理健康重视不够、机制不完善、保障力度缺乏等原因，教师的全面发展呈现扭曲、失衡等一些不良的态势，因此应借鉴"员工援助项目"（EAP）进行心理援助和危机干预，把教师心理健康福利纳入其福利体系，实行教师心理健康福利机制，促进教师身心健康和谐发展。"教师心理健康福利"的内容及操作方法主要包括以下方面[36]：内容上，有心理疾病预防和心理卫生教育，旨在提高教师心理自助能力；心理健康咨询，帮助教师解决心理发展中的疑难问题和障碍；心理困扰辅导，帮助教师确立正确的自我认知，进行自我心理调适；压力缓解辅导，帮助教师掌握缓解压力的有效方法，培养良好的心理素质；情绪管理辅导，帮助教师掌握处理自身不良情绪的科学方法，最终学会调节、驾驭自己的情绪。在操作上，由政府或学校为教师设置一项系统性、长效性的固定心理援助项目。可依托医院、心理健康中心等服务机构与教师进行直接沟通，或通过"网络心理咨询系统"等渠道开展心理健康培训、咨询和诊疗等多样化的心理危机干预，以解决教师的心理和行为问题，维护教师心理健康、身体健康、生活态度健康及所处环境健康的权益，不断提升教师心理健康水平及幸福感，使教师身心健康发展。其实施方式可建立"教师阳光谈心室""心理成长沙龙""心理健康热线""心理援助网络系统"以及对教师采用巡回讲座、团体培训、心理拓展训练等形式进行。"教师心理健康福利"的保障，应从舆论导向、教育立法、财政保障、实施机构、建规立制、组织监管、生态协同等多维度进行资源整合，系统推进。

（4）把握阶段特点，实行针对性引导。在教师的职业生涯中，处于不同发展阶段的教师其生存状态和心理特征是不一样的。应结合各阶段的特点，采取以下措施，有针对性地引导以切实提高教师职业幸福。[37]一是求生存时期。主要是初任职或重新任职的教师。由于刚踏入一个新的环境，对各种事物尚未较好适应，虽有理想、热情和一定创意，但缺乏教育教学经验和各种实践性知识。这时他们关注的重点是能否在环境中生存下来，对同事与学生的认可和接纳、学校的考评特别重视。教师通常都会表现出明显的焦虑和紧张，因而这一时期的压力是较大的。二是调整时期。工作几年之后，教师有了一定的教育教学经验，开始有精力去了解学生的复杂性，研究不同的教学方法来不断提高自己的教学能力和形成自己的科研成果，能更好地满足学生们的各种需要。此时的教师更多感受到职业的效能，开始变得比较开放和轻松。三是热心和成熟阶段。经过5年以上的教学实践之后，教师的经验更加丰富了，对教育教学及所处环境等也有了比较充分的了解，教学方法、科研能力等业务发展也较为成熟，更关心学生，有着比较融洽的师生关系。这一时期的教师心理充实，比较安心，常常能体验到成功感和满足感，对自身和职业的认同度都较高，是热心教育和追求发展的教师。四是挫折和退缩阶段。此时职业幸福感处于波动和转折期。工作一段时间之后，教师们可能由于各种原因会产生一些消极的体验和感受，如工作成就感、满意度下降，或不适应新情况、新变革而有挫折感。职业"倦怠"现象大多出现在此阶段，退缩行为开始显现，挫折感强度不断上升。初期大多表现为沉默寡言，跟随别人消极行事，此时如果及时进行调整，并给予适时、适当的支持与鼓励，他们会走出这一低谷期；如果不及时调整，可能会出现持续的退缩，心理上会出现倦怠感，会抗拒变革，对行政上的措施不作任何反应，还会经常批评学校、学生及管理部门；如果继续发展下去，还会表现出明显的无力感和防范心理，甚至对职业及自身价值的怀疑。对此阶段的教师要给予关注和帮助。五是更新稳定阶段。这一阶段的教师在一开始出现厌烦征兆时就采取了较为积极的应对措施,如参加研修班和各种学术团体,通过进修、访学等途径来全面提升自己的学术素养。因此,这些教师又会恢复到朝气蓬勃的状态,有活力、进取向上、不断汲取新知识。此时教师会致力于自己的专业成长,更成熟,更注重吸收新的教学知识,科研能力更强,进入了专家生涯时期,职业幸福值较高、稳定性较强。总之,在教师职业生涯发展的不同阶段,教师的生存状态和心理感受是不一样的,在每个阶段,都应有相应的激励策略,其中在"求生存阶段"和"挫折－退缩阶段",教师所承受的心理压力和产生的负面情绪是最大的,尤其应给予关注和帮助,以使教师平稳顺利地实现专业发展和职业幸福。

(六) 教师发展文化

学校文化是教师发展环境特殊而重要的部分。学校在发展过程中,经过长期的积淀、传承与创新,形成了独特的文化气质和品格,给群体成员以深厚的熏染,形成了学校和教师发展的巨大推力。在生态型教师发展中,要结合时代要求和教育生态系统特点,积极建设、改良学校文化环境,促进教师发展。学校文化从不同的角度可以划分为不同的内容,此处重点阐明同教师发展紧密相关的学校管理文化和教师文化两大方面。

1. 培育良性管理文化

良好的学校管理文化环境对教师的影响是十分重要的。一个和谐、温馨、平等、尊重的文化氛围,可以更好地提高教师的职业兴趣、工作热情,激发教师的创造力,增进教师的职业幸福。为此应做到以下几点:

(1) 落实民主和谐的管理理念。和谐的、合作的学校文化生态环境的建构需要学校全体成员共同参与,要形成学校内部民主和谐的管理体制,鼓励教师之间民主平等开放地对话和交流,促进合作性对话型教师生态环境的生成。这之中,管理层特别是学校领导要起到引领和表率作用。学校管理者的远见卓识与胸襟、民主化程度、能力与观念等都对教师的成长有着直接而现实的影响。在管理中,领导要有明晰的思路和愿景,能团结同事一起工作,平等合作;敢于和善于给教师赋权,尊重教师自治,吸引教师参与学校民主决策与民主管理；注重实效的行为，为教师的工作与生活的需要提供优良保障；加强组织间的沟通与协调，对话与交流，注重团队的绩效水平提升，营造民主和谐的管理氛围。

（2）实行以人为本的管理原则。以人为本是现代教育的基本价值。在教师发展过程中，就是要凸显教师的主体地位，给予充分肯定和尊重、理解和关怀，以实现教师自身发展和人格完善为目标，形成有利于教师发展的生态条件，营造培养现代教师的浓厚氛围，将科学管理、人本管理和文化管理相统一，强调组织文化的整体发挥，最大限度地激发个体潜能，使教师强烈地意识到自身在学校管理中的价值及参与管理的愿望，最大限度地调动教师在发展中生态主体的主观能动性和创造性的发挥。

（3）注重个性的管理操作。教师都有一定的独特个性，在一定的学校生态体系中，也有不同的生态位。实施个性化管理，是促进教师生态式发展成长的重要举措。聚焦教师发展的管理，应充分体现个性化的操作文化，摒弃简单粗糙、"一刀切"的管理操作。针对教师的不同特点，在管理过程中，充分认识不同类型的个性化特点，知人善用，帮助不同类型的教师制定科学合理的成长目标与专业发展规划，同时强化教师主体责任意识，使其扬长避短，主动发展优长特色，尽显其多彩的人格魅力。个性化的管理也促进学校在教师发展中包容性、鼓励性、尝试性的管理文化的形成。

（4）以校为本的管理生态。从生态文化角度，校本管理注重发挥学校管理的自主性，把学校看作一个动态的自组织管理系统（self-management system），学校的生存和持续发展有赖于学校内部的自组织能力而不是外部的强制性指令，是按照人的心理和行为活动规律所采用的非强制的柔性管理，而不是按预先规划好的路径及设计好的模式去运作的强制的刚性管理，是培养学生、教师并促进其发展的文化生境，而不是执行上级下达的"标准教育任务"的工厂。[38]它摒弃了行政性外控管理模式指令化、统一化的缺点，重视教师发展的实践性、差别性和阶段性，放低管理重心，重组资源，优化要素，以权力下放、活力激发提升教师的专业自主，为教师发展创设良好的学校生态环境，从而促进群体互动、自主参与、协调一致、注重实效的学校教师发展管理文化形成。

2. 构建新型教师文化

教师文化是指教师的价值观念和行为方式,既包括教师在教育教学活动中形成和发展起来的以分享和共识为基本元素的一系列知识技能、价值取向、思维方式以及行为方式,也包括教师之间的具有典型意义的关系形态及集体成员的结合方式。[39]教师文化中蕴含着许多可能影响和限制教师发展的因素,为教师发展发挥着深层次的作用。为此,可以从以下三个方面进行教师文化构建。

(1) 培育信念与专业精神。教师无疑是教师文化的主体,教师的发展状况和教师文化的建构密不可分。从群体的角度说,共同的教育信念、较强的专业精神、良好的同事关系氛围等都是成熟教师文化的表现;从个体的角度说,教师发展中教师自身和团队合作与交流的过程,实则也是教师文化的建构过程。因此,应积极采取各种措施,发挥教师的主体作用,引领教师文化的发展。可以采用制度约定、规范引导、榜样示范等方式,不断提升教师职业效能感、幸福感,增强教师的事业心和敬业精神,努力形成教师共同的专业理想和信念;可以以团队合作为中心,对现有的同事关系、评价体系、组织制度、工作方式等进行变革,鼓励学习与反思,倡导集体性教研,以形成教师自觉钻研业务又共同协作提高的风气;同时,应尊重教师主体地位和专业权利,为教师发展营造人性化的宽松氛围,促进真诚、和谐、自觉、探究的专业性教师文化的形成。

(2) 协同竞争与合作。良好的团队文化氛围意味着互助、合作和共享。哈格里夫斯曾把教师文化的形式划分为个人主义文化、派别主义文化、人为合作文化、自然合作文化四种主要类型,其中自然合作文化是最佳状况,它是以教师的教学和发展需要为基础,以教师自主和自愿为前提,基于教师之间的开放、互信与支持,渗透在日常教学中的教师之间的自然而然的合作,是一种具有浓厚的自主性的合作文化,这种合作能使教师之间在知识和信息上充分交流、分享,在思想、信念、态度等方面相互影响和促进,从而为良好同事关系的建立,为教师发展和教学水平的提高创造有利的条件,能推动组织和个体的发展,达到共生。[40]教师文化要提倡自然合作的教师文化,教师按照某种合作方式,在互动中获得彼此支持,达到促进教师群体生态型共生、共同发展的目的。教师的合作对象很多,可以是自己的同事,也可以是学校的领导、课程专家、学生、学生家长以及社区工作人员。通过教师的主动合作,来获取文化之间的交融,为教师创造更多更广泛的合作机会和资源共享机会。当然,倡导合作,并不是消除竞争,也不可能消除竞争,派别和竞争的存在是必然的。应该正视教师文化中的竞争,并以聚焦专业导向、服从集体利益、不伤及对方、不恶性循环为要则,进行良性的引导,以激发出个体和团队的活力与潜力,优化教师群体中的竞争与合作,形成良性的、高质量的教师协同文化。

(3)发掘生命意味。优质学校文化在教师文化层面上,集中表现在专业上的参与感,情感上的归属感,行动上的效能感,生命上的质量感。在教师文化生态系统中,要体现对生命意义的关注,体现人文关怀和主体间性的哲学向度。教师的发展不仅是学科知识的完善、教学技能的增强这类功利性的诉求,更包括对自身素养的提升、文化的积淀以及生命价值的追求,是生命状态的展开和呈现。教师文化对生命性的关注,是其生态性的必然要求。教师发展的过程,实则是教师生命存在及状态与其活动的环境相结合发生的一种创造过程,是生存状态的文化超越与价值显现过程。这饱含生命蕴含的意义创造,是教师发展的基础以及职业生命可持续的条件。这种创造与发展体现在教师文化生态系统既差别又协同的互动平衡之中,体现出生命存在的多样性、内在的关联性和活动整体的共融共生性。因此,学校教师生态文化要关注教师的生命状况、体现生命存在的本真意义与价值关怀,要凸显体制文化的边缘效应与去中心化教师生态文化,熏染教师发展丰富的生命内涵,要形成交往创生与主体间性的人文环境,要建构生态情感智能,在人与环境互动作用过程中的情景下形成对情绪环境和环境情绪做出适当的情绪与行为的反应能力,以发展与情境相协调的文化样式,凸现着教师的职业成长和生命行走的发展状态。

(七)教师发展评价

评价是教师发展生态系统中极为重要的因子,是推动教师专业成长的重要力量。学校应该根据目标或规划对教师发展情况加以评估,但如果学校过于关注外在的各种资源和条件,刻意追求所谓的目标、速度或规模等"成果",而漠视教师发展的内在规律和身心需要,就有可能导致教师发展生态的失衡和整体功能的失调。所以,学校应从根本上转变教师评价的目的,通过权力下放提升教师的专业自主,强调教师的自我发展与评估,并通过资源重组优化管理要素,完善评价机制,为教师发展创设良好的学校生态环境,使教师参与学校管理和自我管理,在群体互动、主体参与、协调一致地实现学校发展目标的过程中展开评价,从而促进教师的全面发展。

1. 建立合理的评价制度和机制

目前,相当多的教师考核和评价机制中,对于教师发展存在不同程度的错位引导,如过分量化、考核周期过短以及对考试成绩和科研成果的刚性要求过高等。建立科学合理的教师考核制度和机制,既是学校自身发展的需要,也是教师个体发展的需要。要明确评价的终极价值是唤醒教师的生命意识,实现教师的自我发展,促进教师生态主体与生态环境的适应。

学校应根据校情实际,建立科学合理的教师评价制度和机制。首先,考评内容和标准。要全面考虑成果评价、行为评价、素质评价几方面的内容,把教师的教学研究、教改实验、师生关系、创造性教学和校本课程开发以及发展适应度等引入考评的指标体系。其次,评价体系的建立原则。应包括针对性和多样化原则、过程性与系统化原则、教育性与科学化原则、发展性与动态性原则、合作性与互动化原则等,体现出整体、互动的生态性。其三,考评的组织实施。杜绝一切形式主义,努力使考评过程成为引导教师学会反思、学会自我总结、学会生成和提升的过程,从而进一步提高认识、更新观念。将教师自评,同伴互评,领导、学生、家长参评相结合,采取专家评估、经验总结、问卷调查、专题调研等灵活方式,及时、客观、全面地对教师评估。其四,评价方法。改变过去自上而下的单一的评价,强调通过面谈、课堂观察、非正式交流等形式发现教师工作中存在的问题与不足,并有针对性地提出改进意见与建议。同时,学校应通过创设一种良好的评价环境,形成管理文化,以带动教师专业化发展。最后,考评结果的使用。防止片面化和绝对化,杜绝唯分数主义,从教师专业成长的全过程来看考评的结果,帮助教师全面了解自己以及环境的变化情况,明确自己的成长阶段和进一步努力的方向,注重评价的内部导向作用,善于通过评价拓展教师的资源生态位和需求生态位,激励教师发展。

2. 注重自我评估

首先,要充分认识到自我评价对促进教师发展的重要意义。教师是其发展的生态主体，具有充分的自我教育、自我管理的能力。实施教师发展的自我评价，是教师自我能力的体现、主体精神的发挥，可以充分挖掘教师潜力，更好地调动教师发展的积极性和创造性。其次，应帮助教师树立正确的自我评价观。要让教师认识到发展及其评估对个人职业生涯的重要性，主动以评估为手段追求职业生涯的质量、幸福和生命价值的提升，为自己的专业发展进行良好的定位，并通过开展自我评价，进行自我反思，找准生态位，促进自我提高。再次，为教师自我评估提供制度保障。要尊重教师专业自主的权利，适度下放教师对工作，包括对自己的评判权，实施民主治校，建立相应制度，在考评时尽可能多地让教师参与包括标准的制定、过程的实施、结果的评定等评价全过程，体现评价的自我参与。最后，改进评估方式，实行教师个性化自我评估。教师可以根据教育的规律和发展目标，自行设计评估方案，自主设定考核的时段节点，向学校申请或备案，改变"一刀切"的评价规程，突出评价对教师工作和发展的个性化、适切化，也为教师的变革与创新拓展更大空间。

3. 实行发展性评估

首先，明确评价的目的。在生态型教师发展中，发展性教师评价以促进专业成长、实现教师自身的价值为最终目的，其评价机制是一种形成性评价，不重在甄别、选拔与奖惩的功能，而是关注教师的需要和发展，突出评价的诊断、激励与调控的功能，为促进教师发展这一目的服务。其次，完善评价指标体系和评价方式。建立和完善多元化指标体系，体现评价内容的丰富全面，为教师发展提供可行性指导。同时，尊重教师的人格和尊严，优化评价方式，强调教师之间、评价者和被评价者之间的合作与交流，激发教师专业发展的热情和需要，营造真诚合作的同事关系氛围，形成一种良性竞争机制，使评价就本身体现出教育的生态性。档案袋评价法、动态评价法、校长－同事评价法、目标合同评价法、自我评价法等比较适用于此类评估。第三，转移教师评价的重心。对教师的发展性评价的重心，应从过分关注结果转向关注过程。关注结果的终结性评价面向"过去"，重在结论，是一种封闭的状态，限制教师发展的灵活性和创造性，而关注过程的形成性评价则面向"未来"，重在发展，体现生态系统开放性的特点，有利于教师更好地整合资源、动态调整和自主发展进步。最后，发展性教师评价制度不仅倡导多元评价主体，而且倡导民主确定评价者。作为评价对象，教师可以挑选或决定自己的评价者。这有助于改变教师之间的防范和人为的隔离状态，改善教师个体之间的竞争，使教师个体能够真实地表达自己的需要，主动地接受别人的意见和建议，从而实现教师间的真诚合作、真实发展。

4. 进行生态位分化评价

不同的教师在生态系统中拥有不同的生态位，教师评价是教师生态位界定的主要依据。传统的教师评价只强调检查、甄别、选拔、评比、奖惩等功能，使得评价指向单一而集中，人为地使教师的现实生态位的过度重叠，导致激烈的竞争，最终形成教师发展的严重阻碍。事实上，教师是个别性、差异化存在的，他们有着各自不同的性格、特长、爱好、经验，在知识结构、能力品质、量的特征和发展阶段上各不相同，他们都有适合自己生存的生态位，并且形成生态位之间的差异。生态型教师评价应该以这些生态位差异为评价的基本依据，并据此建立有助于实现教师现实生态位分化的、指向不同个体的教师评价体系。其一，评价以客观性、差异性为基础，是指向未来的、动态的、个体化的、形成性的评价，即立足于现实差异，用动态的、发展的眼光对教师工作的各个环节进行系统的、全程的、长焦距的、循环反复的评价，而不是单点、片面、刻板的评价。其二，利用来自多方面评价主体的反馈信息，辨清人的现实生态位与理想生态位差，并据此引导教师进行自我评价和自我调整，促进教师针对性、适应性发展。其三，评价应引导教师区别个体与他人生态位，使教师更准确地定位自己的生存空间，充分发挥自身的优势生态位，利用生态位资源差异和互补原理，积极形成教师间良性的竞争或合作，达到双方共赢或多赢。

本章注释

［1］［2］［3］文丽萍. 生态学视域下的教师发展［D］. 湖南师范大学硕士论文，2007：28，20—24，17.

［4］［6］余桥，吴节义，林群. 试论生态型教师管理及其现实阻抗因素［J］. 绵阳师范学院学报，2010（10）.

［5］［37］陈锋. 基于教育生态的教师专业化发展模式构建［J］. 基础教育，2008（3）.

［7］［10］［13］王云秀. 教师专业发展的校长引领策略研究［D］. 山东师范大学硕士论

文，2012：20—22，6，18—19.

[8][26][39] 高芳. 教师专业发展的生态环境构建 [J]. 继续教育研究，2011 (9).

[9][23][24] 方孙飞. 构建全面合作的探究学习模式促进教师专业发展 [D]. 江苏大学硕士论文，2010：13—14，15，16.

[11][17][19] 申仁洪，黄甫全. 创新性成长模式：教师教育的实现样式 [J]. 教师教育研究，2004 (5).

[12] 计湘婷. 后现代主义教育观下的小学教师素质 [J]. 教育实践与研究，2004 (1).

[14] Freema Elbaz. (1981). *The Teachers Practical Knowledge Report of A Case Study*. Cumiculum Inquiry，11，43—47.

[15][35] 任其平. 论教师专业发展的生态化培养模式 [J]. 教育研究，2010 (8).

[16][20] 胡志金. 论远程教师多维导学能力的研究视角与培训方略 [J]. 中国远程教育，2011 (6).

[18][21] 赵琼. 教师素质的构成及提高途径研究 [J]. 成都教育学院学报，2000 (11).

[22] 刘小丽. PDS：美国教育理论和教育实践相结合的创新模式 [D]. 河北大学硕士论文，2005：38—39.

[25] 卜彩丽，赵红敏. 沉浸感理论在网络学习中的应用 [J]. 软件导刊，2013 (9).

[27][30][31][32] 张兰. 教师实践共同体建构研究 [D]. 西南大学硕士论文，2010：16，33，35，35—36.

[28][29] 黎进萍. 专业学习共同体中的教师专业发展：美国的实践及启示 [D]. 西北师范大学硕士论文，2007：18—20，18.

[33] 田芳. 小学英语教师实践性知识生成策略的研究 [D]. 广州大学硕士论文，2010：8—15.

[34][38] 古立新. 教师专业发展的生态学思考 [J]. 当代教育科学，2004 (6).

[36] 李鹏，李雪平. 多学科视域下教师心理健康福利机制探析 [J]. 西南交通大学学报：社会科学版，2010 (2).

[37] 王晓萍. 高校教师心理健康与和谐教育生态建构 [J]. 学术论坛，2011 (1).

[40] 莫华善，张传月. 消解教师职业倦怠的生态策略 [J]. 教育导刊，2008 (9).

第七章

构建生态型学校整体发展

一、生态型学校发展系统

（一）学校生态系统的构成

关于生态系统的组成，布洛芬布伦纳认为，人生存和发展的社会生态环境是由四个层次的同心圆构成的系统，由内向外依次为微系统、中系统、外系统和大系统。[1]这个理论被广泛地应用到对于机构、组织或项目的发展的生态分析中。学校教育作为一个生态系统，也具有类似的特点（如图7—1），其中微系统是指诸如班级、同伴和科组这些与人最直接相关的环境，大系统是指社会、政治、经济、文化和教育质量观等，而中系统和外系统是指介于两者之间的家庭、学校以及社区等组织。从某种意义上说，学校教育系统也是一个有机体，是在内外部不同层次环境相互适应和相互调整中发展的，在与环境进行物质、信息、能量交换的过程中，总是处在社会环境变化所带来的社会需求的压力下，而学校教育系统也习惯这种压力环境，并将其作为自身发展的动力，主动满足社会的需求，促进社会环境的进一步变化。埃斯纳也认为，教育系统是一个相互依存的整体，是一个以教学生态系统为主体的生态体，学校教育活动系统周围是一层具有可渗透性的膜，将学校内部系统和外部环境系统区分开来，通过具有可渗透性的边界（膜），学校的教学活动和学校外界的环境因子之间发生各种类型的互动。[2]总之，学校生态系统是一个由"人－活动－环境"构成，并以人为主体的复合生态系统，主要包括自然生态和社会生态两个子系统，对其组分可作进一步的分析（见表7—1）。[3]

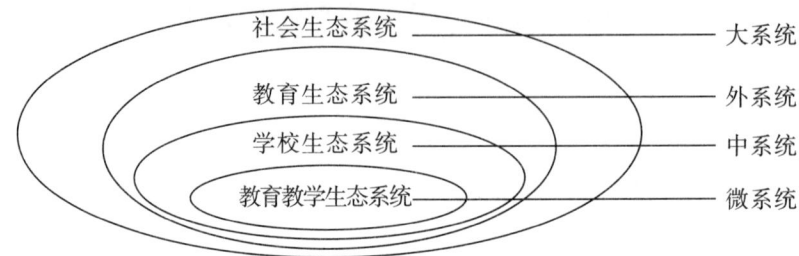

图7—1　学校生态系统简图

表7—1　学校生态系统组分分析

系统	子系统	主体与环境	生态成分
学校教育生态系统	人类自然生态子系统	生物（主体）	植物、动物、微生物（生产者、消费者、分解者）
		自然环境	地形地貌、阳光、空气、土壤、山水等
		人工环境	建筑物、教学设施、人工景观等
	人类社会生态子系统	人（主体）	教职工、干部、学生（教育者、管理者、学习者、自我教育者、评价者、研究者）
		社会环境	政治形态、经济结构等
			人文规范环境，有规章制度、校风校貌、学校传统、价值观念、课程知识、教学行为、文化科学、人际交往、人员结构、活动与事件以及家校联系、校际关系、虚拟网络等

从图7—1和表7—1可知，学校教育生态是一个多维性综合系统，不仅包含自然的生态系统，同时还包含社会状态的生态系统。学校教育中的自然生态系统并非完全的自然性，而是含有一定的人为的性质，其包括非生物环境和生物环境，是人类赖以生存和发展的条件，也是人类认识和开发的资源，这种资源对于教育，特别是学生发展和学校发展来说，必将产生直接或间接的影响。社会生态系统中，人是主体性因素，对于系统的发展起关键性作用；社会环境是学校教育生态性发展的重要因子，包括政治形态、经济结构和人文规范等，其对教育和学校发展的影响是十分重要的。对于学校来说，学校内部的组织构成、教育管理、师生教学互动等是学校的微系统，而整个国家的政治、经济和

文化环境则是学校运行的大系统。其中外在系统可以通过信息、能量等的交换与学校内部系统产生相互作用，从而影响学校内部各个子系统的运行。

因此，生态型发展除了对人的主体性作用强调外，还必须注重对环境，尤其是社会性环境的关注和分析。政治形态对于教育和学校的育人目标、运行体制、发展政策、资源配置具有直接的影响作用。在一定的社会生态系统中，教育在很大程度上受制于政治形态，如一定的执政力量所制定的教育方针、政策等。但教育和学校发展的根本因素是经济结构，即生产力的发展阶段和水平，因为生产力是社会生产中最活跃、最革命的因素。很多研究者已经分析了社会经济环境的调整对教育系统的影响。比如经济环境的变化会影响人才培养的速度与规模、教育结构、教育内容和方法；社会经济结构的调整对学校教学目标的影响，在工业化大生产中，学校的教学目标就是培养出合适的劳动者，而后工业化时期，更注重学生对生命意义和价值感的获取；知识经济时代对学校内部系统的影响，知识管理、网络联结、数据挖掘等，可将教学组织从科层组织转变成教育的生态体，在与环境互动中收集数据和信息，转变成有意义的教学知识及进一步的教育活动。这启示我们，学校的生态型发展应同社会的经济发展变化等环境因素积极互动、调适、匹配。

同时，人文规范环境在学校发展的微系统层面也发生着持续而深刻的影响。规范环境也称精神环境或价值环境，它是人类在群体生活中所形成的特有的制度、态度、风气、观念等。在学校发展中，规章制度、校风校貌、人际氛围等良好的人文性规范环境不但规范个人的生活和行为，而且使人的精神有所寄托，使学校的精神生活得以升华。[4]课程知识、教学行为等方面的规范环境对学校教育质量和品质产生直接而巨大的影响。个人在规范环境中会受到他人态度的影响，建立自己的价值规范和道德观，实现人格和个性的发展，从而影响和造成学校的整体发展。

在学校生态型发展中，各个生态因子由于性质的不同，其起的作用也不尽相同。美国行政生态学家里格斯（W. Riggs）把环境因素分为无感因素和敏感因素两类，其中，无感因素是指与教育关系不大，只对教育产生间接影响的因素，如空气、土壤等；敏感因素包括独立因素、附属因素和交互因素，它们各自以不同的方式对系统产生功能性影响。[5]敏感因素中独立因素往往是对教育产生重大影响的因子，如政策和制度等；而附属因素则要协同其他生态因子对教育产生影响，如设备设施和人文景观等；交互因素指存在双方影响关系的因素，如师生关系、校际竞争等。对不同因子的影响状况做出辨析，有利于更好地发挥生态因子对学校发展的积极效益。

总之，学校发展的生态系统是一个十分复杂的生态系统，是以人才培养为中心的多因子综合系统。在这一复杂的系统当中，通过物质流、能量流、信息流的相互作用，学校教育的层次由低向高不断转化，功能不断优化，人才的培养也由基础向更高发展，学校的生态发展状况不断优化演进。

（二）良好学校发展生态系统的特征

良好的学校发展生态系统，以学校发展为目标，以师生发展为中心，协同个体和整体的发展，以实现系统功能和效应的最优化，其一般具有五个方面的特征。[6]

1. 平衡性

学校发展生态系统的平衡性是指系统各部分的结构和功能皆处于相互适应和协调的状态。在结构上，各级学校的空间结构、时间结构、校际结构等能较好地满足教育目标和需求，呈良性态势，同时，学生人数、学校种类设置、各级学校内在比例关系与学校区域布局相适应，与环境状况相协调；在功能上，应该有比较充足的物质流、能量流和信息流，并且做到物有所用，能有效益。失去这种平衡性教育系统运行过程的前提或者大环境就会遭受损害，学校的良好发展自然无从谈起。

2. 开放性

生态系统中每种子系统都与系统之外的环境紧密联系。学校发展系统也如此。其生态系统与外部的社会环境和自然环境息息相关，在开放的状态下，其运行的每个环节都应该随着教育之外的环境因素调整变化，以发挥教育资源的互动与整合的作用。一般说来，开放环境对学校发展的影响，在宏观上应做到需求平衡，即学校数量、类型、质量和办学方式等与外在的社会需要相对应，积极回应社会需求而非孤立、封闭地办学，同时根据办学需求搜索和整合社会有益资源，促进办学；微观上学校应根据系统环境的态势特点和发展的整体需要，适时调整教育目标、内容、方法以及学校发展政策、策略等。基于开放性的学校发展，其内部及其与环境的互动和交换的生态功能才能有效体现。

3. 动态性

运动是事物的本性，不断变动、不断创新也是良好学校发展生态系统的主要特征之一。其首先是指生态系统各部分的关系是动态的，自然条件的变化、社会发展需要、人自身身心变化以及学校发展的个体与群体等各种因素的相互关联和影响，不断促进学校调整，大到方针政策、教育体制、学校布局，小到学校作息、课程设置、课堂教学方式的动态调整等等。其次是节律性，学校活动的开展以及学校发展的周期性、阶段性特点，使之也具有如自然界和人体都存在生物节律一般的动态节律性，应利用这种动态节律，促进学校发展。此外，学校本身的发展以及整个生态系统也是动态演进的。

4. 整体性

学校发展生态系统中任何一种生态因子的变化都可能影响整个生态系统状况，同时，系统的功能效益也是因素之间有机配合作用的结果，而不是各部分因素功能的简单相加。因此，良好的生态系统中生态因子及系统机制总是体现出整合协同的特点。为此，系统也必须具有一定的规范性予以保障，如各种法律、规章制度、行为规范、政策措施等，这种规范性是良好教育整体秩序的条件，也是学校发展得以推进的前提。

5. 层次性

生态系统都具有一定的结构层次。学校发展生态系统主要可以从宏观生态和微观生态的两大层次考察。宏观生态就是从生物圈出发，以学校发展为中心研究生物圈范围内的各种环境系统，分析自然的生态环境、社会的结构环境和规范的价值环境及其功能，寻求发展的趋势、方向、体制和对策，发现或创造有利于学校发展的生态环境，并把握机遇，制订符合实情的教育规划。微观生态就是以学校发展的主要服务对象——受教育者为中心，整合学校、社会、家庭教育等诸多因素，注重局部生态环境的优化，引导和激发学生的学习动机，培养学生良好的品德，改变学生的不良行为，提高学习效果，同时，从学校的特点出发，创建良好优美的学校环境和文化，从而推动和实现学校的发展。从生态学的角度看，学校发展生态系统可以分为个体生态、种群生态、群落生态和系统生态，它体现了学校校内生态、学校发展个体生态、学校发展的校际生态、学校发展的区域生态等多个层次。不同的层次考察的因素和研究的重点也相应不同。

（三）系统功能和效应

学校发展生态系统是一个整体、互动、开放、平衡、演进和协调的系统，良好的系统状态可以产生丰富的系统功能和效应，促进学校的整体发展。其主要体现在四个方面。[7]

1. 自组织

学校发展生态系统具有自组织性，它以系统整体的方式调节学校内部发展及与学校外部环境的关系，并与环境保持一种动态的平衡。生态系统依靠自身内部的压力，在相对稳定的状态下，促使教育资源、教育者、学习者不断向结构化、有序化、多功能的方向发展，系统的结构和功能随着变化也将产生自我的改变，并进一步反馈调适，推动下一轮的发展变化。在生态容量的范围内，系统密度越大，联系越通畅，有序程度就越高，学校的自组织性和工作效率就越高。

2. 差异与整合

在学校生态系统中，不同纵向层次间存在差异性资源，由学生个体、班级、年级、学校、区域，当低层次单元组成较高层次单元时，较高层次单元会形成一些低层次单元所没有的功能上的新特性，从而使整体功能大于部分功能之和。同时，系统内部因子及系统层间横向的差异，也是一种整合的资源。差异是生态系统发展的基本条件。没有差异，生态也就失去了活力和存在的基础。差异导致竞争，竞争促进发展；差异也是合作的资源，能促进生态系统中各因子在互补合作中共同成长。虽然竞争型生态容易形成损人利己的偏利关系，但竞争无法也不必排除，重要的是把竞争与合作结合起来，使竞争中有合作、合作中有竞争。在差异的同时竞争、合作、交流、互补，形成更进一步的整体性功能。这正是生态系统的价值之一。

3. 能减和补偿

自然生态系统存在一个"能量金字塔"，即能量在相邻两个生物营养级间的传递减损效率大约为 1/10，食物和能量在沿食物链流动的过程中是递减的。学校发展生态中，资源和能量也是在传递的链条上不断递减的。学校要分析这一效应对发展的影响，定好生存和发展生态位，梳理好运行机制，调整组织及结构方式，减少"能耗"。同时，生态环境也具有一定的补偿效应。即当某种生态因子在数量或程度上存在不足时，可以由其他生态因子的加强而得到一定程度的补偿。比如教学条件中的教师素质与教学资源之间、校际发展中的学校的竞争实力与政策调控之间等，就可能存在这样的生态补偿效应。对能减和补偿效应的关注，有利于积极主动地调整学校的发展状态，促进其生态优化。

4. 平衡与演进

调整学校生态系统内外部的各种关系，使之均衡、协调地发展是保证生态平衡的关键。这主要包括两大方面：一是结构性的，系统中因子的改变和演化过于突出或不足，以及组合不当，都会影响到整个教育生态系统的平衡，如学校的师生之比、区域的学生数与学校数之比等；二是功能性的，学校与生态环境之间物质流、能量流和信息流的功能平衡，如经费投入的能量流，影响和制约学校发展的规模、质量、速度和数量，而信息流同样也会影响教育观念的更新及管理方式方法的变革。同时，一定组织和结构的学校发展系统，是在不断进行内外部物质、信息和能量的交换交流中，获得系统渐进式、有序化的发展和功能完善的生态演进的。在此过程中，系统生态结构由简单向复杂演进，稳定性增强，并由排他性、分离型的竞争型生态演进为合作性、依存型生态。此外，不同的主导因素会引导不同类型的生态演进。一种是主动促进的生态演进，学校根据某种教育思想和自身的办学特色或规划，主动促进学校变化、发展演进，其中主体人为干预起主导作用；另一种是顺其自然的生态演进，学校工作按照教育教学常规按部就班地或在自在的状态下进行，此时环境作用凸显，可能主导学校发展演进。

（四）学校发展系统环境建构

1. 确立发展的整体生态环境观

学校发展系统的环境是由多种环境因子所构成的综合环境，环境的变化和影响是以整体效应的方式出现的。这主要表现在生态环境整体与因子的辩证关系上，即环境整体是诸因子的合力的体现，而任一环境因子的改变又会引发整体生态环境的变化。学校发展整体的生态环境中，物质环境提供支持性条件，制度和政策通过强制、限制和鼓励等方面对学校发展施以外力，文化意识、舆论、发展观念等从生态主体内部影响办学理念和价值取舍，几方面综合，形成对学校发展的环境影响。因此，为促进学校最优化发展，确立整体生态环境观显得尤为重要，这包括因素的整体观、结构的整体观、机制的整体观、功能的整体观等。各级管理组织应全盘考虑，构建积极和谐的学校教育生态环境，使各种生态环境因素成为激发学校发展潜能的动力，遵照教育生态平衡理论，积极关注并着手改进生态环境中的各种子环境，创设稳定、平衡、有序的生态环境，以促进整体生态环境质量的提升。此外，我们不仅应关心学校发展环境的应然性问题，还要关注其实然状态，如社会组织对教育的实际支持力度等问题。

2. 营造发展的激励性生态环境

学校发展系统激励性的生态环境主要体现在制度构建和氛围营造方面。首先是发展制度的建设。制度环境必须是建立在合理、适度的基准之上的，实现自由与限制的平衡，激发人的追求与创造，促进学校的发展。在开发学校组织体制时，应能保证沟通渠道的畅通和多元化，不断加强反馈，促进学校结构的有机结合；关注制度体系的梳理、评价、生成、调整和重组，实现学校结构的多元互动和生成；完善民主管理制度，建设学校发展协同环境，使个体发展与整体发展需要得到满足，激发学校发展潜能；制定并践行一套明确的奖励标准，为学校发展提供激励。其次，激励氛围的营造。学校发展环境的构建，应该体现出激励性，为此，应做好以下工作：一是营造环境动力，包括发展感召力、认同力、接纳力、规范力、引导力、凝聚力、助推力、感染力和激发力等；二是提供榜样示范，集成、推送、更新一系列的客观原型，以示范、启发，如先进的典型、成功的案例、经验与模式等；三是提供良好的平台，为学校发展提供物质、能量与信息交换的基础，不间断地完善更新发展资源，以平台的协同性、支持性、新颖性推动环境的激励性，同时引导学校力所能及地自主构建环境资源，这可以包括组织平台、网络平台、活动平台等。

3. 形成开放型学校生态环境

学校发展需要个体自由愉悦地发展，教师间、师生间自然主动的合作，乃至全校间的合作、校际的合作、区域的合作等，这有赖于开放型学校环境氛围的形成。从校内来说，开放式的生态氛围首先是一个良好的校园环境氛围，身处其中的时候，从人、事到风物，各种观感都自然、和谐、顺畅、清朗，能感受到一种美的享受，能够激发师生内在的发展动力，物质环境方面应该为发展提供必备的设备设施，并开放式使用与管理，保障效益最大化；人文环境方面，注重校务公开、民主管理、和谐人际、兼容并包等，这也是学校形成开放式氛围的重要手段。从校际来说，各种校际共同体、合作联盟、友好学校、学校—社区委员会等都可以促进开放办学环境的形成。在当前，利用现代技术，建设信息化校园和整合校内外资源，是开放办学促进学校发展的两个重点。要打破传统学校生态环境的封闭、半封闭状态，在信息维度上有益拓展，应以具有较强交互性、开放性、虚拟性、协同性等特点的信息网络平台，扩展学校发展空间，为学校发展提供开放、自主、个性化的信息生态环境，改变学校发展的方式，使学校之间、学校与社会之间实现充分的信息交流和资源交换。因此，要以开放性的资源意识，整合各种环境因子，形成开放集成的生态环境，促进学校高效地发展。

4. 生态环境调控

学校发展系统的生态环境具有发展变化的动态性，对其中的优劣情况应加以辨析，适时调控，以避免不利状况对学校发展的较大影响。为此，可采用以下一些调控策略[8]：一是政策与制度策略。根据环境总体现状分析，进行政策与制度对策调整。如进城务工人员增多，子女就读问题突出，导致环境因素中的生源因子急剧变化，国家就应制定政策，加大教育投入，扩展规模，以实现入学权利的保障和学校平稳发展之间的平衡等。二是因子替代策略。学校生态环境中的某个因子不够理想或出现暂时性不足，可以考虑运用生态意义上的替代因子效应，即选择与该因子间高相关的因子来替代。如物质环境因子不足的情况下，可以强化管理行为因子和合作因子作为替代因子等。三是需求差异策略。需求是有差异和变化的，在学校发展环境的调控中，学校不同的层次及阶段的发展有不同的需求，可有针对性、差异性地进行调控。如学校发展初期，需要较多地得到环境的支持，应该积极开展外向型发展调控策略，增大与环境交流的量，在环境中借力发展；当发展到中期，有了一定的基础，获得了内外的认可，应调整为内涵式发展策略，更多地保证与环境交往的质，适当减少量；在发展较为成熟之后，又应该调整为外向型策略，既为环境反馈、输出，又可以在与环境不断的资源与能量交换中，获得新的发展机遇，创造新的发展增长点。四是生态位调控策略。学校在受到外在生态环境因子的影响和制约的同时，必须分析其在学校生态环境中特定的资源生态位，争取对外在环境的能动作用。这种能动作用集中表现在对外在环境因子的选择和开发利用上，以此有效拓展资源生态位，并改造和适应环境。

二、生态型学校个体发展

（一）理念

就一所学校而言，生态型学校发展，需要学校在办学理念上具有开放性、变革性、生长性，与环境相适应，以可持续发展为方向。发展理念的转变，首先要求着眼未来，实行可持续发展。这意味着学校教育不能短视，不能简单受行政命令和考试升学的指挥；意味着现在的教育应该为学生未来的发展提供基本的条件，要培养其学习力。但是，在现实的教育活动中，我们常常看到的却是注重短期利益、重复建设和硬性单一的评价指标，以及由此造成的教育对其基本目标的偏离、教育资源的浪费和办学特色的缺失，甚至学生发展的畸形。"着眼未来，可持续发展"的教育理念对当前的教育现状提出了巨大的挑战，要求对当前学校教育现状中的不良状况大力改变，要重视培养学生终身学习的能力和意识，以提高生存适应能力、发展提升能力和创新能力，有效应对现代社会复杂的环境变化。

其次是合作共进，幸福成长。师生是学校发展的生态主体。生态型学校发展应摆脱工具理性的价值观，追求师生的幸福成长、共同成长。在办学过程中应尊重教师和学生的相互独立性，同时也促进教师和学生的相互学习和依赖性，关注师生的存在状况和身心健康，保持他们良好的精神和心理状态。增进师生幸福应成为学校追求的目标,充满理性精神的科学探究与充满关怀情意的人文成长应成为师生的主要生活方式,每一个人自身的成功和团队的、学校的发展有机结合。因此,师资队伍建设规划、学生发展规划、师生发展程度、师生满意度等都应成为考察学校发展方向与实效性的指标。

再次,关注生命,全面发展。学校发展是以全面育人为基础的。从教育本质和学生全面发展的角度来思考学校的发展问题,是学校发展的根本出发点。引领学校发展的核心指标应当是每个学生尽可能充分地发展以及其实现程度。在学生发展评估上,学校要抛弃"尖子主义"的精英教育理念,改变只以学生成绩为标准评定教育教学质量的做法,以"生命成长"为基本考察视角,以全体学生全面发展作为主要的评估标准,对学生发展的评估在多样性、高质量、公平性基础上,增加学生个性发展、情意发展指标,尽可能实现全面教育;对不同学校要进行学校教育的适应性分析,不仅考察学校教育过程的公平性,还要考察学校为每个学生提供适宜教育的程度,对学校教育与全体学生个性发展、创造性培养以及潜力发挥的相关性和可能性进行考察;不仅考察学校为学生提供平等的关切、尊重与照顾的机会与可能,还要考察学生的情意发展和人格状态,促进学生生命身心康健、协调发展。[9]这些理念之中,都深含着"关注生命全面成长"的生态意蕴。

最后,开放性、变革式办学。学校教育的基本功能是育人与促进社会发展,由此也应从满足社会需要的角度来思考学校的发展问题。尤其是在当今时代,科技变革迅速、网络联结广泛,学校的发展已经不可能是"关门办学"的格局了,其必须强调同社会和其他环境因素进行充分、广泛的物质、信息、能量交换,一方面集成利用其资源,另一方面通过文化传播及人才培养回馈社会,并且在同内外环境的变化适应中,不断加强学校变革,促进发展的生态型演进。

(二) 组织结构原则

生态型学校组织结构构建,应同学校发展生态系统的复杂性相一致,在主要原则方面应注意以下几点。

其一,与环境的适应性。教育生态学强调环境和组织结构之间的相互作用，要求学校组织与社会环境的各个因素保持互动与平衡。在学校与社会环境的相互作用中，环境对组织的选择是基于组织的结构的，虽然学校可以通过自身的可塑性和弹性来适应环境的变化，但一旦学校的组织结构不适应社会环境的变化，信息、能量将无法有效流通。因此，面对社会环境的变化，学校的组织结构必须做出相应的变革。这种适应性的变革，体现在育人目标、制度、机构设置等方面。此外，学校培养目标的社会性功能要求学校的组织形态与一般社会组织形态具有一定的同构性。这种同构性为学生的社会化提供了有利的基础和条件，也是学校与外在社会环境通融性的基础。此外，社会政治、经济、科技等发展方式的转变也催生相应的制度化环境，学校在组织结构上一定要做出相应的调整，与其达成制度同构，使培养出来的人才能够更好地适应社会的变化。这种组织结构与制度同构，并不要求学校与社会完全等同，而是指学校应该敏感地关注社会和经济结构的变化，合理地做出组织反应，在一定程度上变革组织结构及制度以适应社会、经济的变化和发展。例如全球一体化趋势下学校国际办学交流部门或"模拟联合国组织"的设立、民主氛围下"小组合作式"工作团队建构、网络条件下"虚拟组织"的建立等等。

其二，专业性。学校是专业技术部门，在知识化、信息化、网络化社会变化中，学校的组织结构应有新的变化，紧扣专业性，为专业化服务。传统的学校组织是行政性高于专业性的。主要体现在：学校内部办学理念与思想的传播是自上而下的，缺乏横向专业组织的参与，校长的观念或上级的文件即代表了学校的办学理念，通过各部门、年级组自上而下地进行贯彻；学校组织的凝聚力与教师共享价值观的形成主要靠科层组织的灌输，而不是来自教师组织对学校文化的参与和超越，也没有体现出与专业的高度结合性；学校没有专业自治组织，或者有此类组织但没有专业地位，没有教师广泛参与，没有自我监察力；学校缺乏办学自主权与独立性，学校正常教学常被行政检查与事务性工作打乱，校长忙于行政事务，其角色属于"半专业半行政"，其"专业领导者"地位无法保证；学校作为教师专业组织的权威性和认可度均逊位于科层制行政管理。[10] 为此，学校组织内部应建立相应的专业化团队或组织。这些团队或组织是以专业任务或发展为核心的，结构是扁平的，是属于学校提供支持、教师充分自治的组织，享有较高的学术地位与认可度，专业组织形成一定的规范实现自主管理、自我监察，同时，组织内部具有较高的情感支持。

其三，主体性。在生态型学校发展中，学生和教师是主体性因素，学校的组织结构要保证其主体性作用的发挥。如果把学校视为一张生态网的话，学生和教师的主体性是这种网状结构的骨架和节点。要形成良好的网状管理生态，需要推进权力非中心化，权力重心下移，促使管理由"外控型"向"内生型"转变，同时，实行无边界扁平化管理，整个学校形成以学生发展为核心、师生主体管理为外围、学校行政管理为协助的交叉型扁平化结构，学校行政机构实现"大服务、中指导、小管理"的职能转变，由学生发展的内层需求决定外层工作方向，外层为内层服务，建立物质流、能量流、信息流良性的顺畅的通道。置顶教师和学生的主体地位，变革相应组织管理架构，建立"学生自主管理联合会""班级管理独立体"和"教师专业发展共同体"等自主型管理团队，以师生成长为中心，学校发展为主线，构建"圈层式＋射线式管理"框架，使每个团队形成一个能够自我管理、自我发展的小群体，形成多圈层共生共荣、协同竞争的学校生态网，在发展的主轴线上螺旋式前进，激发师生双方的积极性、主动性、创造性，共同为学生成长和学校发展聚力，让学校充满生命活力。此外，学校在组织文化建设上既要关注师生主体地位、共享的价值观念、组织的凝聚力的形成以及组织成员间的合作和组织的效能等，还应在战略发展重点上着眼于增强组织的情感导向的文化，营造关怀型学校，促进主体性管理发展。

此外，学校组织结构的建立还应把握和谐性、整体性、开放性、时代性和创新性等原则。

（三）运行制度

生态型学校发展，需要建立与之相符的体现生态特点的运行制度予以保障，这主要包括四个方面。

其一，制度的整合。根据生态学观点，学校功能的发挥是内部因子和外部环境相互作用的结果。对学校发展的分析、把握，也应放到社会体系背景这个大环境中进行，在学校内部因子与外部社会环境相互作用的各个方面中寻找广泛的、综合的策略。因此，在制度的内容范畴上，应从整体分析入手，既规范内部关系，也规范与外部环境的关系，体现出整体性，做到全面、整合。生态型学校制度内外部关系如图7—2所示[11]，其中S代表学校职能的生态主体；A表示政府、A_1表示学校内部的组织；B表示社会、B_1表示学校内部的管理；C表示市场（资源配置的外在力量）、C_1表示学校内部的文化；$E_{外}$（校外环境）＝A＋B＋C；$E_{内}$（校内环境）＝A_1＋B_1＋C_1。从图7—2可知，学校内部的制度是与外部环境影响因素对应并共同作用于学校系统，影响学校职能的实现的，内部、外部各要素之间是相互联系的。在制度建构时，应对各方因素充分加以关注、分析，并有效整合。

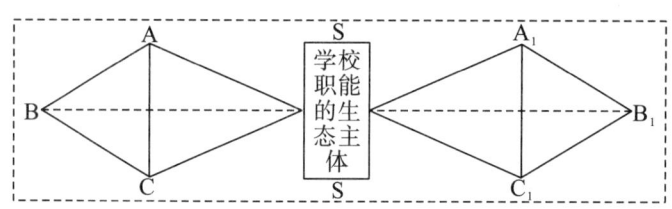

图7—2　生态型学校制度内外部关系

其二，制度的平衡。学校教育职能只有在良好的社会生态环境中才能充分实现，稳定、优化的制度体系对学校发展良好生境的保障和育人目标的实现极为重要，同时，学校制度体系作为教育系统的一部分，其自身也有一个生态平衡的问题。为此，学校制度体系建设应注意以下方面[12]：第一，学校制度生态主体与生态环境相适应，这种相互适应是保障学校发展与环境动态平衡关系的基础，从而促进学校职能和发展的实现；第二，学校制度理念与学校制度行为和结果的动态平衡，对于学校制度理念，不能只是在抽象的层面上理解，而应落实到学校内部管理制度的每一个环节上，使学校全面目标规划体系、学校全面质量管理体系和全员发展考核体系等制度得到切实执行，并产生预期的学校制度效果；第三，学校制度理论与实践的动态平衡；第四，学校制度近期与长远的平衡；第五，制度体系之间的结构与功能的动态平衡；第六，学校制度与师生发展、学校发展之间的平衡。

其三，制度的演进。作为一个动态的系统，制度的发展状态并不是即时、瞬间的，而是历时、持续、阶段的，具有演进的历程。从生态的角度、制度发展的角度考察，学校制度的演进包括旧有制度体系功能的衰竭死亡、新制度体系的创生以及新制度体系的和谐三个过程。[13]

第一，学校制度演进的起始阶段。学校制度的演进，起始于学校制度的功能衰竭，这首先体现在学校制度结构的非均衡发展上，具体而言就是关于政府、社会、学校、教师、学生等不同制度参与者的不同制度，在内容、数量、执行权等方面不具一致性，在结构上呈现过度不均衡状态，相互不能支撑和匹配。其次，在整体性学校制度结构中，欠缺一个基础性的制度序列，即基础性的现代学校制度，在逻辑上缺乏基点，在功能上缺乏整合。再次，就是缺乏有效保护学校制度参与者的监督权的制度序列。很多时候这种制度序列在形式上具备了，但在实施中却难以落实，譬如，对违反《义务教育法》行为的处理等。最后是"学校制度悖论"现象。现存学校制度虽然多数人不满意，但它却依然存在。这些现象都会促使学校制度进行变化演进。

第二，学校制度演进的推进阶段，新制度体系的创生。所有学校制度都将会在教育生态环境发生变化的压力下进行结构或功能、内涵或外延的变化。就内容而言，可以是理论导向的，也可以是问题导向的；就推进方式而言，针对学校教育特性，先自下而上，再自上而下的互动协调模式，是推进现代学校制度的有效模式。

第三，学校制度演进的成熟阶段，即制度体系的共生与和谐阶段。在此阶段，创新的制度规则取代之前落后的制度规则或不适合新环境的制度规则，并构成现代学校制度的基础，学校制度系统处于相对的整体协同、和谐共生状态。至此，制度演进经历一轮相对完整的历程，但其后续的演进仍会进行。

其四，制度的民主。制度本身的特性决定了学校制度刚性有余柔性不足的先天缺陷。社会伦理学家马格利特将社会制度对人的尊严和心理造成的伤害，称为"制度性羞辱"，这种来自制度的羞辱通常被视为最严厉的羞辱。[14]因此，学校制度也有可能对制度相对方造成"制度性羞辱"，这同生态型发展关注人性、关注身心和谐是相违背的。所以现代生态型学校制度体系建设中应避免这种现象产生，充分做到制度制定和实施的民主化，增强制度人性的"温度"。这需要做到以下两个方面：第一，以人为本。制度包括对人与对事的规范，但最终是作用于人，必须树立人本的思想，而制度的民主化是实现学校管理与发展"以人为本"的本质要求和内驱力所在。因此，首先，应坚持规章制度与法律法规相统一的原则，在法治的轨道内力求制度有法可依、有章可依，以此有力保障权利和"人本"的落实；其次，在制度的建设与实施中注重民主式推进，强化师生的主人翁意识，完善和畅通民主参与的机制，使制度的利益体现和权利诉求具有主动性、广泛性、真实性；再者，应强化制度的激励功能，坚持制度服务人、尊重人、保障人、发展人的思想，不是要用制度规束人，而是以制度调动人的积极性和创造性；最后，制度要公平，体现效率、公平并重的原则，关注人的主体感受。第二，文化柔性。如果说制度是硬性的规范，那么管理文化则在柔性层面推进着人本诉求，以文化来保障民主，并且制度本身也是文化内容的一部分，制度的长期执行和积淀也会转化为或影响到学校文化的生成。因此，制度的民主应该有文化路径的配合。首先，应倡导"文化自觉"，以对学校文化地位、作用、使命的自觉认识，统率制度建设与实施，使之成为人的主动选择、自主行为，并在民主和文化柔性、多元的空间中交融整合；其次，践行民主价值的追求，学校应追求平等、自由、团结、友爱的民主精神，并以之为学校文化的要核之一，引领柔性管理新思路的探索和学校制度的发展建构；最后，全面保障师生员工在制度管理与决策中的知情权、参与权、建议权，实现决策的民主化、监督的透明化、运行的规范化、过程的互动化，培育良好的管理文化氛围，充分调动全体师生员工在制度建设中的主观能动性和创新精神，以民主性促进主体性，以主体性体现生态性。

（四）自主调节

自主性始终是生态型发展的主动力。学校个体在生态型发展中，必须突出积极主动，自主发展，以促进同环境的适应，推进自身的变革。在学校自主调节、自主发展中，可以根据学校具体类型实情，参照表7—2的思路选择相适应的方式进行。[15]

表 7—2　学校自主发展的四种思路

学校形态	变革重点	学校自主发展策略
松散组合型	文化氛围	走出封闭格局，形成开放文化。学校文化从封闭走向开放。走出封闭的办学格局，形成开放的教育文化，关注社会环境变化、教育改革趋势，寻找内在的发展动力，在学校内外同时开发发展资源
松散组合型	工作方法	放弃保守姿态，革新工作方法。工作方法需要从保守走向革新。在管理方法上，从机械执行或简单模仿转向立足于自身实际思考变革；在教育方法上，从孤独个体的自发性、经验型做法转向同事间协作和探索新的好方法
事务联结型	学校规划	形成办学思想，规划学校发展。将"自上而下"和"自下而上"的决策机制结合，调动学校各层面成员的积极性，共同提炼或发展本校办学思想，立足现实，着眼于发展需要，整体设计学校工作
事务联结型	团队建设	激活发展动力，形成业务团队。通过建立民主管理制度，促进领导集体和教师团队加强内部交流，在学校发展的整体格局中定位各自的工作，通过团队合作提高每个人的工作质量
局部整合型	发展战略	整体规划发展，强调教师专业。从战略的高度系统审视学校面临的内外因素，进一步提高办学理念的先进性和各项工作的整体性。一方面，将教师专业发展作为学校发展的基础和重要战略；另一方面，着力形成学校的整体性特色
局部整合型	任务设计	兼顾竞争合作，激发成员活力。在建立了较为稳定的团队基础上，结合学校发展规划，整体设计各团队的任务；根据教育活动和相关任务的需要，具体（而不是抽象地）协调竞争机制与合作机制，从而激发个体和团队的活力
全面整合型	文化内涵	关注内涵发展，提升文化品质。与扩张式的外延发展相比，更注重内涵发展，通过研究性的改革实践提升学校文化品质，创立、保持和发展学校品牌，拓展优质教育的新标准，引领本地区乃至更大范围同类学校的发展。如果可能，还应力争成为 21 世纪具有标志性意义的新型中国学校，在世界教育中占一席之地，甚至成为杰出代表
全面整合型	学校成员	尊重成员需要，提高生命质量。教育的特殊性（人对人精神世界的影响），使得学校品质的提升，离不开每一位成员生命价值的充分实现。为此，要通过系统的制度设计和健康的运行机制，使得每一位成员的发展需要受到关注和提升，将每个人自主向上的追求与学校的整体发展充分融合起来，使他们在更高水平的发展上真正获得高境界的生命质量

（五）管理方式

作为生态型学校发展，整体性、开放性、平衡性、成长性、可持续性等都是极为重要的标准，因此在管理方式上，必须对此给予体现，应当形成追求管理的广泛性、关注管理的延续性、珍视教育生态的多样性、强调学习成长的深入性、注重管理的柔韧性等特点。

第一，构建学习型管理，促进学校深入成长。学校要真正深入地、可持续地成长和发展，必须重视学习的组织和管理，建构学习型的系统管理特征和功能。这在知识时代的今天和生态型学校发展中尤其如此。学校的学习型管理，可以促进专业态度的建立、专业技能的提升、管理效能的增强和共享文化的生成，对学校发展具有深入性、扩散性和承续性的影响，并可以通过不同学习与发展共同体的交往、交流促进学校发展环境丰富化、多样化，共享优良思想与成功实践。因此，坚持学习型学校的建设，强化学校学习管理，强调学习的深入性、持续性，是师生发展、学校发展的不竭动力，是不断提升学校个体生存力、竞争力，推进其生态型发展的重要基础，是促进和保障学校成长的重要方式。

第二，建立立体交叉的管理体制。一是内外联通，注重整合内外部资源，构建整体性的可持续学校管理系统。生态型学校管理是多因素的综合，是一种系统力量，单靠某些部分因子是不行的。要在学校与政府、家长、社区、学术机构、其他学校等力量之间建立良性互动关系，将学校的内部建设与外部环境联通起来，形成整合机制，充分利用外部资源促进学校发展。二是上下分担，形成学校管理共同体。学校的管理和发展应依靠集体和团队的力量，要在学校管理中创造一种分布式领导的文化，而不是训练与发展一部分领导精英；管理者要学会向下属和师生分权，培养、提高师生适当参与和管理学校事务的能力，让师生们进入一种自组织状态，以激发师生管理的主动性、持久力，生成众多"末端校长"，推进学校广泛的改进；同时，教职员工和学生也要改变"不在其位，不谋其政""事不关己，高高挂起"的观念，积极参与，形成责任分担、能力共建的学校管理共同体，做到工作反思与改进、愿景分享与践行、责任共担与赋权的统一，营造一种积极互动、彼此信任、交叉合作的组织文化。因此，应将"内外""上下"等条块优化组合，构建立体交叉的高效管理体制。

第三，做好纵向关联管理。发展总是体现为一定的过程，具有纵向的关联性，从生态的角度看，体现为一定的遗传和进化的关系。为此，在学校管理中应注意以下一些方面[16]：一是在办学思路中注重过去、现在、未来的一体化。现在与未来的关联是思考学校生态型发展问题的一个重要方面，但对过去的"遗传"也应加以重视。激进的变革者往往认为"过去"是应当抛弃的旧习惯、旧信念或者不良实践的灰暗时期，既将陈旧模式习惯化、合法化，又缺乏优良的、创新的专业水准。这实际上是非理性地抵制变革者的眷念处所，极大地阻碍学校管理优化可持续地进行。事实上，现在无非是过去的进一步推演，任何一项教育主题，都应该放在其发展的背景和演进的过程中去把握，同时，对"过去"的批判，也为当下的领导与变革提供了反思性参照，可以促进学校管理的合理化程度。因此，生态式学校管理应当尊重、保护、维持并更新"过去"有价值的东西，努力从"过去"的遗传中寻求学习与提高的资源，既勇于创新又善于记忆，唯此才能创造更加美好的未来。二是在领导更替中做好前后延续工作。领导的稳定或顺畅的更替，是学校持续改进的前提。然而，现实中我们的学校发展在这方面做得很不好，受不良政治习气影响，"一朝天子一朝臣""领导一变，朝令夕改""人去政息""一代而衰"，甚至刻意"翻案、对立"等现象比比皆是，学校进行了大量重复性、低质性、浅表性建设，既浪费了资源，又失去了宝贵的发展机遇。生态型学校管理要跳出这种低水平的恶性循环，以大局观念、专业态度、和谐共融、可持续发展为基本价值取向，树立学校发展的使命感，平稳顺畅地做好领导前后更替的衔接工作。因此，应该认真关注学校发展的纵向脉络，前后配合，以促进学校可持续地延续发展。

第四，弹性管理。弹性是系统承受干扰并仍然保持其基本结构和功能的能力。在生态型学校发展管理中，需要既尊重原则性，又保持灵活性，从而为可持续地发展拓宽空间、预留机会、增强承载力。因此，在做好规划管理、原则管理的同时，应适度开展弹性管理。弹性管理是通过一定的管理手段，使管理对象在一定条件下，具有一定的自我调整、自我选择、自我管理的余地和适应环境变化的余地，以实现动态管理的目的。[17]弹性管理最突出的特征就是"留有余地"，或者说，在一定弹性限度内有一个弹性范围或阈值，尤其是规模较大、组织分工细、内部缺乏沟通、管理集权程度高、灵活性差的学校应多加运用。它可使组织系统内的各环节在一定余地内自我调整、自我管理、自我匹配以加强整体配合，同时，系统整体能随外界环境的改变而在一定余地内自我调整以具有适应性。阈值和适应性循环是弹性管理的两大主题。实施弹性管理必须有良好的软硬环境作支撑,如良好的人员素质、顺畅的沟通和协调机制、必要的物质基础设施支撑、岗位工作性质任务的明晰以及充裕的时空条件等。弹性管理可以增强学校管理一定的柔韧性,提升学校生态发展的耐受度、承载力。

第五,珍视生态多样性。多样性是生态性的重要特征,是学校优质、可持续发展的基础。尤其是在现时代的要求下,教育应更加注重多样性、个性化,因人因班因校制宜采取管理措施,确实为学生和学校的特色发展提供支持。从学校个体发展来说,只有注重多样性的生态系统,才会提供充足的发展空间,拥有更多的生态位可能,也即拥有更多的发展资源和机会。同时,学校个体的个性化,又丰富了系统的多样性,增加了系统"差异性资源"的容量,增大了互补共生、协同发展的条件,"千校一面"的发展是同质竞争、不可持续的。从学校内部治理来说,提倡多样化的管理,是师生优质发展的前提和民主、包容、活泼、丰富的学校生活的基础,可以为师生发展提供良好的生态环境。如北京十一中学的走班制,4000多位学生每人自定一张课表,将课程标准的原则性和学生个体的灵活性进行多样化的结合,激发了师生的内在激情,保障了师生和学校发展的千帆竞进、生机勃勃的良好态势。

(六)学校文化

学校的生态型发展,必然需要在文化上予以体现和支持。学校文化一般划分为物质文化、精神文化和制度文化。要以生态的理念和机制,促进优良学校文化的培育和发展。

其一,学校物质文化。主要体现为校园环境和设备设施等方面。学校的建设,从选址、建筑到绿化、声光等,都应该体现生态性的原则,造就一个环保型、友好型、舒适型的宜居宜学的物态环境。就学校而言,物质文化的生态性还应体现为"有利于师生的生命成长",从建筑的装修、物品的陈设、教室的布置到学校的色调色系等,都应有利于师生的身心健康,尤其是心理感受,同时应成为"无声的语言",传递简朴、健康、注重内涵深度、富有启发意义的教育信息,而不能贪大求阔、浮躁花哨甚至简单移植商业呈现、功利气息过浓等。

其二，精神文化。这是校园文化的核心部分，主要体现在思想观念、价值体系、群体心理特征及其行为方式等方面，它决定着学校的思维方式、工作态度以及校风、学风和教风，制约着学校文化系统的取向和性质。办学理念是其最重要的方面。在生态型学校建设中，要树立以生态观为要核的办学理念，强调尊重他者、突出自主、协同内外、长远发展的思想观念等。比如成都市棕北中学"做最好的自己"的理念注重自主性，即生态主体性、差异性；"既关注现在，更关注未来"理念体现可持续性，即生态的动态性、发展性；"和美"的理念体现开放性、协同性，即生态主体与环境的互动协同等。学校精神文化的建设，还会体现在管理文化、人际文化、活动文化、专业文化等不同的内容以及亚文化、潜文化等不同层次，要以生态的眼光加以整体联系和关注。

其三，制度文化。主要体现于学校的规章制度。制度虽然是从外部着力施加影响，但其诉求在于促使成员形成一致的观念意识和行为规范，实际上是可以看作一种特殊的精神文化，它基于理性，归于人性，要以人为本，服务发展，既讲标准性，又有适宜弹性，为生态系统发展的动态平衡机制备留空间。

此外，学校文化建设，还应注重几个方面。一是生态演进，即文化的传承与变革，积淀和传承是文化的重要特质，因此应保留优势基因，又积极适应变化而合理变革；二是文化自觉，要认识学校文化生态位，发挥生态的自主性，全面规划，多向建构，积淀培育，凝练特色，在外显上完善标识系统和传播系统等，在内驱上自觉适应、自我承续、自主创新；三是互动协同，学校文化建设要加强与环境的互动，树立大文化观，构建开放式文化，在与内部因子以及社区、社会文化资源的互动中协同创生，实现文化的自固功能和自新使命。

学校的个体发展，除了以上一些方面外，还应该注重遗传与突变（涨落）产生的发展力；注重细节管理，以微弱有序产生强大有序；注重循环式管理，在生态各要素之间建立顺畅的信息传递和转换，注意信息的反馈和控制，使各种活动与管理工作形成一个环路和可控的、不断向前发展的良性循环系统；注重整体平衡，内部系统承载力与招生规模、学校特色、管理效益、育人质量的匹配，外部与环境的适应性和动态平衡等。通过对各类因子、效应、机制的整合运用，全面促进学校个体的生态型发展。

三、生态型学校之间发展

在教育生态系统中,学校的发展必然身处于并受影响于学校与学校之间的关系,即校际的发展关系。由于学校的类型、层次和特点各异,这种校际关系可以看作生态系统中种群之间各种生存和发展的关系。这种关系在生态型学校之间发展中,主要存在竞争与共生两大主题。

(一)校际竞争

校际竞争,即学校之间的生存和发展的竞争。从现象上来说,涉及多个方面,如资源竞争、生源竞争、师资竞争、效益竞争等等,但都可以用基于生态位的竞争来加以分析,以下从五个方面进行阐述。

1. 结构竞争

作为学校个体的组织方式、体制制度等结构性分析,已经在前文论及。学校系统整体结构的优化是竞争的重要依凭,但从学校发展的角度看,对校际背景下竞争力的探究无疑是重点。因此,此处着重对校际生态竞争力结构方面进行分析。生态竞争力系统的构成是复杂的,其众多的要素和环境系统以不同的方式存在,又处在不同的层次和维度上,它们共同集成和结构,决定学校功能的发挥和竞争发展状态的优劣。从静态、动态和综合三个角度,学校生态竞争力表现为以下结构。

(1)从静态的角度,可以构建基础生态竞争力、核心生态竞争力和环境生态竞争力的三层结构(如图7—3)。[18]

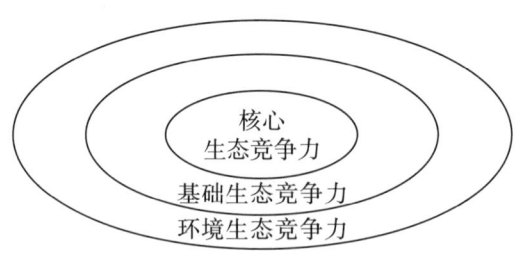

图7—3 学校生态竞争力静态结构

基础生态竞争力包括教育教学设备设施、教学科研基础、财力投入等基本保障；核心生态竞争力是主体的素质和能力，包括师资力量、学生素质、教学科研创新力等；环境生态竞争力是学校所处的区位优势、社会支持性、社会声誉影响力等。三者共同作用，促进学校发展。

（2）从动态的角度，可以构建生态竞争实力、生态竞争潜力和生态竞争活力的三维结构（如图7—4）。[19]

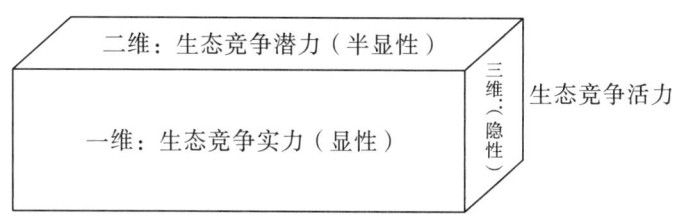

图7—4 学校生态竞争力动态结构

在学校发展生态系统中，学校是生态体，其竞争力体现出实力、潜力、活力的生态组合。生态实力是已经具有的、显性表现的竞争力，如办学条件、教育教学能力、人才培养力、科研能力、社会美誉度、团队战斗力等；生态潜力主要指后续竞争与发展的能力，包括人才培养持续力、研究与创新力、中青年教师数量及素质水平、环境优势等，它是半显性的；生态活力包括创新变革、办学思想、人才吸引、民主管理、学术氛围、思路及谋划、校风学风、学校特色等方面体现出的竞争力，是融合在平常的工作之中，为隐性状态的。这三者在现在与将来、外显与内隐等方面密切结合，为学校的动态、活跃、可持续发展提供有效的结构性能力支持。

（3）从综合的角度，可以构建硬生态竞争力、软生态竞争力和腱生态竞争力的三元结构（如图7—5）。

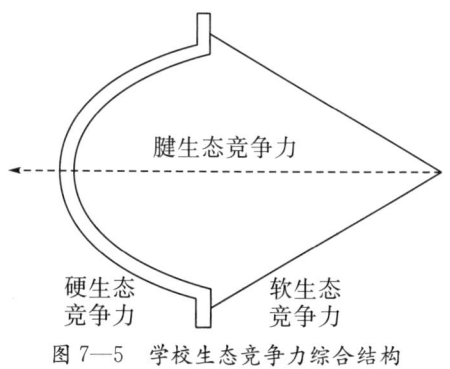

图7—5 学校生态竞争力综合结构

静态结构中的基础竞争力、核心竞争力、环境竞争力以及动态结构中的实力、潜力、活力,可以综合结构形成硬生态竞争力系统、软生态竞争力系统和腱生态竞争力系统(腱生态竞争力是由软、硬生态竞争力相互作用而产生的),这些硬、软、腱生态竞争力各自的性质特点不同,作用方式不同,所处的生态位不同,对学校生态竞争力的贡献也不同。作为子系统,它们又由一些具体的部分构成:比如硬生态竞争力由教师资源开发利用能力、学生资源开发利用能力、资金来源开发利用能力和设施条件开发利用能力等构成;软生态竞争力由环境影响能力和声誉影响能力等构成;腱生态竞争力由教师教学科研创新能力、学生学习创造能力以及教育教学策略执行力等构成。[20]虽然这些分力各不相同,但都是不可或缺的,它们的数量、质量及组合状况直接或间接影响学校生态竞争力的总体状况,形成学校发展竞争力结构,任何一个要素出现问题,都可能影响其总体竞争力的形成。

2. 核心能力竞争

核心能力理论已经成为企业经营战略发展理论的最为重要理论之一。1990年,K. Prahalad 和 Gary Hamel 首次提出了"企业核心能力"的概念,认为"企业核心能力是持续竞争优势之源",此后这一理论在企业发展中广为运用,其在生态教育学中的运用要点及其关系可做如下分析(如图7—6)[21]。从生态学角度看,核心能力发展,同样遵循着生态位原理的规律。学校发展核心能力,就是以学校教育系统的各类资源为基础的,在办学理念、人才培养、管理模式、科学研究和社会服务等方面通过长期积累而形成的有价值的、难以模仿的、具有路径依赖性的、独特的、具有整合性的内在能力,它是一个由物质体系、制度体系、学科体系和文化体系等有机结合而成的系统,是学校长期生存与发展、获得持续竞争优势之源。生态位是核心能力的基础。因此,基于生态位理论的学校发展核心能力构成十分重要。具体地看,它可以分为生态位占有能力、生态位适应能力、生态位进化能力[22]:生态位占有能力是指学校占有的资源和环境空间的能力,是构成学校发展核心能力的一个重要基础,可以通过生态位高低来度量;生态位适应能力是指处于某一生态位的学校适应其所占有资源空间的能力,能力的强弱取决于其协调内外部资源能力的状态分析,可以通过生态位适宜度来衡量;生态位进化能力是指学校在动态竞争中通过自身的主动学习和创新能力以巩固或拓展生态位来保持和提高竞争力，可以通过生态位进化动量来度量。

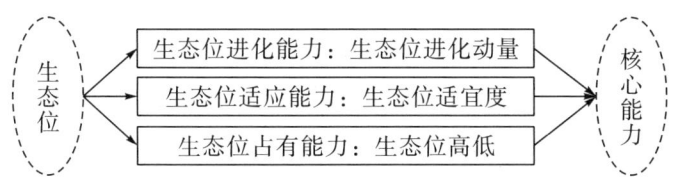

图7—6 学校生态核心能力构成及其关系

对学校来说，要形成生态型学校发展核心能力，凸显竞争优势或特色，促进学校持续发展，应将学校生态位资源和运行机制有机结合，逐步积累优化，以生成竞争能力和竞争优势的合力。为此，应从以下几方面着力。

首先是科学定位，合理规划。学校核心能力的培育具有发展的过程性以及与外界环境互动性的特点。这要求学校必须从战略的高度出发，既找准基点，正确审视自身生态位，又放眼全局，着眼未来，在与外界环境的互动中科学定位、合理规划。一是要认清学校在本区域教育系统中、校际关系中所处的位置及发挥的作用，辨明自身的生态位高低，科学把握学校生态位占有能力，并采取正确的能力发展策略；二是辨明内外资源及环境的变化，进一步确定自己的办学规模、人才培养规格、师资结构、学科布局、优势取向等，提高自身的生态位适宜度；三是通过自主创新构筑特色竞争力，实行错位发展战略，错开恶性竞争的生态位，减少与其他学校发生生态位重叠的概率，凸显自身的特色与优势，提升自身的生态位进化动量；四是面向未来，合理规划，学校生态位发展战略规划，既应使学校更加灵活有效地利用区域资源，提高管理和发展的效率和效益，发挥自身更大作用，又要较好地适应经济、科技以及社会发展等各方面趋势对学校未来发展的需求，体现核心能力建设的前瞻性和长期性。

其次是优化机制。建立科学、民主的管理模式和生态化的运行机制，促进核心能力的发展。一是坚持以人为本的原则，以学生为中心，以教师为根本，确立"教育即服务"的观念，相互尊重与善待，竭诚为教师、学生服务，同时实行适度"自主管理"，充分发挥师生生态主体的积极性和创造性，强化生态位演进和核心能力发展的动力机制；二是建构专业能力为中心的管理模式，树立生态位发展中的专业权威,凸显专业优势地位,学校管理更倾向于专业的学术导向,倾向于根据教学、研究等学术活动来有效地计划、组织、协调和控制,充实核心能力建设的专业性、学术性内涵,建立专业导向的激励和引导机制;三是理顺学校内部与外部环境的关系,建立生态位发展良好的生态环境,既强化办学自主权,确立学校自主办学的主体地位,又坚持开放办学,加强与地方、社区和政府部门的沟通与合作,构筑相互作用模式,建立内外互动、良性循环的合作机制;四是坚持教学内容、课程体系的改革同社会和学习中的需求结合起来,顺应生态位进化和环境演变的诉求,形成独具特色的人才培养模式,以创造个性、多样性和全面发展为基本特征,因材施教,因势利导,为学生提供充分、多样的发展空间,为生态位演进提供更多支撑,实行学校发展的适应与创新机制。通过这些办学机制生态性优化的措施,学校发展的生态位得到巩固和拓展,学校核心能力不断增强。

3. 质量竞争

学校作为一个生态体,总是处于不同系统之间的信息和能量的传递、转换之中,体现为输入、输出和反馈的机制。办学条件改善、核心能力建设等,在一定程度上解决了"输入"问题,但是,从生态系统来说,输出和反馈同样对生态体的发展起着重要的作用。作为学校的"输出",最重要的就是办学质量。办学质量的优劣,存在着竞争,它反过来又影响着资源和能量的获取。

学校办学质量包括许多方面,有多种考评指标体系对其进行了阐释。这里主要从生态的角度对其进行分析[23]:其一,借鉴组织生态学和演化经济学的基本理论,现代质量管理系统已经演化成为具有生态系统特征的质量经营系统,提出了质量生态学理论,同时,应用生态位概念又提出了质量生态位模型,可以应用于质量个体之间的竞争和协同分析;其二,由于学校发展在特定生态系统的一定时期具有竞争性,加之现代社会中经济、技术和人文等因素在诸多方面制约着教育环境,因此,在同一学校质量群中,不同学校的质量过程就如同生物进化过程中处在同一生态环境中不同生物种群一样,彼此形成既受环境影响又相互竞争的生态关系;其三,质量生态位是学校发展竞争生态关系最重要的表征,它是学校质量群体中的某种质量个体在质量竞争和质量相关过程中及其与质量环境相互作用的演化过程中形成的,在质量空间中相对于其他质量个体所占据的独特的地位和作用，它以服务对象满意的范围和程度来表达；其四，在分析学校发展竞争环境时，借助质量生态位模型将有助于找到学校自身在环境中的地位和优势，找准自身与兄弟学校提供的教育产品之间的质量差异，从而为向社会提供差异化的服务提供有益的决策依据；其五，学校利用获得的教育资源向社会提供教育服务，学生、家长、社会或上级主管部门就质量群中的方方面面表达其满意的范围和程度，这样就形成了各自的对象满意分布的统计数字特征，即质量生态位量值，可以通过这些统计特征和数值测算出学校某一方面质量生态位重叠度以及总的质量生态位重叠度，从而分析、判断相互之间的竞争激烈程度如何，以及在某一方面的竞争又是处于怎样的状况等，为质量的突破和特色的构建提供指导。这里需要提及的是，校际的质量竞争是学校发展的全面质量，绝不仅仅是考试的成绩，质量的内涵是指向学生和学校的全面、整体、可持续发展的。

4. 态势竞争

生态位态势理论认为自然界中的任何生物单元都具有"态"和"势"两个方面的属性，生态位是这两方面属性的综合，反映着生物体单元在特定生态系统与环境相互作用过程中所形成的相对地位与作用，其中，"态"是指生物单元的状态，是生物单元过去生长发育、学习以及与环境相互作用积累的结果，"势"是指生物体单元对环境的现实支配力或影响力，如能量和物质变换的速率、生物增长率、占据新生境的能力等。[24]生物体单元的生态位主要取决于主体与环境的互动状况（如物质、能量、信息的交流转换等）以及主体自身的新陈代谢状况（即主体内部各个部件运行及相互协调更新等）。因此，学校发展的生态态势竞争力就是在特定的教育生态系统中，学校教育系统以其拥有的各种资源为支撑，通过系统内部战略管理、界面管理、整合管理等办学过程，能动地与环境和其他学校相互作用以及自我变革创新而获取生存、发展、竞争的能力，可以从生存力、发展力、竞争力三方面来体现（如图7—7）。[25]依据生态位态势理论，生存力描述的是学校的"态"属性，反映的是系统内部构成要素的完整性及各要素功能的完好性（包括教学能力、科研能力、社会服务能力），是学校得以生存的基础；发展力描述的是学校"态"和"势"交界面属性，既含有"态"的因素，又具有"势"的成分，反映的是系统内部构成要素之间相互协调性（包括界面管理能力、战略管理能力、资源整合能力）；竞争力描述的是学校的"势"属性，反映的是系统与环境之间的物质、能量、信息交流转换情况，主要是指学校发展系统对环境的主动适应性，即不断学习创新的进化能力（包括创新能力）。

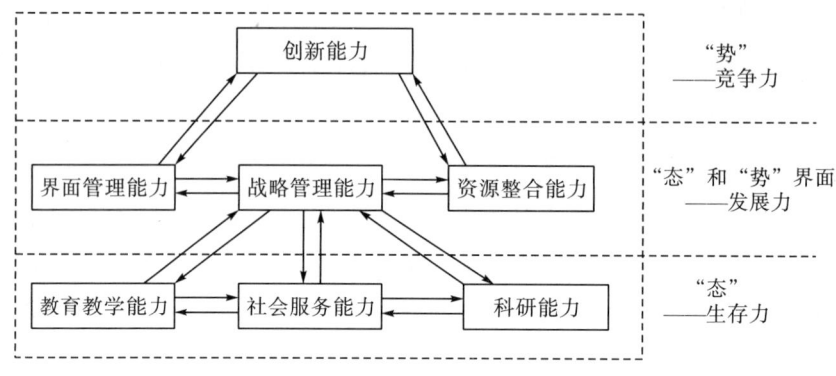

图7—7　学校生态竞争力"态"与"势"的构成

根据生态学理论，生物单元"态"随着时间的变化一般呈"S"形逻辑斯谛曲线，而"势"的变化则呈"钟"形曲线。这一变化规律同样适用于学校发展态势的演化与发展（如图7—8）。[26]图中代表学校现有办学状态的"态"的变化呈"S"形曲线，即学校的发展一般遵循一个不断累积增长的过程，建校之初的生态位一般较低，随着经验和资源的不断积累，学校生态位会有很大的提高并进入办学成熟期，而成熟后学校的发展进入稳定期，生态位变化较小。代表学校未来发展能力的"势"的变化呈"钟"形曲线，可以分为增长、稳定和滞缓三个阶段。在增长阶段，学校生态位位于"钟"形曲线左侧，增长速度较快，有很大的发展潜力；在稳定阶段，学校生态位位于"钟"形曲线顶部，生态位趋向稳定，增长速度平缓；在滞缓阶段，学校生态位位于"钟"形曲线右侧，学校生态位达到较高水平，增长空间已十分有限，增长处于停滞甚至下降状态。

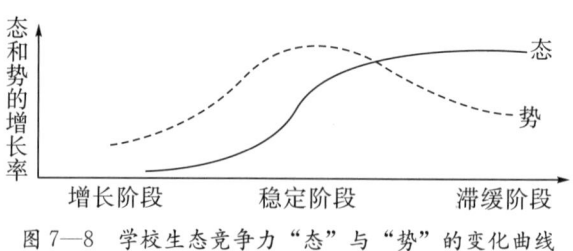

图7—8　学校生态竞争力"态"与"势"的变化曲线

学校发展生态系统是一个复杂的系统，其众多的要素和环境系统以不同的方式存在，又处在不同的层次和维度上，结合前述分析，学校生态竞争力应组合"态""势"特点进行发展。一是尽可能地挖掘发挥"态"之中蕴含的优势，使之体现出更大更强的效益效能。"态"是对学校现有的办学状态的界定，是一种历史积蓄，是对教学科研、生源状况、师资队伍、设备设施、后勤保障、办学质量等各方面的综合反映，是学校在过去的教育教学实践过程中积累的现实生存能力，在实际的工作中，要注意辨明其生态位状况，充分发挥既有优势。二是创造新的"生长点"，保障"势"能的上扬。"势"是学校未来发展的潜在竞争力，它决定学校未来的走向，要通过系列性的管理措施，不断地创新，促进学校建立新的"势"的增长点，避免下滑趋势，尤其是稳定阶段后的学校发展更应如此。三是做好"态""势"的界面整合，协调发展。通过对学校"态""势"的分析，确定其在教育系统中的位置与处境，以及发展状况判断，将"态"和"势"两方面加以有机整合，优化资源配置，制定适宜的发展战略和策略，从而在校际竞争中处于更加有利的位置，更好地推动学校发展。

5. 避免过度竞争

在学校的生存和发展中，寻找"最适空间"是每一个学校生存发展的直接动力，也是校际竞争的最佳目标。英国生态学家哈钦森（G. E. Hutchinson）认为，在生物群落中能够为某一物种所栖息或利用的最大空间（广义空间）称为基础生态位（也称理想生态位），而把由于竞争者的存在，物种实际占有的生态位称为实际生态位（也称现实生态位），同时，很少有一个物种能全部占领基础生态位，由于竞争种类增多，可能使某一物种的实际生态位越来越小。[27]发展的最适空间，动态地存在于理想生态位和现实生态位之间，如图7—9甲中，a和b的曲线范围为理想生态位，但实际上双方在阴影部分c中重叠一大部分，展开激烈竞争，其实际生态位应对其中受影响的阴影部分进行扣除。理想生态位与现实生态位之差迫使生物去寻求、占领和竞争良好的生态位，能动地去改造环境，同时，也迫使生物不断地适应环境，调节自己的理想生态位，并通过自然选择，实现生物和环境关系的平衡，实现生态位分化，使现实生态位与理想生态位之差最小，如图7—9乙所示。

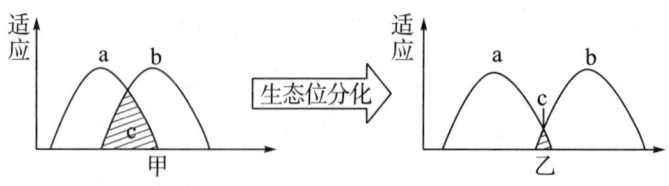

图 7—9 学校竞争生态位竞争与分化

因此,在校际竞争中,学校一定要把握"适度"和"分化"的原则,避免过度的恶性竞争。这需要学校在校际竞争中做到两个方面。一是生态位分离,降低竞争强度。生态位重叠度高的学校之间在优质生源、投入资源、社会定位以及师资资源等方面会存在激烈争夺。为避免过于直接和恶性的竞争,学校应遵循生态位原理,判明自己特有的生态位,尽可能与其他学校实现层次、类型、规模或地域等方面的区分,避免结构趋同。同时,切实制订好学校的发展规划,保持和扩大自身的办学优势,在理想生态位和现实生态位的平衡中找准"最适空间",合理分离校际生态位。二是自主转型,创新提升。在校际竞争中,学校要把握主动,既继承原有特色、借鉴其他优秀,又不墨守成规、简单模仿,而是主动创新,发展特色,自主自觉拉开生态位差异。根据已有条件、发展需求、环境变化以及竞争对手的情况,科学分析和制定提升战略,确立突破点、转型点和生长点,优化和发展自己的特色优势,树立自己的品牌,拓展自身的生态位空间,实现"蓝海式"发展,减缓竞争压力,规避过度的、恶性的竞争,促进学校发展资源利用效益最大化、发展自主性和成就性最大化,并为校际的和谐共生奠定坚实的基础。

(二)和谐共生

1."共生"理念

"共生"理念从哲学的角度看,指在认识和处理具有有机联系的事物之间的关系时,不仅要看到其相互矛盾的一面,更要看到其相互依赖、共存共荣的一面,要求人们在认识和处理事物之间的关系时,要特别注意其相互依存性;从生态学的角度看,共生理念强调的是一定生态环境中同一物种之间、不同物种之间、有机物与环境之间相互依赖、共存共荣的关系,要求人们把握生态规律,注意生命主体之间、人与环境之间的依存关系,促进其协调发展。[28]共生不仅是一种生物现象，也是一种社会现象，人与人之间、学校与学校之间存在着与生物界类似的共生关系。

在管理中，共生理念强调大局观、合作意识和协调发展意识，在破除以"我"为中心的思维定式、学会移情体验和换位思考方面具有积极意义，致力于谋求谅解、协作与共同发展，寻找互惠机制和共同利益，以获取主体间协调发展和可持续发展。对共生的分析，可从共生主体、方式与环境等方面进行。从主体看，生态主体间要实现共生，需要具有一定的关联度和匹配性，以便在兼容和互动中实行物质、信息和能量的交换；从方式看，既有结构性的点状、间歇、连续和一体化共生，又有利益性的寄生、偏利和互惠共生，其中一体化的、互惠式的共生是最优状态；从环境看，环境对主体的作用以及主体对环境的反应，都具有正向、中性和反向三个维度，其最佳的共生状态是主体和环境的双向激励。生态型学校发展，应积极追求"和谐共生"的价值取向，以更好地适应当今社会高度综合化、一体化、信息化、竞争化的发展趋势，实现学校之间自主和谐、共存共荣、协同共进地发展。

2. 校际合作

校际合作是指不同学校之间，根据一定的任务或主题，以一定的方式进行资源互通、共享，行动互合、互助，以完成目标任务，达成双方发展的联结形式。校际合作可以是在临时、偶然或个别状态下的事务性协作，也可以是长期性的，有计划、有组织的协作。前者是自发的、低效益的；后者是自觉的、高效益的。从生态型学校发展来看，后者更具价值。学校之间可以以集团、共同体、联盟、结对等多种形式进行合作。根据需要，其性质也可以有紧密型、松散型、领办型等多种类型。校际合作形成一定的校际协作体，可以开展信息互通、人事交流、硬件共享、课程共建、学业互认等多种活动，吸收多方力量，整合各方资源，减少重复投资，避免同质化竞争，最大限度地提高学校的运行质量和办学效益，促进学校向特色化、品牌化方向发展。

协作的原则是以学生发展为主，兼顾学校发展，通过学校发展促进学生发展。各校应做到优选重点、集中投入；局部自主、全局协调；整合发展、融会贯通；共建共享、立体育人。

协作的方式既要"强强联合，优势互补"，也要"强弱联合，以强带弱"。

这既是非营利性的"自由联合体",也是结构互补的"功能集合体",还是专业分工明确的"利益共同体"。

协作的模式一般有以下一些。

共建——组建"合作型校际协同体":以自愿为前提,依据一定的共同主题,成立校际协同体,保持成员独立的法人资格,开展合作共建活动,相互之间关系由协同体章程或所定的协议、契约制约。

互补——组建"功能种群协同体":以特色为目标,实行"差异性组合",系统内学校之间、学校与外部社会资源之间形成互补型人才培养与学校发展联盟,扩展学校发展功能。

集成——组建"集约型协同体":以优化为取向,整合、重组、再构,将离散、零散的优势因素有机联系,形成聚合效应,优化校际协同生态系统效能。

共享——组建"共享型协同体":以资源为纽带,共同团体或联盟为载体,促进系统内人力、物力、财力、政策、信息和知识等资源共享,提升资源利用率,使之更好地相互协作,实现更大的发展效益。

多赢——组建"生态型校际协同圈":以发展为主线,在协同圈中种群内不同层次的学校直接对接,种群间学业学分互认,活动互通,定向培养,贯通学习,通过特色发展与共享性扩张的紧密结合,提升合作各方的共同竞争力,更好地服务于学生和学校的发展。

3. 协同共生机制

借鉴共生的理念,结合校际合作的特点,生态型校际发展可以建立学校之间协同共生的机制,除了学校发展的自身效益和环境驱动的动力机制外,主体间应建立内在联系机制,促进共生链和共生格局的形成。

(1) 横向合作

第一,对象的选择——组合机制。生态系统内生物共生对象的相互选择是生物间和谐共存、长期共生的必然要求。校际主体存在着巨大的差异,办学风格、办学模式、办学水平以及内部因素的不同都会对主体间的合作产生较大的影响,对共生对象的选择性接纳会使双方减少合作的障碍,取得更好的效果,其选择组合一般可遵循以下原则[29]:一是采用亲近度规则和关联度规则。学校根据地缘、人缘、事缘等因素的亲近或关联程度，由强到弱进行选择组合。在这种规则下，学校才能实现在当时情况下的共生体的最优发展。这种选择一般出现在协作早期，主要是由于工作相关、地理接近的原因，在一定力量的作用下，形成连续共生或一体化共生模式。二是采用目标性和规划性原则。核心单位根据一定的发展目标和规划，自主自动选择确定合作对象，逐渐形成共生关系，在不断磨合、交融中，向连续共生的模式演化，这种机制在校际协作机制发展到成熟期时较为适用。

第二，合作的开展——协调机制。在校际协作中，协同共生的实现，合作的开展与持续发展，需要共生链的有效运作。因此，建立一定的协调机制，管理和控制共生链中节点单位之间的相互依赖关系，提高其活动效率和效益非常重要。

首先，共生界面的融合。共生界面融合是指共生链各成员在信息、物质、财务、人才等要素交流方面的相互作用，实现控制、协作与沟通，提高管理的整体功能和共生绩效的最优化，主要包括组织结构的建设和管理制度的建设两个方面的内容。[30]一是建立一个有效的协作体治理机构，一般是理事会或协作会，也可称为联合会、联校、集团等，同时建立其执行、监督、反馈等功能小组协助工作，协作体治理机构是校际协作的最高权力机构和决策机构，通过规范性赋权，对校际协作起决策、统筹、协调和融合资源等作用。治理机构同所属成员根据情况可以采用层级式、扁平式、矩阵式、网络式等结构形式。二是建好协作制度。管理制度是协作体发展的规范力量，是支配协作体运行的"共生规则"和行动框架，是体现创新思想和整合各种力量的中介和桥梁，为此，应积极建立理念制度、文化制度，以共同的愿景和独特的文化，从理想、目标到形象设计、符号与标志表征等都进行制度性规范，以引导构建协作体发展的核心价值系统，增强成员的归属感、向心力和外界对协作体的辨识与认可等，同时建立章程，或以缔结契约的方式，明确成员的权利和义务，协调成员行动，增加成员对合作结果的可预知性及减少合作的不确定性，不断整合协作体内部资源，促进融合发展。

其次，目标管理。共生体和共生链活动效益的保障需要依靠目标管理。校际协作体要制定共生发展总体目标以及活动规划，然后加以细化落实。从时间上可以细化为年度、学期甚至学月,从层级上可以细化为治理机构、项目单元、个体学校甚至核心人员,从组织上可以组成专门的目标协调机构,商定一套程序和规则,对各成员单位进行发展目标的分解、落实,以增强协作体整体凝聚力和目标实现的可控制性,以及综合优势和多样优势的结合,达成整体目标和成员单位自身目标之间实现的最优化平衡,实现共生式发展。例如在人才培养目标方面,协作体可根据学校对人才类型、结构、数量等方面的要求,提出总体目标,在兼顾学校特色和个性的基础上,统一制订最优的人才培养方案,委派协调机构,组织最优的培训资源,分配人才培养指标,细化培养活动序列,多样化提供人才培养条件,为协作体成员提供平等、多样的选择机会,并加强督促考核,确保协作体人才培养目标和成员单位人才培养目标双实现。

最后,利益分配。校际合作的优势和目的就是让加入协作体的学校获取比其未加入协作体之前更好的发展利益。因此,共生链中的治理或协调机构应针对利益的分配建立相应的机制和制度。在共生型发展中,利益的分配要注意效益性和公平性的结合,成员的收益要与其对共生链收益贡献成正比,但也应注意兼顾弱小成员,不应有太大的差距,更不能恃强凌弱,损害成员的利益;可采用弹性的合约设计,针对各成员单位所处共生链环境的不同设定绩效考核指标,体现个性和弹性,以更好地激发动力及合理地分配利益;要引入成本的概念,按目标和效益配备资源投入,使教育资源得到最佳配置,并进行定期审查,纳入分配核算,促进协作利益的最大化;同时,利益的分配要预留发展能量和空间,着眼可持续性,促进校际协作的长续、共同、有效发展。

第三,信任的建立——保障机制。良好的信任制度,可以保障校际主体间长期的、联系性的多次合作,同时信任机制在共生协作中还具有多种功用。[31]一是提高协作体的敏捷性。较高程度的信任有利于合作各方采取灵活的态度,推动决策的迅速形成,使合作关系能及时反映环境变化的要求,减少不必要的摩擦与矛盾,进而减少处理纠纷的时间耗费,增加协作体反应的敏捷性。二是减少主体间的合作成本。虽然校际协作体中主体之间为了相互约束,会制定章程、制度或契约,但是这些对现实需求是不可能完全涵盖的,并且主体之间信息也并不完全对称,在这种情况下,猜疑和消极会造成协作体整体利益的缺失,信任机制的存在可使信息沟通更为坦诚和有效,对详细的契约和完善的监督依赖程度降低，减少合作成本，提高共生链的运行效率。三是有助于提高利益分配的公正性。信任关系还有利于减少合作过程中的冲突，尤其在竞争对手相互合作的时候，较高的信任度将会使利益的分配更加公正。四是增强校际协作体的可持续性。信任可以促使共生链的延展和更为长期、稳定、顺畅地运行，为校际合作可持续地发展提供保障。

（2）纵向链接

促进学生的健康、全面、顺利发展，是学校的主要目标，是学校发展的主要动因，也应该是校际合作的基础和前提。生态型学校发展，针对学生发展的纵向系列，不同学段、类型的学校之间，也应该建立协作共生的关系，以促进学生的发展，从而获得高效益的教育质量，同时促进学校的发展。

人类发展生态学认为，在人的发展中，当新环境能获得关于旧环境的有用信息、建议和经验时，个体一旦进入这个新环境，将会获得更好的发展，同时，如果不同环境对发展中的人的角色要求是一致的，他所参与的角色、活动和人际关系能促进其与环境间相互信任、相互融合，并保持发展目标一致，那么环境对发展的潜在作用将会大大提高。学生在不同学段（往往体现为不同阶段或类型的学校）的进展，就是这种不同环境共融的体现。因此，要帮助学生在不同学段（学校）顺利过渡，让学生获得更多的发展，纵向的不同环境间必须达到目标一致，并且新环境需要加强对旧环境的了解，增强融通性。通过交流和协作，互相获得关于对方的具体信息和经验，最终达成一致的教育目标。

美国教育部 2000 年目标工作委员会（NEGP）采纳的基于生态学观点的儿童入学准备状态模型列出了小学应该具备十个特征，其中如重视幼儿园教育与学校教育之间的连续性、致力于每个儿童的学业成功、致力于让每位教师及与学校生活相关的成人获得进步、为社区的儿童提供有效的教育服务、引进并推广促进儿童成功发展的各种教育方案等，极具生态特性，体现了基于儿童发展的纵向的协同与共生。

这些要求也对我们学校发展有一定的启示。以往因为学制的关系，高低学段衔接往往是断裂的，各自负责各自那一段，没有形成"链式协作"，缺乏真正的前后联系、上下贯通、纵向链接。不同学段既存在重复工作、资源浪费，又无法借力发展。这严重影响了学生发展的连贯性、高效性。因此，在学生发展这一主线上，纵向的学校之间需要加强交流和了解，打破过于明晰隔离的学段区分，幼、小、初、高乃至大学，前后贯通，共同协作。通过开展活动、共建课程、学分互认、改进方法、调整评价，建立一定的协作机制，共同促进学生的发展，尤其是在学生行为习惯、心理发展、个性特长以及学习内容、课程资源等方面，应多加注意，积极拓展。这种纵向的校际共生与合作，正是学校生态型发展的有力体现，可以促进学校高质量、优生态、可持续地良性发展。

（3）和而不同

学校之间的发展应该是形式多样、层次各异、特色有别，避免互相抄袭和雷同的，在这个基础上，再进行协作配合，共生共荣，形成和而不同的格局。为此，在协同共生的校际协作合作中应注意把握以下特点：一是多样性与独特性。校际协作生态系统结构较为复杂，主体种类多样，异质性强，形成了系统的多样性和个体的独特性，这在校际协作中是重要的、内在的，也是共生与合作的重要基础，只有以这种多样、独特的差异，杜绝在合作中学校"自我保存"功能和特色价值的消失，真正的和谐共生才能实现。二是层次性与平衡性。协同共生机制指向的要点就是"合"，这也是校际共生体功能发挥的关键，"合"的实现需要一定的结构化，体现出层次性和平衡性特点。校际协作系统根据地域空间、资源空间的不同可以划分为不同的亚系统，其生态过程并不都是同等的，而是有高低层次、包含与非包含之别的，因而校际合作应充分进行适宜性论证，制订合理的规划，分层次、分结构、适应式推进，同时，系统、亚系统之间是开放的，资源互换渠道众多密集，网络化程度高，因此应把握好合作的程度和节奏，实现动态平衡、非对等式均衡，促进和谐共生、可持续发展。总之，学校发展，都是以自己的特点为基础向更好的自己出发，校际共生协作，就是"不同"（各自特点）为着"共同"（发展目标）的合作。

四、生态型区域学校发展

美国学者芬格尔特（David Finegol）在对加利福尼亚州硅谷高新技术类公司的成长状况进行研究时提出了"具有自持力的高技能生态系统"（self-sustaining high-skill ecosystems）概念，之后他又提出，高技能生态系统和自然生态系统间存在着四大共同之处，即触发发展的催化剂、教育机构所提供的可持续供应的营养、支持性的友好环境、通过合作等形式形成的系统内部成员间深层次的互相依存关系，这些共同构成了高技能环境，同时也成为硅谷这一区域经济快速发展的动力。[32]芬格尔特对硅谷高技能公司成长环境与生态系统的分析，对学校在一定社会环境或区域中的发展具有重要的启示意义。

区域教育是指在一定行政区划内多个衔接在一起、共性比较突出的行政区划联合成的广义区域的教育，每一区域内的教育属性、教育内容、教育方法、教育手段、教育评价以及相应外部支持系统具有同一性和相关性，区域教育介于宏观的国家教育与微观的学校教育之间，国家教育所发生的各种关系和规范必然会在区域教育中反映出来，同时区域教育又以自身的关系与规范能动地影响到具体而微观的学校教育之中。[33]

一定区域的学校发展，涉及学校、校际、政府、社区、企事业单位、群团组织等多方面多层次的生态体的复杂关系。如同一定的生态群落中，不同的物种、种群的相互作用，促进生态系统的发展一样，区域学校发展生态系统也具有生态群落所具有的种群间互动关联，结构上体现层次性、格局性、种间性、生态位分化、多样、平衡，以及相对丰盛度、承载力适宜等诸多特征。因此，区域学校的生态型发展，同群落生态系统的发展原理和规律具有较强的共通性，充分把握这种关联和共通，可以促进一定区域学校的生态型发展。借鉴前述美国学者芬格尔特的观点，区域教育也是一个"高自持力的生态系统"，它也存在发展催化剂、可持续营养供应、友好环境、深层合作依存关系等特点，这也是指导区域教育中学校发展的几个基本原则。

当前，在区域教育的学校发展中，由于在体制、管理以及主体观念等方面的原因，存在一些不良的生态状况需要改进。一是生态价值扭曲。学校教育的根本任务是促进学生全面发展，这也是教育最大的质量问题，是教育发展的永恒主题和核心价值所在。在生态学理念下，学校发展的规模、速度、质量与效益理应处在一种均衡和谐发展之中，但现在不少的区域教育缺乏均衡、和谐、可持续的质量观和发展观，过度注重学生的学习分数和升学考核，对于发挥资源整合作用，促进学生全面发展做得很不够，同时，学校发展在区域层面存在重规模轻质量、重速度轻内涵以及过分追求"高端、大气"等倾向,学校发展的生态价值未能回归,学校发展生态格局不良。二是生态发展失位。学校发展千校一面,模式化同质化严重,大多是"跟风""翻版"或"克隆",迷失了自身应有的适合的生态位,而没有特色式、差异式发展,致使区域学校发展整体质量不高,区域学校教育竞争力、影响力、对社会的服务力不强。三是生态组织缺失。生态资源与信息交换变量,离不开生态体制的保障。分离式、封闭式办学体制与模式,已成为制约区域学校发展走向合作发展的主要障碍,在实际的工作中,除行政管理机构外,又缺乏必要的生态型组织建立一定机制从区域层面进行协同、联合,促进整体式联动式发展。为此,应充分借鉴利用群落生态学的有关理论和方法,加快和促进区域学校的良性发展。

区域的学校发展,从生态型角度看,主要涉及均衡发展、协作发展、可持续发展以及区域学校发展生态承载力、发展规划和评价等问题。

(一) 均衡发展

正如一定的群落生态系统应该具有动态平衡的发展特征一样,区域学校发展也应该具有平衡演进的特点。在当前,推进教育均衡就是促进这种平衡发展的重要举措。

教育均衡的基本要求是在教育机构和教育群体之间,合理地分配教育资源,达到教育需求与教育供给的相对均衡,并最终落实在人们对教育资源的分配和使用上,形成资源、需求、供给三者之间的动态平衡。从个体看,教育均衡指受教育者的权利和机会均等、过程和结果公平,指学生能否在德智体美等方面均衡发展、全面发展;从学校看,教育均衡指区域间、城乡间、学校间以及各种教育类型间教育资源配置是否平衡合理,满足教育需求,同时,需求所指向的同类学校或教育类型在整体上发展是否相对平衡;从社会看,教育均衡指教育所培养的劳动力在总量和结构上是否与经济、社会的发展需求达到相对的平衡匹配。[34]同时,从高位均衡的角度看,教育均衡不仅指物质层面的均衡,也包括理念、文化、精神层面的均衡;不仅是起点、过程的均衡,也包括结果的均衡,是更高质量的均衡。我们这里主要从学校发展的角度,关注区域教育的均衡发展,主要是指一定地区内不同学校之间、学校与其他社会群体之间在区域教育生态系统中的合理均衡、互动发展问题。生态型区域学校教育的均衡发展可以从四个方面展开。

1. 动态平衡

区域学校从不均衡到均衡再到高位均衡的发展，是一个长期的、动态的、辩证的发展进程，是生态演进的螺旋式上升，以达到一种更理想、高效、优质的教育状态，更好地体现教育服务于人的发展和社会需求的功用。它主要具有阶段性、均衡性、开放性等特点。

区域学校发展的动态演进，是阶段式推进的。从不均衡到基础条件均衡再到高位均衡，形成一个阶段历程，但高位均衡不是静止，而是新一轮动态演进的起点，区域学校在这种良性的阶段动态循环中不断发展。基础条件均衡是以有形物质投入、标准化建设及政策规定等外在条件弥补的方式，追求设备设施、师资水平、生源结构等有形资源配置的基本均等化、规模化和标准化，其支持性力量主要来自学校外部；高位均衡即区域及其学校根据自身特点，强化内部驱动，通过变革创新、文化建设及特色发展等方式，将外在条件弥补与内生引领相结合，将有形与无形相结合，促进区域学校优势互补、资源共享、多特色、高质量地可持续协调发展。其次，在动态演进中，应保持相对的平衡，体现均衡性。包括面向全体学生、关注全面发展、体现教育公平理念的树立；区域学校发展规模、速度、结构、质量、效益的协调；不同类型、层次的学校教育生态位合理，共生共进；学校多样性强、特色发展均衡等。再次，区域学校发展生态系统是一个开放的系统，在不平衡—平衡—不平衡的发展过程中不断进行内部以及同外部环境的物质和能量的交换，其输入、输出应动态地相对稳定，以既推动自身的变化和发展，又同环境互动，使学校的优质发展同外在环境的发展相匹配，动态适应，形成节奏共振、需求共振、合力共振。

2. 特色彰显

在区域中，学校教育均衡发展的需要具有生态适切性，体现为特色性发展，即错开生态位，多样发展。

一是差异性发展。学校教育均衡发展不能简单走标准化、同质化、一体化的道路，更不是"削峰填谷"的平均化、同等化的道路。要实现区域学校高位均衡发展，区域内不同类型、层次的教育应在实现基础条件平等的前提下，根据自身的优势、特点、区域教育发展的需要以及学生情况，进行优势交流互补和特色凝练，走个性化、多元化、差异性、特色性质量提升道路。二是共性与个性的结合。均衡的特色是共性和个性相融合的特色，教育目标共性要求与学校发展、学生发展的个性需求在特色性均衡中有机结合。基础达标要满足教育的共性需求，特色发展可回应教育的个性需要。真正的均衡不只是物质、师资等办学条件方面的，更重要的是办学理念、学校文化、育人方法等方面的各具特色、百花齐放的均衡。特色是对教育共性基本诉求的涵盖和超越，对教育个性的追求。要反对脱离办学实际、办学基本面和教育内在需要的"作秀特色""伪特色"，使区域学校特色真实深入、可持续发展。三是自主变革，创新特色。区域学校均衡发展，应将外部推动与学校内部改革有机结合，既用好上级投入、政策支持等外部助力，又深化内部改革、优化体制机制，在把握教育均衡和学校发展基本要求的基础上，通过主动的变革创新，促进学校特色构建，形成区域学校和谐共生、特色优质均衡的优良生态格局，推动区域学校整体式均衡发展。

3. 生态共建

区域学校均衡发展中没有孤立的、封闭的教育单元，而是处于区域生态系统整体关联以及学校发展主体同区域生态环境之间的广泛互动之中的。区域学校发展需要利用这种关联与互动进行生态式均衡化共建。一是整合多种建设性推动力量。充分利用市场、政府、业务部门、学术机构、家庭、社会等多方面的作用，以不同类型的组织力量的积极整合，推进区域教育生态系统的改革、发展、提升和完善，发挥生态系统整体性功能优势。在当前，应特别注意公益性、志愿者或 NGO 等团队和组织积极作用的发挥。二是建立适当的共建方式。区域学校均衡发展在区域教育生态系统内部和外部互动合作，需要建立相适应的方式和机制。比如：跨层跨类结合，区域教育生态是由不同类型、层次、质量的教育单元组成的，要打破其区划或行政体制的隔离，实行"跨界"的生态融合，促进资源流动与组合的均衡化；内外结合，生态型学校发展总是同环境互动联系的，既需要政府的外部供给又需要内部资源的有效整合，既需要扩大教育总量又需要深化教育内部改革、加快薄弱学校建设、提高教育教学及管理效益，几方面因素应充分结合，因而区域学校均衡发展既要积极内部挖潜，又要主动加强对外互动交流，整合环境资源，借资借力借智，通过内驱与外合，促进均衡发展；共生创生，生态型发展依赖于主体性的发挥，区域学校要从外部政策、物质依附到内在文化自觉、特色创生转型，抓住各种契机深化教育教学改革、提升教师素质、改进师生关系、实施有效教学、彰显课堂生命活力，同时极力构建生态主体间互惠一体化共生机制，推动共生型均衡发展。三是要注重生态共建的可持续性，在不断的演进中以生态的活力、持久力、生命力促进区域学校优质均衡发展。

4. 文化培育

文化犹如生物生长的阳光和土壤。区域学校教育均衡发展具有鲜明的文化表征和深刻的文化根源，不可忽视文化的巨大影响，应加强区域文化建设，为区域学校均衡发展营造良好生态环境和优化支持性的生态因子。从实质上说，教育均衡问题的本质是文化资本占有量的差异以及由此导致的区域不同学校、阶层、个体在教育发生、发展及结果方面产生的差距及其累积造成的教育失衡状况，而这种失衡状态会不断复制、累积甚至造成代际传递，进而造成更大的教育差距，成为一种影响教育发展的"文化的基因"。文化对区域学校发展的培育性影响，主要在三方面着力：一是倡导"共进合作"的理念，营造"重教促学"的文化氛围；二是学校将文化主动纳入其资源体系，加强同外部环境的联系，吸收其文化养分，积淀区域特色；三是优化社会环境，提升社会整体素质，促进社会"大文化"发展，以反作用促进教育发展。

文化的价值不能简单地以经济实力或地域层次为标准来衡量，不同的文化中，都可能有丰富的思想和深刻的智慧，为区域学校均衡发展提供宝贵的营养。因此，应秉持"和而不同""各美其美、美人之美、美美与共"的文化态度推进区域文化建设，以不同文化样态对学校均衡发展发挥独到的影响；应树立生态视角，实施文化着力、区域推进、圈层交流、优势互补、资源共享、特色发展的教育均衡发展，承认和保持教育文化的多样性，让每一所学校都有自己的闪光点，区域各类学校相互学习、相互促进、异彩纷呈、差异发展；应树立和谐平等、相互开放、共同繁荣的理念，正确处理依托发展与自主创生、主导作用与支持作用、市场机制与政府调控、近期目标与远景规划之间的辩证关系，注重加强区域、城乡、学校之间的文化互动交流，促进共生共享、共强共融；应关注区域文化与教育的互动影响，加强区域文化建设，整合区域文化资源，推进区域全覆盖的文化发展和公共文化服务的均衡提升，使居民共享"文化阳光"，推进区域"特色文化圈""教育文化示范点"的规划建设，优化区域文化功能布局，以文化建设提升工程和完善公共文化服务网络推动教育文化生态的优化。[35]通过以上举措，推进区域、城乡、学校之间文化的交融互动、共同提升和特色发展，营造教育发展的良好氛围和提升发展推力，切实促进区域学校发展的高位均衡。

（二）生态共同体

生态共同体泛指自然和谐、互联互动、有序循环、不断演进的生态统一体，其强调系统中个体与个体、个体与局部、局部与整体都不可孤立存在，总是相互联系、相互依存、相互制约、相辅相成、共生发展的，是一个呈现着充满活力、稳定与完整的生命联结体。[36]区域学校发展是一个独特的教育形态，但与自然生态又有极为相似之处。它是既处于一种相互联系、竞争与合作、需要和发展的学校生态关系之中，又寄托于一个特定区域不可分割的全部资源及环境条件的有机整合基础之上的发展生态共同体。因此，基于区域一体化发展现状与趋势，遵循教育发展规律，顺应科学发展，构建区域学校发展生态共同体，是生态型学校发展的应然，其视野着眼宏观与长远，其思路聚焦区域学校合作与发展，按照合理分工、调整结构、优势互补、协作配套、整体联动、利益共享、和谐发展的生态学原则，建立区域一体又个体相对独立、多元功能聚合以及资源、人才、利益互通共享的区域学校发展生态共同体。

1. 生态共同体的特征

生态共同体在整体交融、开放统一、动态衔接等方面具有鲜明的特点。

（1）整体交融。物种的多样性与和谐性相济共生、和谐统一，是自然生态系统的一个重要特征。区域生态共同体存在丰富的多样性，但又和谐统一为整体。在生态发展观的指导下，应充分识别区域内各学校和各方面的教育资源优势劣势以及生态位分布情况，区分其在区域发展中角色任务和发展方向的差异，合理结构，建构一种存异求同、共存共荣、互利共赢的协同发展新模式，将多样与和谐融为一体，有效拓展发展空间，在更高的聚合性平台上实现学校共同的、整体的优质发展。

（2）开放统一。当今社会由于信息的多元、变化的快速、分工的细化和资源需求的多样，已进入一个以战略联盟式的发展格局为主的阶段，个别型、封闭型的发展模式因势单力薄、不成体系而难以与其他对手竞争角逐并有效发展。因此应转变思想，更新观念，明确当前的竞争是生态的竞争、体系的竞争，树立"竞争促进发展，而合作更好发展"的理念，将竞争作为发展手段，将合作作为价值取向，突破传统的发展观和自身利益的局限性，逐步树立起区域教育发展的大局意识、生态意识、合作意识以及互通共享的利益观，共同打造区域学校发展的协作统一性战略联盟，以开放的姿态，积极实行内部因子与外部环境多维互动，在更广泛的领域进行合作与交流，实现区域学校教育优势互补，资源共享，产生集聚效应，在开放与统一中合作共建，为生态体发展注入新的动力。

（3）动态衔接。如同生态系统的遗传与变革一样，生态共同体的发展是一个动态演进、推陈出新、变革发展的生态进化历史过程。在这个过程中，传承与发展动态关联、前后衔接。没有传承，生态生命链将会断裂；没有发展，生态系统则会失去演进与活力，必然走向衰亡。对区域学校发展来说，在纵向上，既继承区域和学校的优良传统又面向未来发展，做好全面规划；在横向上，做好自身优势的传承和区域其他学校、教育资源优势的结合，为学校发展提供更多更大更强劲的动力支撑。这种动态链接保障了生态共同体联系地、整体地可持续发展。

2. 生态共同体的构建

根据生态共同体所体现的特征以及区域学校发展的现实需求，区域学校生态共同体的构建，从理念到机制，可以从四个方面着手展开。

（1）理念先导。生态共同体的建立，首先需要区域学校间共生合作、协同发展理念的树立和引导。要改变传统的行政层级管理思维以及重规模轻内涵、重竞争轻合作、重效益轻生态的观念，确立自主和谐、多元协同、可持续的发展原则，实行区域学校发展由单一封闭型向多元开放型转变，将内生发展和外向协作充分结合，既发挥办学主体的积极性，又拓展横向关联的合作性，注重协同共生以及合作共同体的整体功能和集聚发展的综合效应发挥。

(2) 战略规划。区域学校的生态型发展，应协调整合生态系统内外因素，从发展战略高度，以生态发展的战略新理念，综合规划，创新发展。将区域经济社会发展的趋势、需求同教育、学校自身发展需求紧密结合，一体化发展。积极实施合作联盟化发展的生态新战略，逐步突破区划分割的壁垒，创新教育管理体制，集结整合优质教育资源，规划组建高水平的特色学校群，并与区域经济社会环境高度融合，形成资源共享、多元合力、一体联动、互动发展、低耗高效的区域学校发展战略新格局。

(3) 结构优化。区域学校发展生态共同体功能的发挥，有赖于结构的优化。要考察区域学校在体制结构、类型结构以及结构方式、结构量征方面的特点，突破障碍，重组再构，创生优势。如办学层次结构，纵向上使幼、小、初、高直至高等教育相互衔接贯通延伸，打破分割隔离，实现融通式组合；办学类型结构，横向上，使学校教育与社会教育相连并举，与其他教育资源或机构相互沟通协调发展，形成合作协调、多元支撑的区域学校教育联结体系，以满足学生多样多层全面的发展需求，同时优化学校特色结构，进行不同类型特色学校搭配和资源共享，进行普职结合综合实践、城乡结对发展等。

(4) 机制构建。机制是生态共同体协调内部诸因子之间、主体与环境之间、平衡与演进之间多种复杂关系的过程与方式，是生态发展的保障。应以合作发展为指向，变革创新，构建生态新机制。

其一，改革和完善发展体制。体制优化是发展的根本保障。在制度改革创新中，应注重协作化共生式办学体制的构建。协作化共生式办学体制是区域统筹、政府主导、学校自主、核心校引领和多行业参与的办学体制，是在一定区域内，发挥政府教育管理部门的主导作用及学校主体作用，依托区域内优质教育资源尤其是核心品牌学校，以学校发展为纽带，学校、行业、其他教育资源和机构为支撑，共同组建协作性学校发展联合体。这种体制打破了原有校际、学校与外部界限和资源配置无序的状况，既促进了教育与经济社会的紧密结合，又充分发挥了学校、主管部门、其他教育机构多方参与的积极性，整合各方优势，形成教育共生系统，使各学校在追求各自发展利益最大化的同时确保区域教育的整体利益，减少学校发展中的不均衡性和非对称性，使诸多共生单元在横向、纵向、区域上实现耦合，并真正实现互助互惠，变学校个别发展为区域的网络化、集成式、整合型发展。

其二，强化内部管理变革。区域学校生态共同体的构建，离不开学校主体性的发挥和办学品质的优化，这也是区域学校生态型优质发展的基础。因此，应积极推进管理变革，构建和谐生态学校。倡导学校建设以生态理念为内核的学校物质文化、制度文化、精神文化，使生态观植根于校园，为学校及区域的生态式发展奠定基础；正确处理好办学定位、发展战略、教育教学、学生发展、学校发展和社会服务的关系，确定变革的方向和突破的重点；建立互动互补、互利共进的平衡协调机制，优化内部变革效率与效益；充分发挥生态主体积极性，逐步形成自主发展、自主管理和有效合作机制；实行开放办学，以外化促内改，对外与社会建立广泛友好的生态关系，既争取上级对学校的政策扶持，又要得到社会机构和行业协会及家长、学生等方面的支持，营造学校生态化发展的良好环境和氛围，有助于内部变革。通过良好的生态理念和工作机制使学校管理改进优化，顺畅融入生态共同体的良性发展之中。

其三，发挥辐射作用。在一定的生态系统中，知识和能量具有从集聚效应转化为溢出效应的机制，即当知识和能量集聚到一定程度时，整合及创新功能突进，向心力增强，同时向其他主体强烈辐射、传递。这种效应在区域学校的生态型发展中，表现为办学思想、模式、方法、质量及社会服务等方面对区域其他学校及整体发展产生的良好辐射和影响。因此，一个区域学校的优质发展，不仅对学校本身具有很大的益处，而且会外溢到整个教育、其他行业以及整个区域，甚至相邻区域的相关方面，对教育整体及其他相关主体的发展都具有很大的益处，并且为生态共同体的建立和发展提供了有力的支持。随着区域学校发展的相互开放、彼此合作、优势互补、共同发展，以及当前信息化、网络化技术的进步，区域学校生态型发展的溢出效应将不断扩大和增强。在区域学校发展生态共同体的构建中，要积极利用这一机制效应的影响、渗透与整合作用，促进生态体的共通互动和整体优质发展。

其四，建立互生关系。互生关系是生态型共同体发展的一种重要形式。区域学校生态型发展的互生关系，可以有先导、跟随、伴生发展等三类，它们在区域学校发展中起着不同的重要作用。[37]首先，先导关系。区域内优质的品牌学校或教育资源，成为核心和龙头，通过集团化、结对式、示范型等方式，先导式引领式发展,带动其他学校,实行互生发展。同时,教育作为文化和知识的传播机构,是时代进步和创新的重要力量,在同外部资源进行联结整合中,也成为推动区域经济社会可持续发展和社会公民优良素质形成的一个先导性重要因素,应主动发挥教育的这种文化或文明的区域引领作用,体现出教育与环境的互动互生。其次,跟随关系。学校教育服从和服务于区域经济社会发展,其发展的规模、速度、结构和重点主要取决于区域经济社会发展的战略规划,或者学校从属于区域学校发展协同体的统筹规划,由发展协同体协调设置学校发展的规模、结构、特色等。两种情况都使得学校与生态系统中其他因素存在条件性联系,受其他因素的前提性影响,发展处于一种跟随状态。再次,伴生关系。这种发展关系一般分为两个阶段:第一阶段主要是区域经济社会发展对区域学校教育或者学校发展协作共同体对学校发展提出要求,后者尽量适应性地满足,在此阶段区域经济社会发展或协同体居于主导地位,在发展中起关键作用的并不是教育或学校内部要素,而是其他的要素,如资金、政策、资源或硬件等;第二阶段主要是区域教育与区域经济社会或发展协同体与学校相互提出要求,互相促进,区域教育对区域经济社会的发展或学校对发展协同体起着越来越大的作用,发展的关键性因素也越来越向着知识、技术、人才等高级要素转移,形成一种交互式的发展的伴生关系。以上三种关系是由学校所处的发展阶段或区域整体的特点决定的,并且三者之间也是存在着发展变化的,并非一种类型就长期固定不变,因此,在区域学校发展生态共同体中,应针对区域特点和学校发展需求,按照适应性原则进行选择、构建。

其五,多样化发展。正如生物多样性是人类赖以生存的资源和发展的基础一样,学校教育生态多样性是维持区域教育生态系统平衡和发展的基本要素,也是提高区域教育生态竞争力的重要因素。区域学校教育生态在教育者、教育对象、教育组织等多个方面都具有丰富的多样性。在生态共同体构建中,对多样性的观照应注意几点:一是主体的多样性。生态共同体中,学校是首要的主体,应体现多样化的发展状态,其他相关社会机构、企事业单位、学术团体等,也应该充分多样化,以提供充足的系统资源。二是运作方式的丰富度。可以通过现行区域学校结构在类型、层次、特色、合作方式、育人方式等方面多样化改革,以实现各级各类学校和教育机构相互区别又交融共通的教育格局,以丰富学校发展生态共同体的运作途径和方式，扩大生态协同可能性，促进区域教育的发展。三是教育资源丰富。尊重学术自由，尊重主体发展，倡导多元文化，积极开放互联，减少行政权力对学术权力和学校管理的过多干预，避免教育资源在配置上刻板、单调、统一，以多样化的专业资源的有效供给来引导和满足多样化的教育发展需求，从而更好地促进区域学校生态共同体的建设。四是教育品质内容丰富。即学校教育质量观和质量标准的多样化，摒弃"一刀切"的质量观，确立发展的、整体的、多样化的质量观。通过多样化的发展，培育和展现区域学校发展在生态共同体格局下充沛的生态活力。

（三）可持续发展

区域学校教育可持续发展是教育可持续发展在特定区域内的体现，是区域教育走上生态型发展自觉之后的客观需求，是不断挖掘和培育区域内影响学校发展的利导因子和不断克服限制因子，并始终使利导因子处于主导地位或至少与限制因子相持，呈螺旋式持续上升的发展，也是区域教育适应区域社会、经济可持续发展的要求，适度超前的发展，因此，在区域学校发展中，应树立可持续发展观念，培养具有可持续发展能力和环境意识的人以及学校生态体，形成区域教育自我调节机制和创新机制，使区域内教育资源得到合理分配，教育内在活力不断增长，办学效益、教育质量、区域内人口素质、学校品质保持持续稳定提高。[38]从生态型发展的角度看，对区域教育可持续发展的目标、原则、模式有以下一些要求。

1. 发展目标

从总体来说，区域学校教育可持续发展把发展人的潜能、培养人的全面发展和增强学校可持续发展能力以及优化区域教育生态和提高办学效益作为主要目标。区域内政府应将教育放在区域发展的优先地位，确保教育投入的持续增长；区域社会应有良好重教氛围，形成大教育网络，激发教育内在活力，持续整合发展资源；区域学校应优化办学结构和办学模式，提高整个区域内受教育者的素质，始终适应区域经济、社会及自身可持续发展的需要。

2. 发展原则

可持续发展应遵循的原则大致包括公平性原则（即机会选择的平等性）、

可持续性原则（即资源的持续利用和系统可持续性的保障）、和谐性原则（即系统内部与外界之间保持一种互惠共生的关系），以及需求原则、高效原则、阶跃原则等。这对生态型区域学校发展的启示主要有两点。第一，可持续发展理念的提出，带来对教育发展态势与功能的再认识，主要体现为：区域教育发展应体现同代和代际公平；教育培养具有可持续发展能力的人才，为经济、社会发展提供智力支持，促进区域经济、社会发展并反过来进一步推进教育的发展；学校教育自身的可持续发展，即保持学校教育系统自身的生机和活力，具有生态演进能力；区域教育要满足区域、学校和受教育者发展的需求，并保持良性的发展态势。第二，需要构建具有可持续发展能力的体系，实行生态性发展原则，遵循教育发展的客观规律，在学校教育目标的制定、教育结构、教育组织形式等方面避免短期效应，始终保持发展的前瞻性和后续力，并在发展中不断实现阶梯递进和层次跃升。这些原则同学校生态发展有机结合，引导区域学校形成强劲的可持续发展能力。

3. 发展模式

（1）刺激式发展与可持续式发展。在区域学校教育发展中，有刺激式发展与可持续发展两种基本模式。刺激式发展模式是政策导向型、资源索取式、外部输入式、扩张式发展，表现为较大的人为因素和功利倾向，偏重数量、规模扩张和资源消耗，短期性、波动性强，容易出现不平衡、不稳定的状况，增长力量主要依靠外部追加，是一种不可持续发展的发展模式。可持续发展模式把内外部影响因素加以综合、协调，并基于发展的客观规律性和发展主体的自我调节机制形成系统的自适应机制，生成发展的牵引力和合成力，它有两个显著特点：一是充分利用促进发展的机遇及具有短期刺激的环境因素，但不是仅仅依赖这些机遇和因素，而是同时注重于创新机遇，不断寻找乃至创造各种有利于发展的因素，因而机遇与各种因素的变化只是表现为不断的发展过程，而不是跳跃性的大起大落，是一种平衡、持续的发展，即使遇到困难也容易快速调整和平滑过渡，避免大幅波动造成消极后果；二是它是一种阶梯式或台阶式发展过程，而不是水平的起落发展，体现为一定的积累性和质变性，即使是在环境、条件、发展机遇等因素不变的情况下，仅仅是系统内部因素的变化也应该保证其阶梯或台阶式的发展，如果遇到有利于发展的机遇和因素，就能在实现阶梯式发展基础上飞跃发展。[39]两种模式在学校教育发展中的主要区别是后者的根本动因在于具有教育内部驱动力，教育发展过程呈稳定上升趋势，发展过程中没有出现"波动式""滑坡式"的反复，有自适应、可持续机制为发展提供保障。

在区域学校的生态型发展中，由最初的刺激式发展走向可持续发展，是一个不断缩小波谷、缩短周期的过程，其关键是要形成和保持内在动力。要注重区域的合理调控，避免过多的刺激式发展，尤其是"运动式""蜂拥式""阵风式"等不良管理及发展状态，要引导学校和区域整体不断完善发展机制，增进内驱，构建可持续发展模式。这一点特别应引起教育行政主管部门的注意。

（2）内涵式可持续发展。内涵式可持续发展是区域学校发展更优的模式。其主要体现为学校生态系统内部因子的优化、整体品质的优良和功能的提升，注重学校理念、学校文化、教育科研、教师素质、人才培养、教学水平等方面的建设，集中体现为质量和效益方面。内涵式发展是一种强可持续发展模式，它关注发展独特的质的规定性，强调区域学校发展的特殊性和不可替代性，不仅是学校之间的不可替代，更是区域学校发展在整个教育生态系统和区域生态中的不可替代，并将教育生态系统承载力作为教育资源利用的基本限制条件，以教育生态系统的恢复力、教育环境生活力以及最低教育资源环境安全标准作为整个学校发展的基础量，注重从外向发展向内生发展演变，努力提高学校自身品质和能力，促进内涵深化。要实现区域学校发展的内涵式发展，应抓好吸引力、结构力、文化力、创新力、发展力等基本能力建设。[40]吸引力即区域学校教育的魅力，是指能引导区域内人们接受、认同，并乐于选择区域内学校教育的力量，是区域学校发展区别于区域生态系统其他各个子系统以及其他区域学校教育的特殊性，是学校师资水平、教学教研能力、教学质量、办学整体品质等的综合体现；结构力是指区域教育体系内部各组成要素之间因相互作用而产生的不同于要素原作用的新的作用力，它由各组成要素之间的衔接方式、组织秩序及层次关系等因素共同决定，包括特色设置、地域区划、隶属关系、内部管理、协作体制等方面，其难点体现在跨部门、跨地域、跨行业、跨层次整合；文化力指学校在长期的办学过程中的文化发展和文化积累所形成的独特力量，是教育吸引力的外显和表达；创造力指在当今不断变化、革新的时代环境下，根据预定的目的和任务，运用信息和资料，不断适应、变革、创新的能力，其表现形态可为区域学校发展的新思想、新方法、新理论、新机制和新技术等；发展力即扣住学校发展的中心，调动一切资源，既有力推动学校发展，又通过学校教育的发展带动区域的整体发展，并由此为学校的发展提供更为有利的条件和有力的支持。这五种力量的统筹和调控可以为区域学校发展提供全面的方法论指导，有助于实现区域学校发展数量与质量的平衡、速度和品质的平衡、发展和效益的平衡等，使区域学校教育保持生态式的强可持续发展。

（四）链式发展

生态学中，"生态链"的基本含义是指不同物种之间通过无数条食物链，通过多种多样的物质与能量交换关系，形成相生相克、共荣共衰、协同进化的链锁关系，保持了不同物种数量的相对稳定，维持着物种与环境的相对平衡。广义地看，生态链是指在一个生态群落中，众多的生物和非生物成分通过不同层次的生产者、消费者和分解者的协同，进行能量与物质的交换与循环，形成的环环相扣的链条式依存关系。[41]区域学校发展是一定的区域范围内，社会、经济和自然耦合构成的结构更复杂、功能更强大的复合生态系统，也存在依据生态学、教育学、系统学、经济学以及其他科学原理所构成的，具有相互关联、相互制约关系的链状序列。学校的发展，以学生的发展为目的和主线，从大的教育系统生态来说，学校承担着类似生产者的角色，学生是消费者，学生最终走向社会，在社会这一分解者中发挥价值，反过来影响学校这一生产者。从教育发展内部来说，不同层级的学校，也构成了类似的多级关系和链状关联。在区域学校发展中，这种链式关系主要在物、人、信息等方面展开。

1. 物链发展

在区域学校发展中，物质资源的投入、利用和效益的发挥，是优质链式发展中重要的一环。首先，从投入来看，区域的物质资源的调度配置，应突出教育的战略优先地位，突出学校的发展和育人功能的体现，为区域经济、社会的整体发展提供人才和文化支持的链式联动。同时，就学校发展的内部而言，应重视基础性投入，培养"教育生产"的优良条件和生态环境，但一定要关注资源投入的实际效益发挥，注重其生长性、教育性，不搞"形象工程""面子工程",不在"无根之花"上耗费资源,影响后续发展。其次,从利用来看,应注重流转互通,循环利用。实行前后衔接、高低衔接、内外衔接,形成链式效应。共用共享,减少资源投入的重复浪费,让物质资源在学校发展生态链上充分活跃,增强其价值贡献(营养吸收率)。如体育场馆的学校与社会共用、实验器材在学段间的流通、教学资料的循环使用等。

2. 人链发展

教育的发展以人的发展为主线。因此,在区域学校发展中,作为发展主体的人的生态型链式发展是至关重要的。这主要体现为两大方面:学段衔接和能力衔接。学段衔接是指不同学段的学校在学生发展上紧密结合,环环相扣,无缝衔接。这既包括学段转换的链接顺畅,也包括学段规制的、内容的、质量的平衡与链接的顺畅。能力的衔接主要是学校发展为学生发展服务的能力在高低、前后等方面的链式衔接。一是学生方面,各段学校在学生能力的纵向发展中衔接配合,加强一贯制、台阶式学生发展体制规划,遵循学生身心发展规律和知识逻辑体系,处理好量度、梯度、速度,保证"生产和消费"的适度、高效,注重前后的嵌接、配合,减少"段间缝隙填合"及"交叉重复"方面的浪费。二是教师方面,应打破各段教师封闭的状况,实行学段教师教育教学知识和能力发展的前移后推,增强教师在教学能力上的衔接,从而更好地促进学生和学校的链接式发展,同时,也应积极促进教师,尤其是特色性人才在发展链上的流转。既在整体上使教师的能力和素质同学生的阶段性链式发展相适应,又体现出个体在发展链上的灵活流通,最大限度发挥人才优势因素在链条整体上的作用。三是学校方面,学校应打通上下、内外、左右之间的各种隔离状态,充分实现人力资源以及其他各类资源与学校的配合,尤其是校外人力资源在学生发展和学校发展链条上的贡献,在学校发展中聚合互通、链式互动,推动区域学校链式关系的优化以及学校发展在区域整体链式发展中的积极作用发挥。

3. 信息链发展

信息生态链是存在于特定的信息生态中的、由多种要素构成的信息共享系统,包含信息、信息主体和信息环境这些构成信息生态的基本要素,是信息系统生态性的集中体现。信息生态结构成分理论提出了"信息子—信息素—信息场—信息链—信息网—信息域—信息圈"的信息链结构模式,指出信息链通过信息的流动使无数的信息场(亦称信息空间,指信息存在及其作用的个别场所)连接起来,从而形成某种方式的链条,成为信息生态系统的信息通道,并强调信息链的重要作用,认为信息链是信息生态的"灵魂",没有信息链,任何信息生态都无从谈起,因此,区域学校发展信息生态链应具有以下基本特征[42]:(1)空间结构特征。信息生态链具有地域性,它是聚合于一定区域的客观存在;信息生态链由信息供应者、信息传递者、信息消费者和信息分解者四类信息主体构成,信息主体可以是个人、群体或组织,他们之间分工协作、相互依存,在不同的时间或地点可能出现角色的转换。(2)时序变动特征。信息生态链是信息流动和共享的平台,信息主体、信息流与信息环境之间存在动态的相互适应过程,这种过程总是在一定的时间序列中展开,存在一定时序性;持续的动态适应过程形成信息生态的平衡,最终导致信息生态链构成要素与系统环境要素的共同进化。(3)管理特征。区域学校发展信息链需要发挥区域优势进行管理,目标是实现信息共享和信息收益最大化;与自然生态中的食物链不同,信息生态链可以设计,其具备的设计弹性将帮助信息生态链适应内外部的变化;信息管理的核心理念是信息共享,关键点不在于对信息和信息主体本身的管理,而在于对信息流、行为、关系和过程的管理,通过管理提高信息链的运转功能。在区域学校发展中,要通过学校的主体作用和区域的协同作用,把握好在空间、时序和管理上的特点,设计、搭建良性互动的具有区域自身特色的信息生态链,最大限度发挥信息的效能,促进区域学校生态系统的优质发展,尤其是当前已进入大数据时代,要通过多种技术手段和合作机制,做好区域学校发展生态系统的数据收集、挖掘和运用,利用"互联网+"等模式,提升信息生态链在区域学校发展中的功效。

区域学校发展是一个开放系统,信息链存在于一定的信息环境中并从环境中吸收能量。信息环境的构成要素包括时空、技术、内容、组织、文化、人员、制度和基础设施等方面。这些因素会通过不同的渠道和方式影响信息共享。当信息生态链中没有实现充分的信息共享时,信息流的两端必然出现信息不对称的情况,当它们之间共生共变的关系没有某种正式的制度或组织形式予以保证的时候,决策就是分散的,而信息不对称和分散决策必然造成资源的浪费和效率效益的降低。所以,信息生态链上的各主体需要通过某种形式开放兼容、联合起来,以开放性达到整体性。在区域学校发展中,要积极对信息链环境进行功能挖掘和状态改善,通过对相关因素的整合,实现信息链的最大功效,比如建立一个区域教育信息共享联盟或平台、建立区域学校发展大数据资源库以及对各信息环境要素进行组织运用的一套制度或机制等,从而进行真正意义上的信息环境管理。

信息生态链的功能实质是不同种类信息主体之间的信息流转,包括信息流动和信息转化。流动是信息在不同信息主体之间的转移,而在信息生态链的一个节点上,主要是信息的转化。区域及学校发展生态体通过信息流转实现其系统结构和功能的优化或提升。信息生态链中的信息流转是通过信息拒收、信息摄入、信息筛除、信息受理、信息排泄、信息吸收、信息内化、信息产出、信息反馈、信息流失等基本方式来实现的。在生物生态链中,物质流和能量流一般从上游向下游流动,即从生产者流向消费者,而信息生态链中的信息流转则是双向的,既可以从上游向下游流转,也可以从下游向上游流转,并且其主体间也是多元复合关系,包括平等关系、共生关系、互动关系、互惠关系、合作关系、竞争关系等。[43]因此,在区域学校发展中,应充分把握信息链的运行规律,丰实主体,理顺关系,开放整合,巧妙设计,优化管理,切实发挥信息链对协同式生态型区域学校发展的要核作用。

(五) 生态承载力

生态承载力即某一特定环境条件下(主要指生存空间、营养物质、能量等生态因子的组合),某种个体存在数量的最高极限,其含义主要包括以下一些要点[44]:一是承载力阈值。在自然生态系统中,种群的变化有多种形式,但万变不离其宗,即种群最后的变化结果总是回到承载力阈值所允许的范围。生态整体主义认为生态系统的所有成员都有着足够的但是受到限制的生存空间。这实际上表明生态系统内生物个体的发展必然受客观存在的生态承载力限制。二是稳态机制。生态系统有自我维持和自我调节能力,在不受外力与人为干扰的情况下,可保持自我平衡状态,即处于生态学称为的"稳态"状况,如果系统受到的干扰超过系统的可调节能力或可承载能力范围后,则系统平衡就被破坏，系统开始瓦解。自然生态系统中，在生物的各个水平层次上，都具有稳态机制，因此最后都能达到一定平衡。在巨大的生态系统中，物质循环和能量流转的相互作用，建立了自校稳态机制（self-correcting homeostasis）而无须外界控制，但各层级生态系统的稳态机制却是有限度的，当系统承载力超过稳态限度后，系统便发生转变，从一种稳态走向另一种稳态，但如果要使生态系统不发生剧烈变化或不超出波动范围，稳态的变化应是台阶式渐进的，压力的作用必须在生态系统的可自我维持和自我调节能力范围内，否则系统便走向衰退或死亡。所以，面向可持续生态式发展，人们的活动必须限制在生态系统的弹性承载范围之内，实行台阶式稳态进步。三是承载力体现。生态承载力体现为生态系统的自我维持能力、自我调节能力、资源与环境子系统的供容能力及其可维持的社会经济活动强度和具有一定平衡度的数量、规模值。根据自然生态系统中承载力概念的界定以及区域学校发展系统的特点，区域学校发展应按照教育规律、自身需求，以最大限度地与区域学校发展生态资源供给能力和社会经济持续发展相适应为准则，以保持数量、质量、结构、效益的长期持续、稳定协调的发展为目标，生态式地发展。区域学校发展生态承载力具有客观性、可变性和多层次性，主要包含区域学校发展生态系统自我维持、调节的能力，以及教育资源与环境子系统承载一定区域学校发展规模及相应质量的能力。可以从以下几方面对其进行分析。

1. 自调节能力

生态系统有自我调节和自我恢复的能力，这是生态系统在应对承载压力时的一种弹性力。在一定的弹性幅度内，生态系统虽然因内部、外部的扰动或压力会对原来状态有所偏离，但自我调节机制会使其逐步恢复原有状态，体现出一种自调节能力。区域学校发展生态自调节能力是指区域学校发展生态系统在弹性幅度内应对内部扰动及外部压力时的自我维持、自我适应的能力。对自调节承受压力的弹性变化，可以从限度和强度两个维度来考察。限度变化是在同一状态或层次间的波动，侧重于量变，是正常的、可逆转的变化，而强度变化则是系统从一种状态转向另一种状态，倾向于质变，往往是间断的、不可逆转的变化。因此，在区域学校的发展过程中，对生态承载力的分析，应将区域教育生态系统的弹性限度和弹性强度综合考虑，使两者适应配合，保持学校及区域生态体自调节能力。总体来看，区域教育生态系统在需要平衡、稳定、持续发展方面，应实行限度调节，保持发展态势；在需要改革、创新突破方面，可以实行强度调节，促进区域学校快速发展。

在区域学校发展中，这常常体现为合理规划、适度发展，备足空间、留有余地，自我调整、主动因应，变革思路、突破创新等基本原则和要求。同时，扩大规模、边缘融合、采取多种办学形式也是解决这些问题的重要手段，因为多样性是生态系统的重要特征，当生态系统中相互作用的物种数目增加时，整体联系和生态多样性增加，群落的复杂性也会增加，稳定性也随之增强。区域学校发展生态系统中同样具有整体性与多样性，它的多样性主要表现在办学主体、办学形式、办学思路、结构模式和特色质量的多样化上，走多种形式办学道路，既可使系统的稳定性增强，又可提高生态承载力的弹性度，增强自调节能力。

2. 资源承载力

资源是生产、生活材料的来源，是保证系统的代谢功能得以实现，促进系统稳定并不断地、有序地进化升级的各种物质、信息、能量等。资源承载力是区域学校发展生态承载力的基础条件，也是区域学校发展系统与社会系统进行物质、能量、信息等资源交换的恒定指标和表征内容。区域学校发展资源承载力可以从广义和狭义两个方面去理解。[45]从广义上说，区域学校发展资源承载力是指一定质量和规模的区域学校发展为实现一定目标所需的人、财、物、信息等资源的供给力。其中，人力资源构成区域学校发展系统的主体，它包括教育者和受教育者两个层面，其质量是影响区域学校发展系统健康发展的重要因素；物力资源在很大程度上是财力资源的物化，同时又是构成区域学校及其教育教学活动中的物质环境的组成部分；信息资源包括信息渠道、学术水平、文化条件、知识总量等，是区域学校发展的重要条件，在当前互联网时代，网络为信息资源的获取提供了十分有利的条件，应积极加以利用。从狭义上说，区域学校发展资源承载力主要指办学资源承载力，即区域学校发展系统中一定的财力、人力与物力投入，其中，最值得关注的是教育的财政投入、基础设施和设备、师资的配备。区域学校发展资源承载力从承载限度上看，可分为最大资源承载力和适度资源承载力。最大资源承载力指的是一定质量和规模内通过各种手段等可达到的资源承载上限能力。适度资源承载力指的是在不危害生态系统的前提条件下，一定质量和规模的适度的资源承载能力。最大资源承载力虽达到了最大资源效应，却在一定程度上损害了区域学校发展生态承载力系统以及造成不必要的资源浪费。适度资源承载力则考虑了区域学校发展的系统效应、功能效益及其发展的可持续性，注重整体生态承载力的提高，而不是片面追求单一要素或某一时段承载力的提高。因此，通过挖掘区域学校发展潜力、追加投入等方式虽可不断提高资源的承载能力，但这种提高必须限制在系统允许的承受范围内，符合"适度资源承载力"要求，否则虽提高了资源承载力，但却降低了区域学校发展系统的整体的持续的承载力，是一种"竭泽而渔"式的不可持续发展。

3. 环境承载力

区域学校发展环境承载力是指一定时期政治、经济、文化等支撑区域学校发展的外部环境为保证一定的质量和规模的区域学校发展所提供的能力。当区域学校发展与外部环境的承载力相适应时，它能促进其政治、经济、文化水平的发展，反之将打破区域学校发展系统与其环境的生态平衡，进而影响区域学校的良性发展，因此，环境承载力是区域学校发展生态承载力的外在约束条件，其主要体现在政治环境、经济环境、文化环境三个方面。[46]首先是政治环境承载力，其在区域学校发展中最重要的是政策方向、投入政策、运行机制和评估制度等方面，它们作为政策导向，引导着区域学校的行为方式的选择，对办学思想、教育方针有一定先决作用，是区域学校发展重要的环境条件之一。其次，经济环境承载力主要体现为区域经济发展水平以及对区域学校发展投入。经济对区域学校的发展具有基础性作用，这种作用主要体现在为区域学校发展提供相应的物质条件（财力、物力等）的支持，以及区域学校发展的速度与规模取决于经济发展对区域学校发展的需求和容量。第三，文化环境承载力是指各种物质、制度及精神文化条件状况的总和。教育本质上是一种文化行为，区域学校发展作为一种传承、创造优良文化的人类实践活动，它在表现出文化的遗传和再生机制的同时，也受到文化的强烈制约与影响，文化不仅在区域学校发展的外部和内部起直接的制约作用，而且又介于区域学校发展的外部和内部关系之间，起着沟通内外部关系的桥梁作用，因此，与经济、政治等因素相比，文化与区域学校发展具有更深层次的本质联系。在生态型区域学校发展中，要积极利用各类环境资源，加强互动和建设，提高环境承载力。

4. 生态型发展与承载力的关系及整合

生态学中，生态承载力反映了生物群落与生态环境的"相互作用"，体现了生物与其生存环境之间的约束和供养关系。结合前述分析，我们可以知道区域学校生态发展系统的生态承载力主要由三方面组成：自我维持与自我调节能力，也可称为生态弹性力；系统的供容能力，即资源承载力；与系统相关的社会、经济、文化等影响因子，即环境承载力。

由于区域学校生态型发展主要地、指向地、综合地体现于区域学校系统可持续的良性发展，因此，借鉴可持续发展与生态承载力关系模型，将区域学校发展生态承载力与系统生态型发展有机联系起来，以资源承载力、环境承载力、生态弹性力三者的合力表征生态承载力，进行分析，可以充分反映和实现区域学校发展生态承载力的可调控性，分析时可采用状态空间表征生态承载力量值，一定时空尺度内区域生态系统的任何一种承载状态都可以用生态承载力状态点表示，这些状态点代表了生态弹性力、资源承载力和环境承载力等生态承载力因子在状态空间中的位置，状态空间中的原点与系统状态点构成的矢量模，代表生态承载力量值，再将之与区域学校生态型发展能力量标相结合，从而进行两者关系分析（如图7—10）。[47]

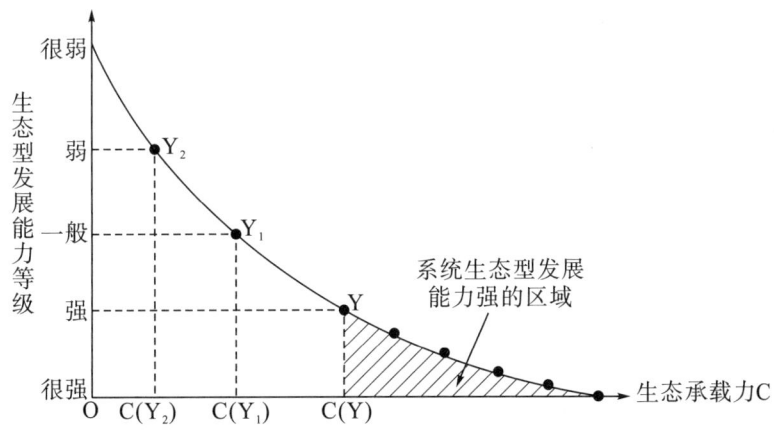

图7—10 区域学校生态型发展能力与生态承载力关系

从图7—10可知，一定的生态承载力对应一定的系统生态型发展能力等级。随着教育资源增加和教育环境质量的改善，以及系统自身弹性力的提高，生态承载力增加，系统发展能力增强；随着教育规模的增加，教育资源的减少，以及系统自身弹性力减弱，生态承载力减少，系统发展能力减弱。Y、Y_1、Y_2分别为生态系统生态型发展能力处于强、一般和弱状态时生态承载力曲线上的点，对应的$C(Y)$、$C(Y_1)$、$C(Y_2)$值为相应系统生态型发展能力等级的生态承载力标准值，则$OC(Y_2)$、$OC(Y_1)$、$OC(Y)$为系统生态型发展能力不同等级下的生态承载力范围。图中阴影部分为生态系统发展能力强的区域。对系统起改善作用的活动可使系统发展能力临界点上移，生态承载力曲线随之上移，系统发展能力强的区域扩大，使原有相同生态承载力水平对应的系统发展能力等级上升。反之，将导致系统发展能力临界点的下降，生态承载力曲线下移，使原有相同生态承载力水平对应的系统发展能力等级下降。此分析的优点首先在于将区域学校发展系统作为一个整体，不单纯追求某一子系统的最大承载力，专注于寻求资源利用与生态系统可接受阈值之间的动态平衡点，使生态承载力的评估变为一种范围估计，即适度承载力，而不是最大承载力。

可见，生态承载力和系统发展紧密联系，动态互应。在区域学校发展中，应注重将生态弹性力、资源承载力、环境承载力协调整合，提升系统整体发展力以减轻生态承载力，同时提高生态承载力的范围以增强系统发展，并将几方面有机结合起来，促进区域学校生态型发展。

5. 建立生态预警机制

根据生态承载力的相关影响因素及其动态发展状况，可以建立生态预警指标体系，为区域学校发展提供预估和调适服务。其基本特点包括：（1）整体性，即预警指标体系内的各个指标能全面、整体地反映生态承载力因素，并相互联系、相互补充，如对教育质量高度的指标同招生数量多少的指标的关联性分析；（2）关键性，即预警设计要侧重具有高度的概括性、紧要性的关键指标，能准确灵敏地反映危及区域学校发展的问题的产生及发展情况，能反映纷繁复杂的教育质量问题的最本质、最重要的表现，如D级危房的分布率、学生的辍学率、学业质量监测等；（3）操作性，即每一指标都能尽可能以精确的数值表现，进行观测和评估，并有一套成型的方法和程序细化以保障执行。同时，建立生态预警机制，在区域学校生态型发展和生态承载力分析中可以实现以下一些功能：一是持久发展。预警关注的是未来，保持的是持续性。以区域及学校持续发展为对象，根据生态基本主体和内外部生态环境的变化、生态承载力的变化，自动调整区域学校发展目标，经常性地诊断和调节区域学校发展过程中的关键生态因素，持续关心发展过程，不断完善传承与变异机制，以实现生态承载力保持适度状态，区域学校稳步、持久地发展。二是自主发展。它首先表现为主动性，即预警是主体的一种自主性、积极性反应，对发展的主动前移，对变化的提前关注；其次是自我保存特性，区域学校按照自身"基因"特点，在发展中关注区域、教育或学校的特性价值意义和优先性，体现为自我特色的自主选择、保存和巩固，即区域及学校发展根据预警信息和自身特质而进行自主决策、结构、调整以及特色设计和自我约束；最后是演进性，生态系统通过预警增强对环境的适应性，并在适应中不断优化、选择，反过来促进系统的进化性演变，体现出对原结构和功能的超越。如在区域学校发展面对未来和变化的变革与创新中，预警有助于促进这一过程的实现，并促进生态承载力阈值的提升。三是预警预判。预警系统可以根据各种相关因素及其互动关系的分析，根据生态承载力的结构和分布情况，建立一定模型，按照区域教育发展的规律和学校自身特点，建立一套完整的指标体系，确立相应的警戒点和警戒级别，主动就区域学校发展各部分或系统整体开展定期"压力测试"或"模拟推演"。对区域学校发展生态系统进行适时预警管理，对可能的状况实行预判，以确保区域学校稳步发展、生态平衡，使生态承载力也保持在适度、可持续范围。四是深度挖掘。预警机制在区域学校发展过程中，通过一系列方法、制度或模型的实施，可以更好地对内外环境与状况的信息进行区分和筛选，可以强化现象的捕捉、信息的收集、归因的分析，并逐步实行"大数据管理"，进行"数据挖掘"，关注各种不利于区域学校发展的生态因素及其数值特征的发现、记录，并在此基础上进行后期的深度挖掘，诊断生态发展状况，找出发展的病症，寻求其解决的途径与办法，为区域学校发展的决策提供参考和辅助，以达到促进区域学校健康、优质的生态型发展的目的。

(六) 区域学校发展规划

区域学校的生态型发展是在区域教育生态系统中的动态平衡式发展，这种状态的达成和保持，需要对系统内外诸多因素及其相互作用进行协调整合，亦即需要在区域较高层次上或者较大范围内进行系统性的管理和规划，做好高层乃至顶层设计。因此，我们应根据生态发展和区域发展的相关原理来研究区域教育及学校发展规划问题。

1. 主要原则

生态型区域学校发展将区域看成一个复杂的多维的生态系统，强调区域本身的学校发展，也注重学校与区域的政治、经济、文化等各子系统的整体协调发展，强调社会生态、自然生态和价值生态三方面和学校发展生态的关系协调以及均衡。在这种观点指导下的区域学校发展规划，就不仅仅关注区域发展的某一方面的价值，还必须考虑区域的政治、社会、文化等多方面的价值，从而更好地发挥区域教育规划的功能，因此，区域学校发展规划在生态及区域发展理论的指导下，不仅要考虑教育自身内在发展的规律，协调好教育内部的各种关系，还要处理好教育系统与区域之间的关系，通过实现区域整体发展来推动学校发展，它有以下一些原则应当注意。[48]

（1）关联性原则。生态系统主体与主体之间、主体与环境之间具有高度丰富的关联性，在联系中相互依赖、相互作用、充分互动。制订区域学校发展规划的时候，应从横纵两个维度对关联性进行把握，全面地联系地进行分析。即横向上全面地分析该区域学校发展的内外生态因子，科学地把握它们之间的联系和区别，同时纵向上结合考察该区域的演变历史及教育发展，找出该区域的有利因子和限制因子，以及发展的敏感因子，因地制宜、因势利导地做好规划。

（2）平衡性原则。生态平衡的系统保持一种动态的有序状态，在这种状态下系统的组成及结构相对稳定，功能得到有效发挥，系统输入输出平衡协调，有机体与环境和谐统一。在区域学校生态发展规划中应协调好系统各因素以及能量流、物质流、信息流和价值流之间的相互关系和影响，保证能量的持续有效供给，同时自觉调控生态系统，使学校教育系统与环境形成相互适应的局面，保障区域学校发展生态系统的动态平衡和良性循环。

（3）区域性原则。区域学校发展规划要体现区域的需求和特点，关注不同区域之间存在的自然状况、地理条件、社会历史与文化环境等方面的诸多差异，挖掘出本区域的优势，扬长避短，尊重客观实际和具体情况，结合区域及教育发展的现状及目标有步骤、有计划、有特色地推进区域学校发展，保持区域特质，不故步自封，更不盲目跟风、一拥而上，把握好发展的生态适应性和独特生态位的确立。

（4）整体性原则。整体性是生态系统的基本特征之一。在区域学校发展规划中，整体性要求将区域学校发展置于区域教育以及国家宏观教育发展之中，必须符合国家教育方针政策，培养国家发展需要的人才，同国家的教育改革发展和区域教育整体发展保持一致，同时，认识到区域学校发展属于区域发展的一部分，区域教育的发展要有力推动和促进区域的全面协调发展，与区域社会、经济、文化的发展起到相互促进、共同进步的作用。此外，还应该看到学校是在区域的整体环境中发展的，要体现出系统的整体效应，在生态型区域学校发展中，不存在孤立和割裂的发展，要利用整体性扩大发展的效益性。

2. 主要策略

（1）合理规划生态环境。区域学校生态型发展，是处于开放性系统环境的发展，需要区域学校与教育系统、与外部环境之间通过密切联系和相互作用形成有机整体。从群落生态学的角度看，区域学校发展的生态型转向，取决于其环境系统的活力、生态性建设、生态承载能力以及学校对整体生态服务功能的结合等。

对区域学校发展系统生态环境的考察主要在自然环境、社会环境、价值环境三方面，三者既各自体现出对区域学校发展的生态性影响，又相互作用。自然生态环境包括自然因素和自然资源，如气候特点、地理状况，在规划中要以人与环境的宜居性、友好性和学校教育的宜学性、适切性为标准，因地制宜，科学规划；社会生态环境主要包括经济、政治、文化等，在规划中要注重政策体制、文化习俗、人口状况、经济水平、人才结构等因素对区域学校发展的影响，建立一种能反映社会需求和适应社会变化的弹性调控机制；价值环境是一种特殊的社会环境，包括伦理道德、宗教信仰、科学技术、风气习俗、哲学、艺术等，其对教育有重要的影响，一方面以材料、资源的方式直接出现在教育中，另一方面又以潜隐的方式与教育渗透或交织，对学校发展起促进或妨碍的作用，规划中应认真分析价值生态环境，辨明利弊，正确导引。以上生态环境方面的规划，要突出区域和教育的发展需求，注重开放性、特色性和可持续性，并注重几者之间的联动影响、相互促进，借鉴生态规划的方法和技术予以优化，营造区域学校发展良好的整体生态环境。

同时，对生态环境的规划建设，还应考虑到当今信息化、国际化、现代化的时代背景因素，拓展环境规划的视野，丰富环境规划的内容，促进外向型生态环境的构建，优化多样化的区域学校教育生态环境。首先，在全球一体化和文化多元化的趋势下，区域学校教育规划要主动因应。既要加速教育开放进程，进一步加大国际合作交流力度，又要珍视教育及文化生态的多样化，保持自身特色，尊重借鉴异样，处理好一体化和多样性的关系，以基于国际化背景的跨文化交流促进区域学校发展生态环境的优化，是学校教育发展的流行趋势。其次，在互联网时代，加强移动式、分散式学习的研究。翻转课堂、MOOC、移动微课、网校云校等新的教学形式不断涌现，传统意义上的"学校"将会遭受削弱，网络教育生态成为教育生态的重要形式，学习不再局限于时间、地点，学习者可在任何有网络覆盖的地方开展学习和研究。教育规划应加强对虚拟环境及其资源的利用，促进区域学校发展生态环境的丰富度。第三，教育向社区延伸，并与学生、居民的生活相结合，以扩展教育内涵，促进教育生态多样化。各国在这方面进行了多方面探索，积累了较为成熟的经验。在组织建设方面，美国有"教育公园""无墙学校"，英国有"校外服务型"学校，日本有PTA组织（Parent Teacher Association，即家长教师协会）等等，我国也有社区教育委员会、家长委员会等。当然，仅有组织是不够的，组织要开展活动并发挥效力，从区域的角度还需要建立相应的沟通制度、学习制度和参与制度等机制来促进和保障校外组织、社区与学校之间的开放与互动。

（2）优化调整系统结构。结构是系统内部诸要素相互联系和相互作用的方式，合理的结构有利于系统功能的发挥。区域学校教育宏观结构包括体制结构、形式结构、类别结构和层次结构，微观结构包括学校的组织结构、师资结构和生源结构等。对结构的优化调整是生态型区域学校发展规划的核心内容。

生态型区域学校发展系统具有人为性，不像自然生态系统那样具有独立的、自在的自我调节功能，因此在规划中要对系统内各要素相互联系、相互作用的关系进行全面剖析，主动优化结构，形成生态优良的区域学校发展系统结构，使其功能既有当前的效益性，又有未来的可持续性，这包括适应性优化调整和战略性优化调整两方面，其具体分析如下[49]：区域学校发展的适应性优化调整，主要是要发挥系统的自我调节能力和自组织能力，在适度的量的变化范围内实行自我调控，偏重于系统结构要素关系的调整，以开放性、流动性和灵活性为基本要求，形成结构优化调整的自适应机制；战略性优化调整，就是区域学校教育的管理结构、形式结构、类型结构、层次结构不仅要满足学校发展的内在功能，还要满足教育的外在功能，即满足教育的个体功能、政治功能、经济功能和文化功能，同时还体现指向未来的发展需求。因此，区域学校发展生态系统结构的优化调整，从总体上说，就是要使区域学校教育类别、层级及其比例以及体制结构、模式结构、质量结构等，同由于科技及社会进步引起的产业结构、技术结构、劳动力素质结构以及人才培养目标的变化相适应，同学校及区域教育自身的可持续发展相适应，以求在自然、社会和教育的良性互动中建立起适应区域经济、社会多种发展需要，特别是适应新兴产业发展、知识经济发展、对外交流发展需要的多元教育结构，使教育结构优化调整既满足当前社会对人才的需求，又符合未来社会发展的需要。

同时，根据区域教育系统结构优化的原则，区域学校教育发展规划要科学判定生态位，合理分流，分类管理学校，实行特色化结构，缩减行政职能，扩大办学自主功能和服务职能，以增强学校对经济、社会整体发展的自主适应、自主发展、特色发展；应变革传统的"宝塔式""垂直型"区域学校管理结构模型，建立区域学校教育发展多样化的分布中心，如建立学生服务中心、教师服务中心、科研服务中心、社会服务中心、内部校务中心、对外交流中心、物业管理中心、校友会等，设置矩阵式、网络化管理模式或功能区划；同时，加强系统内部组织结构的改进与创新，尝试建立弹性管理结构，推动生态化创新，使区域学校教育生态系统逐步发展、成熟。

此外，在区域学校创新性发展中，构建基于生态化创新的战略联盟是区域学校发展的一种重要的结构方式。学校生态化创新具有类似于生物种群的行为特征，单个学校创新生态化发展一般受制于规模、设备、信息、风险、资金和人才等资源因素的欠缺，发展能力往往不足，而资源的稀缺性也导致生态系统内产生竞争和共生机制，也使现代管理创新系统向"集群"模式发展，即常说的"抱团发展"。区域学校发展实行创新性生态化发展是教育生态系统各要素进行创新的整合，通过集群进行技术创新，组建一系列的战略联盟，从而产生创新聚集效应，获得集群创新优势，学校发展的集团联盟往往保持一种若即若离的联系形式，既能够实现生态化技术和资源的共享，又能避免单一组织内部的大规模化导致的巨额成本承担，还可以有效降低外界存在的不确定性因素造成的风险。在此过程中，也存在集群系统活动的生存链或生存网，因而除了内部的能量、资源循环外，也应建立、完善集群不同组织之间通过生存网链联结的横向共生。通过规划，使结构优化，发挥集群优势，生态网络内各组织相互利用并低污染、高效益地获得发展，有力促进区域学校整体发展。

（3）在平衡中变革。区域学校的发展必然需要进行一定的变革，这种变革是在区域教育大系统中，以学校发展的物质、能量、信息等各种资源的输入输出的平衡和谐为基础，实行学校发展生态系统的突破发展，动态演进。由于在区域中的学校有一定数量和体量，并同内外环境存在较复杂的生态联系，以及教育本身具有的平稳性、连续性等特点，这种变革一般不应是大动荡、大跃进式的，而应是一种动态平衡中的生态演进式变革，因此，在规划中应注意生态效应的发挥，以保障和促进这种平衡中的变革。

第一，保持系统动态平衡。一个系统的存在和发展，必须在系统内外不断进行物质和能量的交换，否则熵值不断增加，系统最终只有走向枯寂。区域学校发展生态系统是一个复杂的开放的系统，其发展更是如此，并且在系统与社会生态环境不断交换中，"输入/输出"比应保持相对不变，既动态互动，又相对稳定或平衡。这种平衡以系统内外良性循环机制为基础，并依赖自适应调节、引进能量资源、组织变革、环境改造等方式进行维护，使不平衡的出现尽快过渡到新的平衡。由于区域教育系统是区域社会的子系统，这种平衡还包括学校教育发展和区域的发展也形成一种互动的平衡，使整个区域学校生态发展的大小系统都处于动态平衡的格局。区域学校发展规划中要充分保持和主动利用这种动态平衡效应。以经济因素为例，在制订学校教育发展规划时，可根据区域经济发展水平和教育潜力，让教育适度超前发展，但过分超越经济发展水平和需要的超前，会使教育与社会、经济发展失衡，反而损害教育的平衡可持续发展，反之，由于教育是经济发展的基础性支撑，若教育落后于经济发展的水平，又会使经济的发展后劲不足，整个生态系统仍然无法达到动态平衡，因此，在区域学校发展的规划中，要考虑教育发展的潜在保障力、区域社会经济的潜在支持力和教育内部的潜在发展力，制定系统均衡发展系数，及时提供教育差距预警，保持系统动态平衡。其他政治、文化以及区域内部学校的校际类型、结构、水平等方面的互动平衡也同经济因子这种状况类似。

第二，突破限制性因子影响。区域学校发展规划要结合生态最小因子定律和耐受性定律，对区域学校发展生态系统中的限制性因子及其"高限""低限"和"潮汐现象"进行分析，并通过体制或方法的规划予以突破，避免发展陷入"瓶颈"状况。这可以从区域学校发展生态系统外部和内部两方面来分析。从外部而言，对区域学校发展影响较大的限制因子主要是教育投入的问题、资源的利用效率问题、对教育的文化认知问题等，包括教育投入的总量不足、投资比例的不合理、教育资源利用效率和效益不高以及尊师重教氛围不浓等。从内部而言，其限制性因子主要包括教育系统的结构问题、管理问题、师资问题、技术问题等，包括学校类型及层次比例不当、管理模式落后、师资数量及水平不足、教育技术革新滞后等。我们在做区域学校发展规划的时候，既要正视这些突出的系统限制因子，又要根据具体情况找出限制因子背后的原因，想方设法予以破解，尽可能减少或消除限制因子的影响。对于一些暂时实在无法克服的限制性因子，要有长远的补进规划，同时有现实的替代措施，做到"内外结合、长短兼顾、替代互补、创新发展"，找准基点，弄清限点，调控范围，突破最小因子定律和耐受性定律的负面性，使限制因子对学校发展生态系统的影响降到最低程度。例如在解决当前"进城务工人员子女入城就读潮"问题中，既不能盲目地大修学校、广招教师，也不应给区域学校强挤硬压、超班超额，而应该分析出限制性因子主要是场地、设备、师资还是管理等哪些具体的因子，以及这些因子的"时效性"，然后针对实际，利用租建结合、公办与民办结合、学校与社会结合、当前与长远结合等方式进行合理规划、配置，纾解限制性因子压力，实现区域教育平稳、良性的发展。

第三,促进生态式变革演进。区域学校发展,在整体平衡的基础上,应规划适度的生态型变革,以促进系统的演进式发展。变革的动力,一是来自于学校自身不平衡态的调整;二是对外在环境变化的适应;三是区域学校发展生态系统作为一个半人工生态系统,受教育本身的理念、技术、研究导向的影响。变革的方式存在个体变革、协同变革、整体推进多种形式。在区域的规划中,应遵循自主、适应的生态原则,鼓励个体自主变革,发展协同变革,尝试自组织模式,慎用整体推进变革,施行"阶梯式"发展,使区域学校在自然、真实、有效的状况下完成生态型选择与演进。当然,重要因素发生重大变化时,也可能发生"突变",而用整体和强制的方式推进变革。但这要求区域学校发展规划把握好两点:一是这种非常态的状况是较少的,教育的总体特征应是连续平稳的,不能疾风骤雨、大起大落;二是一旦存在某种革命性的变化时,又应该敏锐地抓住,在规划中积极因应、体现,比如全球一体化趋势对教育国际化的影响、现代信息技术和移动终端的结合对教育方式的影响等。总体上说,区域学校发展规划应体现出适当的变革性,但需要不损害学校发展自主性和内外环境适应度,要有利于区域学校发展的生态式演进。

(4)实行竞合式发展。区域学校的发展要有竞争,但同时更应该讲合作。在区域规划的层面上,注重加强学校之间的联系,实现竞合式发展。在竞争与合作中,以"不均质"的多样或冲突推进互动发展,同时增强了区域学校对其生境的适应能力和协同进化能力。只有当区域学校通过自身变异或进化能适应生态环境的进化规律时,学校发展生态化转向才可能成功。在一定的时间和范围里,区域学校之间、学校与环境之间就会通过相互适应而达到并维持着一种协调、和谐的状态。在区域学校发展规划中,要加强学校之间、学校与校外机构之间的生态化合作,通过生态位错位发展、区域评估等强化竞争,通过协作体、联盟、集团化等加强合作,形成优势互补、资源共享的协同关系,形成超常规的生态化组合优势,变种群间的"抗生"关系为"互利共生",让区域学校生态系统在合作、竞争、共生中发展。为此,在区域学校发展规划中,一是要树立理念导向,形成氛围,从区域层面的管理到学校个体,都认同、参与竞合式发展,体现主体能动性;二是搭建合作平台及开发合作路径,形成从个体的"点"到校际、学段的"线",再到区域的"面"的一体化格局,注重活动参与和常态机制建设的结合,注重现实合作与虚拟(网络)合作的结合等,同时规划、建设一系列制度予以保证;三是建立对应督评机制,在资源分配和考核评估中,发挥规划的积极作用,突出既注重竞争发展,更注重协作发展的价值取向,为区域学校发展提供明确的督评指导。

(七)生态式评价

评价是学校生态系统发展的重要的动力因素,具有导向、激励和调控的功能,为区域生态教育提供动力支持。区域中学校之间、学校与外部环境之间建立了一种多向、互动和依存的关系,组成一个成熟的区域学校发展生态系统。对这个生态系统的评价应采用生态评估的基本方法。生态评估的基本考察点是以主导性和多样性的合理匹配作为可持续发展的前提,综合、全面、动态地进行评价。

1. 评价指标体系

对区域学校教育生态的质量评价,首要的问题是建立适当的评价指标体系,从生态式评价的内容看应包括以下一些评价指标[50]:一是结构性评价指标。主要指区域学校教育生态的组成与结构是否完整和科学,包括区域学校生态系统的资源承载力和环境容纳量、自然环境与人工环境的布局、教学设施和资源的配置、学校内部与外部联系的组织管理结构等等。二是稳定性评价指标。具体包括自组织能力,即学校教育生态不受系统外的胁迫力的影响以及自我运行与组织的能力;自我修复能力,良好的教育生态应该能够通过自组织能力来修复其丧失的部分功能;自我维持能力,即维持生态系统功能完整性的能力。三是演进性评价指标。具体内容包括区域学校的办学特色与教育目标,国家教育政策的实施与区域和校本课程的开发,系统中人的主导性和拓展资源生态位与调整需求生态位的能力,学校现实发展水平,生态系统的可持续发展潜力等等。四是效益性评价指标。区域学校发展需要遵循成本效益原则,根据我国目前大多数地区的发展状况,需要低成本高效益的教育,高效的学校教育生态应该尽量减少额外的人力、物力和财力的投入来维持系统的政治功能、社会功能和教育功能。这里的效益包括学校的育人效益,即人才培养的质和量;学校发展的效益,即水平、规模、成果等;学校发展带来的区域社会、经济、文化效益，即学校和区域社会环境的互动，促进双方的发展。对效益要结合现实的具体条件和投入情况，综合评估。

以上每一类指标还可以结合区域实际和学校教育实际分解为多层级的子指标，进行细化评价，从几个方面的结合，可以较好地看出区域学校生态型发展的整体状况。

2. 基本评价方法

区域学校发展要形成合理的教育格局，提高学校教育质量和推进学校发展，应结合生态型管理的一些基本原理，完善生态型评价机制，采取适当的评价导向。首先是引入"独立评价"的方式，改变行政评价的单一性，积极引入"第三方评价""多方评价"，加强评估中介体系独立化、社会化、市场化的改革，丰富评价的生态维度；其次是实施生态效益评价，以可持续发展为重点，以评估学生发展或人才培养质量的有效性为中心，兼顾学校发展的区域服务功能；第三，加强过程评估，注重生态演进动态平衡性评价，实现对区域学校办学条件、办学过程与办学水平评估的有机统一；第四，实行"多元评价"和"发展性评价"，根据生态位差异性展开评价，同时注重区域学校主体性、增值性发展评价；第五，注重内外互动评价，加强主体与环境的评价互动，提高社会对学校教育发展评价的参与度，将教育内部的发展质量评价与社会的外部监督评价有机地结合；第六，加强区域学校发展评估制度建设，规范评估工作程序，提高评估工作的严肃性、权威性和影响力，建立评价长效机制，并根据内外环境的变化，不断适应、创新。根据以上评价的原则性取向，区域学校发展评价可以采取以下一些基本的思路和方法。

（1）发展性科学型评价。区域学校发展评价诉诸的重点就是区域学校和区域教育生态系统的发展，其评价思想应该是发展性的和科学型的。评价以发展过程为评价对象，关注学校与区域发展的目标、潜力和发展中的问题，以规范基础上的特色创建、内涵发展、增值增效和可持续发展为重点，树立整体性生态效益观，形成一套科学完善的发展考评体系，建立过程诊导制度，合理平衡功利性行政型评价功能，杜绝"拍脑袋""凭印象"的主观臆断式评价，减少一般的行政性的评价，为学校发展建立起一种驱动机制，关注学校生态本体的发展，回归学校及区域教育发展本身，充分发展学校及区域特色，采用科学的标准和多样化评价方式来促进学校教育的深化，同时既指向未来，又落在实处，有力地促进学校及区域的教育改革和发展。

（2）自主性形成性评价。区域学校发展的评价，要降低传统的上级部门排位定级的结论型、终结性评价功能，发挥生态主体的能动性，关注学校及区域教育的改进和发展，实行自主性形成性评价。传统评价由于其目的性主要限于行政管理的功利性，且评价主体外在、力量单薄，往往只能每年度或几年度进行一次短促的终结性评价，不可能开展诊断性和形成性评价。自主性形成性评价要注重学校及区域这一生态主体在评价过程中自觉进行教育形象的主体自我构建，体现出生态发展的主动性，从被动接受评价转变成为评价的主体和积极参与者，同时着眼发展运行中存在的问题及改进，以期获得更加理想的发展效果。评价不简单地横比排序，而是以生态真实为基础，注重过程的自主体察与反思，确认发展状态与潜力，开展发展诊断服务，以此更好地把握发展的实际情况，提出改进措施，同时又具有较强的启迪和激励效应，体现评价的"生长性"促进功能。

（3）多元化动态性评价。区域教育生态系统是开放的系统，具有复杂性和多样性，因此，在区域及学校发展评价中，评价的主体应该是多元的，评价的方式也应是动态的。从不同的层面来说，评价主体有上级主管部门、各层管理者、教师、学生、家长、被评价者自身、社会相关机构甚至网络虚拟主体等，他们都可以对区域及学校的发展进行一定的评价。因此，区域与学校教育发展评价中，应增进内外因素及环境的评价互动，适当引入社会性评价，将自评与他评措施结合，加强独立性、多元化评价体系建设。同时，评价不仅是管理的一个重点环节，而且是发展的内在机制，要有效调动环境与生态主体发展的动态适应，通过评价去创造适合于学校发展需要的教育生态，而不是运用评价去选择适合现行教育需要的学校，让评价具有动态的调适性。此外，评价多元和动态的特点也体现在内容和方法上，应根据区域及学校教育发展的生态位分离，实行差异化评价，并根据发展状况及阶段适应性进行动态的调整匹配、变革创新。

（4）协同式综合性评价。区域学校发展生态系统是一个共生和谐的系统，区域及学校教育的发展，不是"一枝独秀"的发展，而是"百花齐放"的发展,并且这种种"百花"还不应该是单列分离的,而应该是协同发展的,共生共进的。这对涉及区域学校发展的各生态性因素的评估也是如此。因此,在区域学校发展的评价中,应突出协同性的评价,树立共生发展的评价理念,选择确认相应的指标,根据共生协同的不同类型,建立合适的评价模型。同时,由于区域学校发展共生生态系统是一个多因素复杂系统,因此应注重多指标综合评价,对系统各因素尽可能客观量化,确定指标的影响程度,以及权重的赋值,然后通过测评,确定评价对象在整体中的位置和贡献,突出关联性、综合性,以较好地体现区域或学校生态系统发展的整体状况及对生态个体的发展判断,促进区域学校协同式综合性发展。此外,为保障评价的顺利、长效运行,还应建立相应的评价机制和制度予以保障。

3. 学校自我评价

学校的自主发展是区域学校发展的基础,而自我评价是促进自主发展的重要手段。生态型区域学校发展中注重的自我评价,是促进评价主体与客体协同参与的一种评价模式。其主要评价思想强调将评价作为主客体为实现发展目标而合作协同的价值判断活动,是促进区域学校发展自我设计、自我构建、自我实现的不断丰富和完善的过程,是学校教育系统结构的内在机制和生存与发展的动力,是主体与环境的评价互动而不是外力强加给学校教育的一次性任务以及评价主体的单向性、封闭性的行政管理行为。其要点主要有以下方面。

(1)对自我评价的再认识。自我或自主评价形式,现实中一直是存在的,但在实践中对学校自我评价还存在一些认识和操作误区,这妨碍了评价生态性发展功能的发挥,应该加以认真辨析和改变。主要有以下方面:一是评价的外生性。传统的或当前现实中大部分的学校评价都是以政府或教育主管部门为主导,以外在的评价和督察为取向,重在学校的达标和同一,学校自评的作用和地位未得到应有重视,难以追求自己的风格和特色,自我规划、自我调控的发展意识和能力自然也就较弱,同时,主管部门为突出评价结果重要性,往往将学校和校长的切实利益同评价结果简单挂钩奖惩,使得学校必须花费大量的时间和精力来"对口"琢磨上级行政官员的意旨和各种验收,而检查的压力一撤除,学校管理就又回归原位,甚至养成"临时抱佛脚""只管文件,不看实情""上有吩咐,下有对付"的不良工作作风。这种情况下,评价是外生性的,虽然也提出了学校自评,但这种自评大多是被迫的、应付性的甚至是虚假的,没有建立在学校自主发展要求的基础上,缺少校内成员的认同基础,学校自我评价被认为是额外的负担。二是价值判断的错位。区域学校发展自我评价的价值取向应突出生态效益性,促进区域学校全面、协调、自主和可持续发展,但现实中常常出现价值判断的错位。评价不是放在促进生态型发展上,而是机械性的偏离,甚至异化、畸形,包括过分侧重学生学业考试成绩和升学率的考核;过多关注办学物化"硬件"的评估,对思想、文化、技术等"软件"质量的全面考察不够;过分关注学校之间的横向同质性比较,而不是学校生态位差异比较、自身纵向发展度的比较以及学校在原有水平上的增值增效比较;忽视学校自我评价的真实性和对发展的促进性,评价流于形式和表面,止步于"程序性履行",缺乏自我真实体察、体验,其价值性无处生根等等。区域学校发展自我评价价值性的错位,使其难以对工作产生实效,更谈不上对发展的促进性、激励性,甚至可能引导学校的不良发展。三是评价的方式不当。未能对自我评价做操作的优化和技术的细化,既缺乏自评专责小组或职能部门等管理和组织机构的保障,缺少行动计划或时间表的设计,又未能将自评与日常教学、管理紧密结合,以长期循环或过程常态参与,而是大多作为即时性的、短期的行为,被看作工作附加的成分,同时,评价反馈不全面及时,收集数据和资料的途径单一,并缺乏后期跟踪、整理、挖掘与分析,很少综合考虑不同的数据来源以及自主地拓展数据收集途径,往往局限于上级督导所要求的量化指标或随意地抽查,体现不出生态发展的自主性、多维性、综合性、动态性。

(2)自我发展的评价。从生态主体自我发展角度看,学校自我评价是一种内控机制,是学校自主发展机制的一个重要组成部分,外界的行政力量应该尽量少干预,并强化自我发展的评价。其一,学校自我发展评价体现出"自我性",是基于自身生态位特点和发展独特性的个体化评价。其方式以自我核查评估为主,动力源自于内在的自我改进与发展需求,依据是学校自身的发展状态,标准也是自我可接受、可达到的而不是外界强行赋予的不可控的。其二,要处理好自我评价和外部督导的关系。学校发展评价不可能完全依赖于自我评价,也需要外部力量的协助,两者是辩证互动的关系,共同作用于发展状况评估与促进。但生态型发展更强调主体性,凸显自我评价专业性、内生性、自觉性的特点，而督导是从外控力量监察，促使学校进步的。从生态的角度看，外控的影响力越强，学校越会失去自我发展的空间，自主能力会更低，对生态系统的机能损害会更大。其三，自我发展评价体现出生态的"生长性"。自我发展评价关注发展的历程性展现，将自评同学校日常工作紧密结合，并周期性地循环运行，在此过程中，不断自我反思、总结、改进，进行过程性生成，同时不断寻找契机，发现变革与发展的突破口和生长点，推进学校发展生态系统的动态演进，实现学校自主性生长式发展，形成区域学校发展相互竞争，共同进步的良好态势。

（3）多层参与的评价。学校发展自我评价从本质上说是一种评价模式，体现一种主体内驱机制和自主评价的价值观，是针对学校"自我"的评价而非限于"仅是学校自我的评价"，可以有多层次的参与。其一，内外环境互动的使然。区域学校发展处于区域环境之中，必然要在内部主因子之间以及其同外部环境之间就发展评价相处互动，并且在当前一体化、综合化、市场化的社会发展变革情境中，学校的"自我发展"也绝不会是关起门来的发展，而是逐渐转变为主体关系、资源、技术、服务的动态关联和开放运行，管理与发展的内涵与方式都发生着深刻的变化，如强调时间运用、资源分配、资讯沟通与管理、专业发展与人际关系，以及校际和与社区的互动发展等，因此学校应成为注重社会参与以适应外部变迁的有机组织，学校的自我评价也就应该体现出多方力量的协助。其二，学校发展诉求的必然。学校发展的主要诉求，从根本上说是提供良好的教育服务。对服务的评价应该采取"用户"导向的模式，即注重学校教育服务对象的评价，这种评价是可以纳入学校自我评估体系，并促进学校自我评价深入全面开展的。这主要体现为"用户需求导向"和"用户体验导向"。前者是指学校应根据服务对象的不同需求结合本校的特点和条件制订发展规划，并将此规划运用于对应发展的多层次自我评价，后者是指根据为服务对象服务的效果，对学校发展状态进行反省改进的自我评价。这些都需要学校发展相关的全体利害关系人多层次地参与，其评价主体、内容及途径体现了一定程度的"全员性""全面性"，形成聚焦学校自我发展，以自我评价为主线，吸纳多方力量，多层参与展开，协同评价的方式。其三，真实、深入、全面的评价。多层参与的自我评价过程中，教师、学生、家长、专家和社区代表共同参与，提升学校发展的透明度，为各个利害关系人全方位了解学校运行提供渠道，保障他们的知情权和参与权，并通过这种"多层"的评价为学校发展提供多视角的、深入的、全面的反馈信息，促进学校自评真实、全面、有效以及学校更优质地发展。同时，各级管理机构应为学校自我评价构建权责明晰的外部环境，给学校自我评价创造一个自主透明、松紧适宜的氛围，通过多层次的协同合作，做好学校自我评价，促进发展。

（4）评价的操作程序。大体说来，区域学校自我评价可以有以下操作程序。其一，完善自我评价的组织和管理。为保障学校发展自我评价顺利有效地进行，应该完善相应的组织管理职能。可以成立专责小组或在现有部门中明确划定自评职能，形成相应的工作机制及制度。自评小组的成员应突出专业性，并尽可能多元化，尤其应该将基层教师、家长、学生、校外专家和社区代表纳入其中。同时自评本身应就评价的目标、方式、阶段及预计的成果等制订一个为期三年或五年的中期发展计划，并在管理中将自评和学校的日常工作融合，自然地常态地长期地开展，使自评活动既取得良好的效果又不成为工作的累赘。其二，合理规划设计。要首先进行环境分析和目标定位，明确评价的任务，然后订出学校的评价范围，拟订自评计划及细化的操作方案，包括指标内容、评价方法及评价时点的设计安排等，并对外公布。其三，评价展开和数据收集。自评的展开可由学校根据工作重点参照日常教学及管理设定时间表，其时间跨度可在一个学年内，也可跨年进行，但过程中应有多形态的、小规模的、跟随式的、多频次的评价，并及时记录、反馈。这一阶段要注意的是，自评不应该"附加"，而最好同所有工作融为一体，成为一个"自然"的环节，同时学校提供多种渠道让家长和社区了解学校，并参与到评价过程中来，如通过定期的"学校开放日"、设置"社区协评员"等，并且在此阶段需要注意每一项评价范围都尽可能设定参照准则，用具体的数据来进行衡量，利用现代信息技术建立"大数据"模型，做好数据收集和分析，总结规律，发现问题，推导结论。其四，追踪反馈与改进。自评是过程性、阶段性的良性循环，当自评机制或制度成熟后，前后评价的关联性、逻辑性更紧密，重点指标可以得到联系的追踪，自评结果也及时反馈到工作中，促进学校发展的进一步优化。在实践中，常常被忽略的是对自评计划的再评价，学校应时时保持反省的自觉，体现出对自评计划的反思总结、不断改进的动态过程,以更好地服务于区域学校发展评价。

4. 区域整体评价

区域学校生态型发展的评价,从区域整体的角度来看,有以下一些方面应该加以注意:

(1) 生态因子的聚类分析。通过调查区域学校发展生态环境构成,在具体分析教育生态系统内外部影响因子的基础上,以地区行政区域作为不同的生态系统,可以进一步对生态因子进行聚类,得到综合性区域学校发展生态评价因子,以构建评价指标体系和实行区域学校发展体系综合评价方法。从生态学视角研究区域学校发展,需要从不同方面描述与分析教育发展情况,综合考量教育生态系统内外部各层面要素,必须建立相应的评价指标,但是由于影响因素的复杂相关性,可在聚类生态评价因子的基础上,采用生态因子分析法,提取公因子并进行量化,每类公因子代表一种重要的影响因素,然后针对上述量化指标,成立专家组采用商讨法、德尔菲法等方式确定公因子的权重和各项指标的得分,得出不同层次的权重矩阵和各指标的得分矩阵。[51]由此可获得区域学校发展的综合评价值,从而更好地引导区域学校发展。

(2) 注重生态系统的风险性评估。在一定的区域范围内,生态体的发展总需要同环境进行不断互动与交换,在这些动态变化的过程中,除了积极有利的发展因素外,也有不少竞争性、威胁性因素,这些因素的发展酝酿,可能生成对学校发展及其生态系统的巨大风险。因此,应加强对系统中这些竞争性、威胁性因素的分析和监测,注重学校发展风险评估,以保证区域学校发展的整体动态平衡与发展。从内容上来说,区域学校教育发展的风险因素主要来自以下方面:学校发展生态位过度重叠引起的机会威胁;生源、师资、管理等竞争带来的生存威胁;科技及教育的新技术、新变革带来的发展威胁;在一定总量基础上不同类型、层次学校在享有行政或社会资源上竞争带来的资源威胁;以及质量、特色等方面在社会评价上的品牌威胁。从方法上来说,进行区域学校发展风险评估首先应根据发展需求进行全因素分析,确立安全基线,其次是结合实际情况通过历史数据、理论分析、专家意见等进行风险识别,并预估风险源、风险转化条件及可能后果,最后是将风险分析的结果与安全基线、风险准则相比较进行风险综合评价。在生态型区域学校发展中，应有针对性地对风险威胁进行量化分析，估测其生成概率和威胁程度，并相应地通过结构重构、战略调整和机制创新，培育区域学校本身的创新点和生长点，拓宽生态发展的可持续路径，提高区域学校及其生态系统规避风险的能力，并注重区域整体规划和协作，优化区域整体环境，增强区域整体阻抗能力。同时，也要善于从威胁中发现和捕捉机会，促进区域整体和学校个体的发展。这些都可以以评价为手段或机制进行引导和强化。

（3）重视生态体的生态竞争自主功能。生态学认为，物种的多样化和生态结构的多元化必须具备一个条件，即物种主体具有完整的自主权，能自主参与物种间的生态竞争。区域学校的生态发展也是如此。我国学校教育具有高度集中化管理的传统，缺乏自主性是学校发展特色缺失、行动缺失、质量乏优的主要原因。生态学原理表明，当生态系统受到外界干扰并超出其自身自动调节能力则会导致生态失衡。在区域教育中，这包括多重外在影响力，但其中政府职能部门的过度集权行为是主要的。因此在区域学校发展中，政府职能部门应尽量减少对学校教育生态系统的微观管理，而主要进行宏观指导、服务和管理，将课程开发、特色设置、师资引进、职称评聘等微观层面的权力下移，真正按法律法规的规定落实学校的办学自主权，从而使学校真正成为办学主体，能够按照校本性的诉求发展学校特点，构建各具特色、生态位互补、生态资源良性运行的多元生态结构，同时区域教育行政部门还应优化资源配置方式，按照生态发展的路径和资源需求从集聚性配置调整为匹配性配置，按学校综合效益的实现程度建立生态导向的资源配置体系，引导区域学校自主形成多元化的特色发展模式。[52]此外，在学校自主性发展中，人才是第一位的因素。区域学校发展应树立"生态型人才"理念和评价观，培养、造就能顺应生态和自身发展的规律，具有较强的处理自我、自我与社会、自我与自然环境之间关系的能力，并以和谐相处的方式实现自我的新型的协作型创造性人才。在区域学校发展中，生态型人才包括各级管理者和教师等各个层面的学校发展的主体，也包括学生、社区居民等教育服务对象，他们的"生态型"素质养成，是区域学校生态自主竞争力的强大支撑。这些内容都应在评价的指标、体系和操作模式构建中加以落实，充分体现区域学校发展的生态性、自主性。

(4) 建立生态差异导向的评价体系。当前学校的评价导向导致学校在办学目标上求大求全求齐，从而形成了同一"生态位"的同质化竞争。因此，在区域学校生态型发展评价中，应构建以生态差异性为导向的学校评价体系，鼓励区域学校在生态位上错位发展，在关注学校办学水平、规模效益以及达到国家要求基础标准的同时，提高区域学校生态位维度的积极评价权重，对区域特点、学校特色、学生发展、社会服务能力等生态性影响因子赋予较高的权重；评价主体由以政府职能部门的统一评价为主转向与学校、协同体、友好单位、利害关系者等多样评价相结合；评价目标由全面性标准化考量转向对特色型优势性的考量；评价指标由以绝对数值为主转向以相对数值为主；评价方法由静态的终结性评价转向动态的形成性评价为主，并坚持定量与定性相结合的方法；既评估区域学校的现状，也充分评估区域学校的发展潜力和办学内涵的增长性等等。通过上述的评价改变形成生态型评价体系，并通过评价导向优化区域学校发展生态的多元结构，促使区域学校发展形成动力强劲、生态多样、全面优质的格局，更好地为学生发展和社会进步服务。

本章注释

[1][2] 胡平. 经济结构的调整对高等教育的影响：基于教育生态学的观点 [J]. 学术论坛，2011（1）.

[3][7][50] 胡继飞. 论大班额背景下的我国学校教育生态 [J]. 教育研究与实验，2006（7）.

[4][5] 田真，吴明放. 浅析教育的生态环境 [J]. 中国教育学刊，2001（8）.

[6] 王荣珍. 浅论教育生态与构建社会主义和谐社会的关系 [J]. 现代企业教育，2007（7）.

[8] 蔡传明. 中学体育教师成长的学校生态环境研究 [D]. 福建师范大学博士论文，2007：107—108.

[9][10] 邢秀茶，何俊华，茹荣芳. 学校文化问题透视与建设路径 [J]. 教育科学研究，2012（7）.

[11] 朱小蔓，刘贵华. 功能·环境·制度——基于生态理念的现代学校制度建设 [J]. 华东师范大学学报：教育科学版，2006（6）.

[12] 刘贵华. 现代学校制度体系的生态分析 [J]. 长江大学学报：社会科学版，2007

(2).

[13][14] 刘贵华. 现代学校制度的演进与缺失[J]. 教育理论与实践, 2008 (7).

[15] 范国睿, 等. 共生与和谐: 生态学视野下的学校发展[M]. 北京: 教育科学出版社, 2011: 221.

[16] 陈学军. 学校发展的现实困境与可持续学校领导[J]. 教育发展研究, 2010 (4).

[17] 田新民, 等. 现代弹性管理理论的初探[J]. 上海管理科学, 2004 (1).

[18][19][20] 马千, 叶美霞. 高校德育生态竞争力的评价[J]. 学海, 2010 (11).

[21][22][25] 刘贻新. 高校成人教育核心能力评价方法的研究: 生态位视角[J]. 中国成人教育, 2011 (2).

[23] 吴小峰. 高等教育质量生态位理论浅析[J]. 郑州航空工业管理学院学报: 社会科学版, 2008 (2).

[24] 万伦来, 达庆利. 虚拟企业类生物机制及其生态位研究[J]. 东南大学学报: 哲学社会科学版, 2003 (7).

[26][27] 何培英. 基于生态位理论的高等海洋教育研究[J]. 中国渔业经济, 2010 (2).

[28] 季银泉. 共生: 教育管理的新理念[J]. 南通大学学报: 教育科学版, 2005 (12).

[29][30][31] 刘虎, 匡瑛. 从生态学视角看职业教育集团内部共生机制的构建[J]. 无锡商业职业技术学院学报, 2010 (8).

[32] 刘辉, 陶凤云. 构建技能生态系统: 澳大利亚职业教育与培训改革的新趋势[J]. 教育发展研究, 2010 (6).

[33][38][39] 康德山. 区域教育可持续发展论纲[J]. 教育研究, 2000 (6).

[34] 翟博. 树立科学的教育均衡发展观[J]. 教育研究, 2008 (1).

[35] 刘志军, 王振存. 走向高位均衡: 基础教育改革与发展的应然追求[J]. 教育研究, 2012 (3).

[36] 蒋旋新. 构筑长三角高职教育发展生态共同体战略研究[J]. 教育学术月刊, 2009 (6).

[37] 吴岩, 等. 建构中国高等教育区域发展新理论[J]. 中国高教研究, 2010 (2).

[40] 周明星, 刘淑芳. 基于强可持续发展理论的职业教育数量和质量协调发展模式[J]. 职教通讯, 2010 (2).

[41][43] 娄策群, 周承聪. 信息生态链: 概念、本质和类型[J]. 图书情报工作, 2007 (9).

[42] 韩刚, 覃正. 信息生态链: 一个理论框架 [J]. 情报理论与实践, 2007 (1).

[44] [45] [46] 贺祖斌. 高等教育生态承载力研究 [J]. 高等教育研究, 2005 (2).

[47] 何培英. 基于高等海洋教育系统可持续发展的生态承载力分析 [J]. 山东大学学报: 哲学社会科学版, 2009 (9).

[48] [49] 凌玲, 贺祖斌. 教育生态学视野中的区域教育规划 [J]. 教育发展研究, 2005 (5).

[51] 宗琪. 生态学视角下农村女性职业教育评价指标构建 [J]. 继续教育研究, 2010 (5).

[52] 邢运凯. 我国高职教育生态的多元结构及发展策略 [J]. 河北师范大学学报: 教育科学版, 2012 (3).

主要参考文献

1　范国睿，等. 共生与和谐：生态学视野下的学校发展 [M]. 北京：教育科学出版社，2011.

2　吴林富. 教育生态管理 [M]. 天津：天津教育出版社，2006.

3　范国睿. 教育生态学 [M]. 北京：人民教育出版社，2000.

4　贺祖斌. 高等教育生态论 [M]. 桂林：广西师范大学出版社，2005.

5　曾祥跃. 网络远程教育生态学 [M]. 广州：中山大学出版社，2011.

6　刘贵华. 大学学术发展研究：基于生态的分析 [M]. 武汉：华中师范大学出版社，2005.

7　戈峰，主编. 现代生态学 [M]. 北京：科学出版社，2010.

8　冯文全，主编. 现代教育学 [M]. 北京：北京师范大学出版社，2011.

9　陈益志. 生态化学校教育 [M]. 上海：上海远东出版社，2006.

10　张硕新. 生态管理学 [M]. 北京：中国农业出版社，2009.

11　《行走在生态教育的路上》编写组. 行走在生态教育的路上 [M]. 广州：世界图书出版公司广东公司，2011.

12　陈丽鸿，孙大勇. 中国生态文明教育理论与实践 [M]. 北京：中央编译出版社，2009.

13　游永恒. 重建我们的教育生态——关注学生心理健康的教育 [M]. 成都：四川教育出版社，2009.

14　韩兴国，伍业钢. 生态学未来之展望：挑战、对策与战略 [M]. 北京：高等教育出版社，2012.

15　郑秀峰. 企业种群生态系统研究 [M]. 北京：中国经济出版社，2008.

16 牛晓牧,主编. 生态式艺术教育案例与解析［M］. 南京：南京出版社,2008.

17 胡凡刚. 教育虚拟社区生态交往的理论与实践［M］. 青岛：中国海洋大学出版社,2011.

18 陈秀征. 中学语文生态型教学建构［M］. 天津：天津教育出版社,2013.

19 吉仁泽. 适应性思维：现实世界中的理性［M］. 上海：上海教育出版社,2006.

20 季海菊. 高校生态德育论［M］. 南京：东南大学出版社,2011.

21 邓小泉. 中国传统学校教育生态系统的历史演化［M］. 苏州：苏州大学出版社,2014.

22 金周英. 全球性技术转变：从硬技术到软技术［M］. 北京：北京大学出版社,2010.

23 景小霞,张立. 追寻绿色教育生态梦想——北京市万泉小学教育创新研究［M］. 北京：教育科学出版社,2010.

24 卡恩（Richard Kahn）. 批判教育学、生态扫盲与全球危机——生态教育学运动［M］. 张亦默,李博,译. 北京：高等教育出版社,2013.

25 李军. 中国高等学校软实力：生态竞争力研究［M］. 天津：天津大学出版社,2010.

26 李森,王牧华,张家军,靳玉乐. 课堂生态论：和谐与创造［M］. 北京：人民教育出版社,2011.

27 李晓文,叶澜. 青少年发展研究与学校文化生态建设［M］. 北京：教育科学出版社,2010.

28 李永培,等. 做更好的教师：生态校本研修的实践探索［M］. 上海：华东师范大学出版社,2012.

29 张世明. 数字教育资源共享生态系统研究［M］. 上海：复旦大学出版社,2011.

30 郑葳. 学习共同体——文化生态学习环境的理想架构［M］. 北京：教育科学出版社,2007.

31 林正范,肖正德,等. 教师学习新视野：生态取向的理论与实践［M］. 北京：教育科学出版社,2013.

32 E. 奥德姆. 生态学基础［M］. 北京：人民教育出版社,1981.

33 刘友霞. 创建"生态学校"：同济二附中可持续发展之路［M］. 上海：上海教育出版社,2011.

34 郑宽明,张剑,编. 构建区域教育信息化生态环境的研究与实践［M］. 成都：西南交通大学出版社，2013.

35　曾繁仁. 生态美学导论［M］. 北京：商务印书馆，2010.

36　张立新，张丽霞. 生态化虚拟环境的设计与开发［M］. 北京：科学出版社，2011.

37　易丽. 文化生成：营造学校发展"新生态"［M］. 南京：江苏教育出版社，2011.

38　马永斌. 生态网：大学、政府和企业的创新模式［M］. 北京：清华大学出版社，2013.

39　严耕，杨志华. 生态文明的理论与系统建构［M］. 北京：中央编译出版社，2009.

40　黄鲁成. 基于生态学的技术创新行为研究［M］. 北京：科学出版社，2007.

41　乔锦忠. 学术生态治理——研究型大学教师激励机制探索［M］. 北京：教育科学出版社，2008.

42　邱柏生. 高校思想政治教育的生态分析［M］. 上海：上海人民出版社，2009.

43　朱国芬. 高校生态德育研究［M］. 南京：南京大学出版社，2013.

44　孙振钧，周东兴. 生态学研究方法［M］. 北京：科学出版社，2010.

45　于永昌. 生态化教学［M］. 沈阳：辽宁科学技术出版社，2012.

46　蒋明君. 生态安全管理学导论［M］. 北京：世界知识出版社，2014.

47　解振华，冯之浚. 生态文明与生态自觉［M］. 杭州：浙江教育出版社，2013.

48　蔡晓明. 生态系统生态学［M］. 北京：科学出版社，2002.

49　盛新凤. 生态文明烛照下的和美教学［M］. 北京：首都师范大学出版社，2013.

50　周培植. 好的教育：区域教育生态理论的研究与实践［M］. 北京：教育科学出版社，2012.

51　宋改敏，陈向明. 教师专业成长的学校生态环境［M］. 重庆：重庆大学出版社，2011.

52　孙芙蓉. 课堂生态研究［M］. 杭州：浙江大学出版社，2013.

53　周培植，汪琪. 下城教育学术论丛［M］. 杭州：中国美术学院出版社，2011.

54　杨同毅. 高等学校人才培养生态论［M］. 北京：高等教育出版社，2012.

55　滕守尧. 回归生态的艺术教育［M］. 南京：南京出版社，2008.

56　严卫林. 追寻学校管理的原生态［M］. 北京：中国轻工业出版社，2008.

57　闫蒙钢，著. 生态教育的探索之旅［M］. 芜湖：安徽师范大学出版社，2013.

58　王加强. 学校变革的生态分析［M］. 南京：南京师范大学出版社，2011.

59　王庆杰. 大学的那些事：教育教学生态论［M］. 北京：线装书局，2014.

60　薛烨，朱家雄. 生态学视野下的学前教育［M］. 上海：华东师范大学出版社，2007.

61　许卓娅. 学前教育与历史生态观［M］. 南京：江苏教育出版社，2006.

62　徐莹. 生态道德教育实现方法研究［M］. 济南：山东人民出版社，2013.

63　沃克（Brian Walker），索尔克（David Salt）. 弹性思维：不断变化的世界中社会－生态系统的可持续性［M］. 彭少麟，陈宝明，译. 北京：高等教育出版社，2010.

64　安乐哲（Mary Evelyn Tucker），Duncan Ryuken Williams. 儒学与生态［M］. 彭国翔，张容南，译. 南京：江苏教育出版社，2008.

65　吴一舟. 你的教育生态了吗［M］. 杭州：浙江教育出版社，2002.

66　伍业钢，樊江文. 生态复杂性与生态学未来之展望［M］. 北京：高等教育出版社，2010.

67　谢雪峰，唐宏贵，张江南，等. 体育生态论纲［M］. 北京：北京体育大学出版社，2011.

68　熊爱华. 品牌生态系统协同进化研究［M］. 北京：经济科学出版社，2012.

69　徐铎厚，齐健. 教师成长：营造和谐生态［M］. 济南：山东教育出版社，2009.

70　徐书业. 学校文化建设研究：基于生态的视角［M］. 桂林：广西师范大学出版社，2008.